OEUVRES
DUNKERQUOISES.

TOME PREMIER.

DUNKERQUE.
C. DROUILLARD, IMPRIMEUR-ÉDITEUR,
RUE DES PIERRES, 7.

OEUVRES

DUNKERQUOISES.

OEUVRES
DUNKERQUOISES.

TOME PREMIER.

DUNKERQUE.
C. DROUILLARD, IMPRIMEUR-ÉDITEUR,
RUE DES PIERRES, 7.
—
1853.

AU LECTEUR.

L'idée de réunir en volumes les productions dunkerquoises en prose et en vers n'est pas nouvelle. On sait que déjà elle a été conçue en 1828, et que trois volumes ont été publiés sous le titre : *Muses Dunkerquoises*. Mais ce recueil, devenu très-rare aujourd'hui, avait pour grave inconvénient d'être d'un format par trop exigu et en caractères presque microscopiques. Nous eussions pu sans doute nous borner à en entreprendre la continuation; mais nous avons pensé que notre travail eût été fâcheusement incomplet pour la plupart de nos lecteurs, qui n'en eussent point possédé les parties antérieurement publiées, et cette considération nous a déterminés à refondre, dans un ouvrage nouveau d'un format de bibliothèque, imprimé avec soin, sur beau papier et en caractères très-lisibles, tout ce que renferment les *Muses Dunkerquoises* et toutes les pièces ou omises ou publiées depuis, et qui se trouvent éparses dans les divers journaux de la localité, dont il n'existe guère de collections. Notre cadre est donc des plus larges, et si, comme nous l'espérons, nous parvenons à le remplir tel que nous l'avons compris, nous aurons, croyons-nous, élevé un véritable monument littéraire pour la localité.

Nous devons dire un mot pour la justification de notre titre. L'éditeur du premier recueil l'a intitulé *Muses Dunkerquoises*, sans doute parce qu'il se proposait de le composer exclusivement de vers, comme l'atteste son premier volume. En nous décidant dès l'abord à admettre, comme il l'a fait dans ses volumes subséquents, les pièces en prose, il nous a semblé qu'un titre plus général était nécessaire, et celui d'ŒUVRES DUNKERQUOISES nous a paru le plus convenable.

Forts des encouragements nombreux qui nous sont donnés, nous continuerons l'accomplissement de notre tâche avec zèle, avec persévérance, afin de transmettre aux générations qui vont suivre des productions estimables qui, si elles étaient abandonnées, se perdraient bientôt avec les feuilles éphémères où elles ont vu le jour, et aussi dans le désir de voir propager de plus en plus la culture des lettres dans notre cité, en offrant à tous un moyen de publicité plus durable. On appréciera davantage le mérite de notre ouvrage à mesure que la multiplication des volumes y donnera plus d'importance. En terminant aujourd'hui le premier, nous n'avons parcouru qu'une étape de la longue route que nous avons à suivre; mais chacun a pu juger déjà que la plus stricte impartialité préside à notre œuvre, et que nous n'avons fait aucune exclusion d'opinions ou de personnes.

ŒUVRES DUNKERQUOISES.

LA VIERGE DE MISSOLONGHI.

1827.

Missolonghi n'était plus qu'un tombeau !...
Fuyant, désespérés, ses ruines fumantes,
Des vieillards, des enfans, et des femmes tremblantes,
D'Aracynthe, en pleurant, gravissaient le côteau,
  De l'Albanais trompant la rage,
  Quelques guerriers échappés au carnage,
De leurs corps mutilés leur faisaient un rempart.
  Marchant près du saint étendart,
Odaïde suivait la phalange héroïque,
Fameux par sa valeur, dans les champs de l'Attique,
Son père, sous les murs de la noble cité,
Etait mort pour la Grèce et pour la liberté.
  Les derniers cris de la patrie,
Les suprêmes adieux d'une mère chérie
Que le fer d'un soldat ravit à son amour,
D'horreur et de pitié la glaçaient tour-à-tour.

Soudain, l'air retentit des clameurs des barbares !
  Leurs escadrons impétueux,

Plus légers que les vents, contre les Pallicares
Lancent leurs coursiers belliqueux.

Sur le penchant d'une roche escarpée,
Dans son long voile enveloppée,
Odaïde, à genoux, implorait le Seigneur.
O Grecs ! elle admirait votre calme intrépide,
Qui bravait du Numide
L'implacable fureur.
Tout-à-coup..... qui peindrait son désespoir, ses larmes !
La Vierge tombe au pouvoir d'un guerrier
Qui, prêt à la frapper d'un glaive meurtrier,
S'arrête en contemplant ses charmes.

Le Numide, soudain, fier d'un si doux trésor,
Contre son armure sanglante
Pressant, entre ses bras, Odaïde tremblante,
Fait voler son coursier et guide son essor
Au camp des Osmanlis, où, près d'un cèdre antique,
S'élève d'Ibrahim la tente magnifique.

Cependant, de carnage et de sang altéré,
Le cruel fils d'Ali, de sa gloire enivré,
Au conseil des guerriers, d'une voix prophétique,
Proclamait la ruine et le sort de l'Attique.
Sur sa robe de pourpre, on voyait resplendir
Le fatal cimeterre
Qu'Ali portait naguère,
Aux plaines d'Aboukir.

Le Numide a conduit la vierge en sa présence.

Son front, tel qu'un beau lis, peint la douce innocence.

Dans ses traits où respire une noble fierté,
On admire la grâce unie à la beauté ;
Sur sa gorge d'albâtre et sa riche parure,
Flotte, en longs anneaux d'or, sa blonde chevelure ;
Rien n'égale l'éclat qui brille dans ses yeux ;
Son maintien est altier, son port majestueux.

Ibrahim : « En quels lieux as-tu reçu la vie ?
— Ce matin, Odaïde avait une patrie...
Mais un monstre altéré de sang dès le berceau,
Une torche à la main, en a fait un tombeau ! »
— Je n'ai pas dans mon cœur de pardon pour l'offense,
Et je clouerai ta tête aux créneaux de Bysance.
— La fille d'un soldat mort pour la liberté,
Préfère le trépas à la captivité.
— Esclave ! si pour toi la vie est un supplice,
Tu vivras. — D'un bourreau j'admire le caprice.
— Des guerriers de l'Hellas la terreur et l'effroi,
Belliqueux Soliman, cette vierge est à toi.
Dis-lui, pour apaiser son orgueilleux délire,
Qu'en vain elle a rêvé les palmes du martyre. »

Soliman d'Odaïde admire la beauté,
Et d'un trouble secret sent son cœur agité.

Près de Dermellista, sous un ciel sans nuage,
Dans un bois d'oliviers que couvre un vert feuillage,
Il est un lieu charmant, mystérieux séjour,
Où tout ravit les sens, où tout parle d'amour ;
Harem délicieux, séjour digne d'Armide !
C'est là que le guerrier a conduit Odaïde,

Amour ! douce magie, ô délire enchanteur !

Soliman est dompté par ton charme vainqueur.
Ce n'est plus ce barbare affamé de carnage,
Dans le sang des Chrétiens assouvissant sa rage,
Partout, ivre de gloire, affrontant le trépas...
Une vierge timide a désarmé son bras !
Chaque jour, pour lui plaire, à ses yeux il étale
Des fêtes du sérail la pompe orientale ;
Chaque jour, sur son luth, par l'amour inspiré,
Il dit l'affreux tourment dont il est déchiré.

Des fleurs, dont le bouton s'ouvrit avec l'aurore,
Qu'à ses premiers baisers Zéphyre vit éclore,
Le matin, d'Odaïde enchantent le réveil ;
Le soir, près de céder aux charmes du sommeil,
Elle entend des concerts la magique harmonie,
Et s'endort aux doux sons des lyres d'Aonie.

Soliman éperdu lui disait quelquefois :
« Ma bien-aimée, ici tes désirs sont des lois.
Vois briller le cristal des limpides cascades,
Près de ces verts bosquets, contemple ces arcades
Que le soleil levant colore de ses feux ;
Avec toi qu'il est doux d'errer en ces beaux lieux !
Au seul frémissement de ta robe légère,
Je tressaille, enivré d'un trouble involontaire.
Si ce matin, j'en crois un prestige enchanteur,
L'air d'un plus doux parfum embaume la nature,
C'est qu'il a caressé ta belle chevelure. »

Mais la jeune captive, en proie à la douleur,
Songeait à sa patrie et pleurait son malheur.

L'amour de Soliman n'a pu toucher son âme.

Un dévouement sublime et l'inspire et l'enflamme :
« O Grecs, pour vous sauver, je ferai son bonheur !
Je saurai l'arracher à sa funeste erreur.
D'un peuple généreux il prendra la défense :
L'hymen couronnera l'amour et la vaillance...
Soliman, sers mon Dieu, tu chériras sa loi ;
Vengeur de mon pays, Odaïde est à toi. »
Ainsi, tout à l'honneur et tout à la patrie,
Chrétienne, elle exhalait sa noble rêverie
A l'ombre des bosquets où des myrthes fleuris
S'enlaçaient avec grâce, en berceaux arrondis.

Un jour que Soliman l'occupait tout entière,
Le sommeil rafraîchit sa brûlante paupière,
    Et la berça de songes gracieux.
Tout-à coup, l'entourant de ses bras amoureux,
      Sur ses lèvres charmantes,
Soliman en délire, admirant sa beauté,
      Presse ses lèvres frémissantes
      De plaisir et de volupté !...

Odaïde s'éveille et son front se colore
D'une chaste rougeur qui l'embellit encore ;
Elle oppose au guerrier de pudiques refus,
Mais ses regards sont doux et ses sens sont émus.
Il tombe à ses genoux, il les presse, il s'écrie :
« Pardonne.... ton amour m'est plus cher que la vie !
Ah ! je dédaignerais, pour régner sur ton cœur,
Les faveurs d'Ibrahim, les trésors de l'Asie,
Je sacrifierais tout... hors ma mère et l'honneur.
A tes lois Soliman tout entier s'abandonne ;
Pour être aimé de toi, que doit-il faire ?... ordonne. »

Il dit, et ses regards peignent la volupté
Et le trouble cruel dont il est agité.

La Vierge : « Ecoute-moi, c'est le ciel qui m'inspire :
Si tu veux être heureux, calme ce vain délire.
Soliman, pour jamais je t'engage ma foi,
Si, du Dieu des chrétiens suivant la sainte loi,
Tu consacres ton glaive à sauver ma patrie.
Oui, c'est sur cette croix, qu'une mère chérie
Suspendit à mon sein en me donnant le jour,
Que je veux recevoir les serments de l'amour.
Sois chrétien, un saint nœud, aux autels d'hyménée,
A tes nobles destins joindra ma destinée. »
— « Moi défendre les Grecs !... sais-tu que Soliman
Enseigna la victoire au farouche Ottoman ?
Moi, jurer sur la croix une amour éternelle !
Sais-tu bien qui je suis ?... » Et debout devant elle,
Les yeux fixes, le front livide de pâleur,
Il frémit à l'aspect du signe rédempteur.
« Apprends donc, » reprit-il, « qu'abjurant ma patrie,
Pour de l'or j'ai vendu mon honneur et ma vie ;
Pour de l'or, désertant l'étendart de la foi,
J'ai renié mon Dieu.... Selves est devant toi ! »

La vierge de ses mains couvrant son beau visage :
« Fuis, fuis, vil apostat ! ta présence m'outrage :
Persécuteur des Grecs et parjure à l'honneur,
Tu me parles d'amour !... Ah ! tu me fais horreur.
Non, tu n'es pas Français ! Au beau pays de France,
Toujours l'humanité fut sœur de la vaillance,
Et la liberté sainte, embrâsant tous les cœurs,
Aux martyrs de la croix y trouva des vengeurs.

Un peu d'or fut le prix de ton ignominie !
Non, tu n'es pas Français… Un lâche est sans patrie !
Dieu punira ton crime. Objets de ton amour,
Tes enfants rougiront de te devoir le jour. »

A ces mots, d'un rocher elle gravit la cime.
Là, prête à s'élancer dans le fond de l'abîme,
Vers son amant frappé de stupeur et d'effroi,
La vierge étend les bras : « Fais un seul pas vers moi,
Et ces rochers rougis par le sang d'Odaïde,
Déchireront son sein de leur pointe homicide.
Tu vivras malheureux ! d'âge en âge cité,
Ton nom sera maudit par la postérité.
Tu tomberas flétri du sceau de l'infamie,
Comme un transfuge tombe aux rangs de l'étranger,
Sans laisser un ami jaloux de te venger,
Loin de l'infortunée à qui tu dois la vie.

Les destins vont changer ! J'en atteste Byron
   Et sa lyre immortelle,
Bientôt la noble France, à la gloire fidelle,
Plantera sa bannière aux remparts de Coron.
   Le bronze, de sa voix tonnante,
  Faisant vibrer l'écho de Navarin,
  Engloutira sous la vague écumante,
Jusqu'au dernier vaisseau des ports de Constantin.
Les beaux-arts exilés de ma belle patrie,
Vont renaître à ta voix, ô Liberté chérie !
Et, suivant de l'honneur le sentier glorieux,
Les Grecs seront un jour dignes de leurs aïeux.

Du Dieu que tu trahis et que pour toi j'implore,

Mérite le pardon... Il en est temps encore.
Qu'un repentir sincère efface ton erreur,
Cède aux cris des remords et reviens à l'honneur.
Vois mes larmes couler... Ah! si je te fus chère,
Selves, je t'en supplie, écoute ma prière!
Reviens à Dieu... L'hymen ne peut plus nous unir,
Mais je pourrai te plaindre et ne pas te haïr. »

L'infidèle, aux accents de la vierge inspirée,
Croit entendre de Dieu la parole sacrée.
L'amour, le repentir, la patrie et l'honneur
L'agitent tour-à-tour et déchirent son cœur.
Il balance, il hésite... Il contemple Odaïde,
Il cède... Tout-à-coup, une flèche rapide,
Que lance dans les airs, une invisible main,
Frappe la jeune fille et lui perce le sein.
Le corps ensanglanté de la douce victime,
Roule entre des rochers, jusqu'au fond de l'abîme.
Elle jette un long cri par l'écho répété,
Et l'air redit au loin: Liberté! liberté!
Et, le front couronné des palmes du martyre,
En embrassant sa croix, la noble vierge expire!...

A cet affreux spectacle, accablé de douleur,
Selves, pâle, immobile, est frappé de stupeur.
Autour du précipice il cherche son amante,
Il l'appelle trois fois d'une voix gémissante,
L'écho seul lui répond... Il contemple le ciel,
Et son regard impie accuse l'Éternel.

Ibrahim a lancé cette flèche homicide.
Il sort d'un bois épais: « Guerrier faible et timide,

Pour la fille des Grecs, tu voulais me trahir.
Comme un roseau s'agite au souffle du Zéphir,
Ton cœur irrésolu change au gré d'une femme;
Il se calme, il s'irrite, il s'appaise, il s'enflamme.
Pleure ta faute; Allah, sur toi jetant les yeux,
T'accordera peut-être un pardon généreux. »

Soliman écoutait dans un morne silence.
Le discours d'Ibrahim et l'indigne et l'offense;
Il jette sur ce prince un farouche regard,
Dans sa main frémissante il agite un poignard.
Il va sauver la Grèce et venger Odaïde...
Mais soudain Ibrahim parla de dignités;
L'or étouffa l'honneur dans cette âme cupide,
Et le calme rentra dans ses sens agités.

Jamais, depuis ce jour, l'ange de la prière
Ne pénétra son cœur d'un remords salutaire.
De celle que toujours il aurait dû chérir,
Le Renégat perdit le touchant souvenir.

J. Fontemoing, avocat.

RÉPONSE
A QUELQU'UN QUI M'ENGAGEAIT A M'ESSAYER DANS LA POÉSIE.

1810.

Qui? moi, faire des vers! me rendre ridicule
En ces lieux où chacun fume, boit ou calcule!
Où quelques vrais talents aux vertus alliés,
En dépit de Phébus, languissent oubliés!
Non, non. Hé! qui pourrait, quand ce serait Delille,
Flatter des Dunkerquois l'oreille mercantile?
Mon ami, si jamais je produis un seul vers,
Tu verras de six mois s'accourcir nos hivers;
Tu verras, de Borée adoucissant l'haleine,
Le printemps nous donner deux beaux jours par semaine,
Et, pour hâter enfin nos tardives moissons,
Le soleil nous griller au signe des Poissons.

N'allons donc pas, bravant d'ignorantes risées,
Hasarder au grand jour des rimes méprisées.
On voit plus d'un flamand, s'occupant de trafic,
Se contenter de prendre un Pégase à Mardick.
Les habitants du Nord, à la rime insensibles,
N'ont du goût la plupart que pour les comestibles.

Comme vaine fumée ils vous traitent l'esprit,
Et celle du tabac seulement les séduit.

Je me sens peu tenté, puisqu'il faut te le dire,
De ce plaisir si grand de rimer et d'écrire.
Dans notre affreux climat, qui nous morfond le sang,
On peut s'apprivoiser avec le papier blanc.
D'ailleurs, pour m'inspirer des rimes peu communes,
Trouverais-je, après tout, l'Hélicon dans les dunes,
Où, sans tarder, vous pince un souffle d'Aquilon
Qui même glacerait la verve d'Apollon ?
Et quel sujet choisir ? Peindrais-je dans mon style
Les champs peu fortunés qui bordent notre ville ?
Ferais-je le portrait des Tircis de Killem,
Des Amadis d'Herseele ou des Chloés d'Uxem ?
Que de noms iroquois ! Mais si je fuis Herseele,
Irais-je, pour rimer, m'engager dans Capelle,
Et rencontrant partout des Cappel et des Brouck,
Tomber dans Westcappel ou dans Cappellebrouck.
Oh ! craignons d'aborder un projet inutile.
Quel poète, en un mot, d'un ton doux et facile,
Parviendrait à chanter Sox, Chrothte, Holque, Ostcappel,
Leffrinckhoucke, Craeywick, Brouckerque, Armboutscappel?
Armboutscappel ! grands Dieux !.... Ami, je suis sincère,
Sans cet Armboutscappel je n'aurais su me taire ;
Mais cet Armboutscappel, comme Wurts pour Boileau,
Embarrasse ma langue et tarit mon cerveau.
Conviens donc avec moi que je serais peu sage
De vouloir rimailler dans ce pays sauvage.
Minerve fut toujours étrangère en ces lieux,
Et le flamand n'est pas le langage des dieux.

Gouchon.

ODE

PLACÉE EN TÊTE D'UNE TRADUCTION DES
ODES D'HORACE.

1830.

J'ai voulu soulever le voile du passé,
Prendre en mes doigts hardis la lyre du génie,
Faire parler Horace avec mon harmonie ;
Mon téméraire effort, serez-vous repoussé ?

Horace !... quand je lis tes admirables pages,
L'ivresse de ta muse échauffe mes esprits ;
Les fantômes légers et les nobles images
Eblouissent mon âme et mes regards surpris.

Je vois ressusciter Rome, ma fière idole ;
J'entends, j'entends encor tout le peuple agité
Suivre César vainqueur qui marche au Capitole ;
Et c'est toi qui lui fais son immortalité.

Le colosse romain se lève de sa poudre,
La flamme de Vesta brille sur les autels ;
Le puissant roi des dieux, Jupiter, tient la foudre ;
Vénus par son délire embrase les mortels.

Ou j'aperçois un char qui vole dans l'arène,

La foule circulaire anime les coursiers ;
Puis Tibur m'apparaît... Cher asile où Mécène
De l'oublieux Bacchus cueillait les doux lauriers.

Horace ! auprès de toi je vois la table prête,
Les esclaves riants sont couronnés de fleurs ;
Tes compagnons aimés s'assemblent pour la fête ;
Oublions, oublions la vie et ses douleurs.

Le Falerne fumeux dans les coupes bouillonne,
Le murmure des voix fait vivre le festin,
Et l'essaim des amours près de nous tourbillonne :
Il dore, en folâtrant, le nuageux destin.

A nous les vins brûlants et les jeunes Romaines!
Entre ces cœurs chéris mon cœur est partagé.
Cédez à nos désirs, mes belles inhumaines,
Venez, Chloé, Phillys, Lydie et Lalagé.

C'est l'heure où l'on doit fuir les usages sévères,
Les regards languissants parlent de volupté.
Que le bruit des baisers s'accorde au choc des verres.
L'amour seul doit parer le sein de la beauté.

— Mais le temps a soufflé ces grâcieuses flammes,
Par les âges épais ces beaux jours sont couverts,
La brise dispersa les roses et les femmes,
Et le siècle nouveau récite encor tes vers !

Oui, Rome l'immortelle a roulé dans l'abîme,
Il n'est plus de Césars planant sur l'univers ;

D'un éternel oubli Jupiter est victime,
Et le siècle nouveau récite encor tes vers!

Ombre illustre ! pardonne aux faibles interprètes,
Du sein de l'Elysée, où ton nom brille encor,
Où tu bois à longs flots le nectar des poètes,
Souris à mes travaux et guide mon essor.

Comme toi je n'ai pas au sommet du Parnasse
Bu le lait de la muse et connu ses leçons,
Ma lyre n'a jamais envoyé dans l'espace
Que des mots passagers et de vaines chansons.

Mais je hais le vulgaire et sa vile ironie,
Pour moi la solitude a de bien douces voix ;
J'adore les grands noms, la splendeur du génie,
Et j'aime à lui parler sa langue d'autrefois.

J'aime un lieu verdoyant séparé de la foule,
La molle rêverie embellit ce séjour ;
J'aime les gais festins où le Falerne coule,
Où circule à voix basse un murmure d'amour.

Je me soumets aux dieux, je chéris la patrie,
Je crains l'or qui corrompt la frêle humanité,
Et je ne saurais pas, comme une âme flétrie,
Acheter l'opulence avec l'improbité.

J'ose donc saluer ta vivante mémoire,
Braver avec ton nom le vulgaire moqueur :
Permets que je repose une heure sous ta gloire,
Que je glane une feuille à ton laurier vainqueur.

BENJAMIN KIEN.

A MON ANCIEN CAMARADE

DU PETIT COUVERT DE MOMUS A DUNKERQUE EN 1815, BERNAERT AÎNÉ, A BRUXELLES.

1845

Admire, cher Bernaert, comment la Providence
Veut que je vous retrouve, après trente ans d'absence,
Après avoir suivi des chemins si divers !

Oui, trente fois, ami, les printemps, les hivers
Ont passé tour-à-tour, depuis ces temps d'ivresse
Où nous jetions au vent, trop rieuse jeunesse,
Les enivrants parfums des amours et des vers.

Ah ! depuis ces beaux jours que de splendeurs éteintes !
De gloires qui du sort ont subi les atteintes !
Que de héros déchus ! de trônes écroulés !
Que de vers dans l'oubli ! que d'amours envolés !!!

Hélas ! il est trop vrai que l'or, la renommée,
Les honneurs éclatants, les volages amours
Laissent à peine d'eux une vaine fumée,
Et qu'ailleurs sont les biens qui nous restent toujours.

Soumis, bénissons Dieu dont la bonté suprême

Sur nous semble se plaire à veiller elle-même :
Dieu qui nous a donné, dans notre obscurité,
Les doux embrassements d'une chaste famille,
Ces reflets du bonheur dont la flamme scintille,
Pure, éternelle, au sein de la Divinité.

CARLIER aîné

Paris, 31 mars 1845.

INSCRIPTION POUR JEAN-BART.

Les Anglais, la fortune et les flots en furie
A son mâle courage ont livré mille assauts ;
Mais son courage, ardent à servir la patrie,
A dompté les Anglais, la fortune et les flots.

C. PIETERS.

IMITATION EN VERS LATINS
DE LA PRÉCÉDENTE INSCRIPTION.

Aspera bella gerunt mare sors atque Anglia tecum ;
At cedunt mare, sors, Anglia victa tibi.

LAMBERT.

NOTICE SUR J.J. ROUSSEAU.

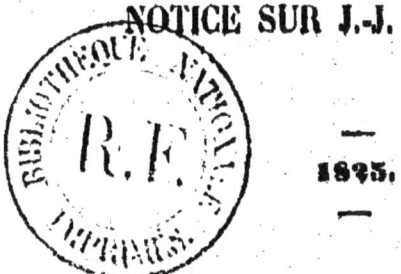

1825.

De tous les auteurs qui ont écrit dans notre langue, Jean-Jacques est, sans contredit, celui qui en a le mieux connu le génie ; je n'en excepte pas même le chancelier d'Aguesseau et Voltaire. Son style est inimitable par la concision du langage : aussi n'a-t-il pas fait école. Ce qui distingue le plus cet écrivain célèbre, c'est l'art avec lequel chaque idée est exprimée par son mot propre ; sobre d'épithètes, il ne les emploie que lorsque la langue manque de nom générique. Si l'on pouvait le comparer à quelqu'un, ce serait à Pascal, pour la force de la pensée et le choix heureux de l'expression.

Il eût été l'homme le plus propre à faire passer dans notre langue, si réfractaire sous la plume des écrivains médiocres, les beautés de celles d'Homère et de Virgile, si son caractère indépendant et bizarre lui eût permis de refondre ses propres idées dans le moule de celles d'autrui, et d'astreindre son esprit paradoxal à n'être que le Sosie de celui des autres.

Naturellement bon, mais capricieux et intraitable pour qui n'était pas fait à ses manières, il aimait beaucoup les enfants et prenait un plaisir infini à leurs divertissements. Une de ses maximes favorites était celle-ci : *Maxima debetur pueris reverentia*, ce qui ne veut pas dire qu'il faut porter un très-grand respect aux enfants, mais s'observer soignousement avec eux.

Le collège des pères de l'Oratoire n'était pas très-éloigné du château d'Ermenonville où il passa les dernières années de sa vie. Le P. Cotte, notre professeur, lié d'amitié avec lui, menait promener, quelquefois, ses élèves dont je faisais partie, dans les magnifiques allées où M. Rousseau faisait ses promenades habituelles ; nous étions presque sûrs de l'y trouver, surtout quand le temps était beau, car il était très sensible au froid.

Il nous accueillait toujours avec la plus touchante bonté : il était réellement alors, tel qu'il s'est peint dans son *Emile*. Une seule fois il lui est arrivé de nous tourner le dos, sans nous parler : ce qui nous attrista beaucoup. Jovial, débonnaire, dans ces moments il aimait à nous entretenir de ce qu'il savait pouvoir nous instruire et nous amuser. Un trait échappé de son esprit fécond, une sentence, un mot, faisaient, pendant huit jours, le sujet des conversations de tout le collège. La botanique était principalement la partie dont il se plaisait le plus à entretenir ses jeunes amis, c'est ainsi qu'il nous appelait. « Cette étude, disait-il, est celle qui rapproche le plus l'homme de la nature ; es plus belles richesses de la terre ne sont pas dans ses entrailles, mais à sa surface. Ce sont les mamelles qu'en bonne mère elle présente à ses enfants. » Aussi, portait-il une sorte de culte à *Linnée*.

Quelquefois, dans la crainte de paraître ennuyeux, ou de fatiguer nos jeunes intelligences, il cessait brusquement ses leçons, et se sauvait du milieu du cercle que nous formions autour de lui, pour aller se cacher dans les charmilles d'où il suivait de l'œil nos excursions champêtres. Un écolier avait roulé son mouchoir en forme de fronde, et tirait à un arbre pour abattre un nid d'écureuil : il lança maladroitement la balle contre la tête de M. Rousseau, appuyé sur sa canne derrière des saules plantés autour d'une pièce d'eau : il fut tout étourdi du coup : nous craignîmes d'avoir encouru pour toujours sa disgrâce, ce qui nous désolait. Quelques-uns de nos camarades se hasardèrent, en tremblant, d'aller lui faire des excuses au nom de tous, en protestant de l'innocence d'intention et des regrets du coupable ; car nous portions à ce vieillard une sorte de vénération religieuse. Ils trouvèrent M. Rousseau calme et riant, occupé à retirer de l'eau sa toque, espèce de bonnet fourré qu'il portait dans son négligé, et que la balle avait abattu. « Ce n'est rien, dit-il, mes enfants, aucun de vous ne m'a fait injure ; c'est moi seul qui suis le coupable : je ne devais pas, à mon âge, me trouver si près d'un champ de bataille : *Turpe senex miles ;* » et il emmena la députation dans son ermitage où madame Levasseur lui servit du laitage pour rafraîchissement.

Un autre jour, nous revenions d'herboriser avec lui : un troupeau de vaches, engagé dans les sinuosités du sentier que nous suivions, marchait vers nous pour s'en retourner au hameau. M. Rousseau était affublé d'une houppelande rouge, assez semblable pour la forme, à la soutane ecclésiastique ; c'est pourquoi quelques écoliers, par plaisanterie, le nommaient entre eux *le prêtre arménien.* Un de ces animaux, effarouché à l'apparition du manteau, fit un bond, enfonça et franchit, à deux pas de M. Rousseau, la haie qui bordait son chemin. Ce pauvre homme, tout saisi de frayeur, s'était retranché derrière notre professeur. Revenu à lui, et rasséréné après le danger : « Voyez-vous, mon père, lui dit-il, comme cet animal fuit à l'aspect de l'homme! cela prouve que nous ne sommes plus ce que la nature nous a faits. » Idée paradoxale, s'il en fut! car ce n'est pas l'homme qui avait effrayé la vache, mais la couleur de son habit.

Sa vie fut pleine de singularités tout-à-la-fois bizarres et piquantes. M. le prince de Condé avait réuni, à la suite d'un rendez-vous de chasse, un grand nombre de personnes de distinction. M. Rousseau devait être du dîner qui se donnait à la suite. Sa célébrité et le désir de le connaître, avaient été pour plusieurs le principal motif de leur voyage. L'heure arrivée, Jean-Jacques s'achemina vers le château; à peine eut-il franchi la grille, qu'une foule de monde court au balcon pour le voir. S'apercevant de cet empressement de curiosité causé par son arrivée, il s'arrête au milieu de la cour et se met à gratter, avec sa canne, quelques herbes poussées sur le terrain; au bout d'un quart-d'heure de station, l'impatience des spectateurs augmentant, M. le prince envoie un domestique l'avertir que le dîner était servi; on ne s'attendait guères à la réponse qu'il fit. « Allez dire à votre maître, ainsi qu'à sa compagnie, que c'est assez pour eux d'avoir vu Jean-Jacques aujourd'hui. » Il tourna le dos au château, et s'en retourna dîner chez lui, avec une jatte de lait et un de ces petits pains qu'à Dunkerque on appelle *français.*

Son naturel était fier et timide; ce qui eût flatté tout autre amour-propre, était une offense pour le sien. On le vit constamment mépriser les dons de la fortune, et cependant il était avare de ce qu'il possédait en propre. On eût dit que son âme inspirait deux individus différents. Il refusa l'offre de quarante mille francs pour se prêter aux soins d'une édition complète de ses œuvres; ses libraires s'enrichissaient, et lui-même éprouvait souvent des besoins.

Quelques-unes de ses actions privées, empreintes de la bizarrerie de son caractère, lui ont été reprochées comme des taches à sa mémoire. Des amis avec lesquels il avait rompu, ont donné, à de simples inconséquences, les couleurs de l'ingratitude : si les griefs qu'ils lui ont imputés sont vrais, ses plaintes sur leur conduite envers lui, sont du moins exemptes d'outrage, modération dont ils n'ont pas usé à son égard. Tout ce que l'on peut dire, c'est que, si dans quelques circonstances sa conduite n'a pas été rigoureusement conforme à l'austérité des maximes qu'il a proclamées, sa vie entière fut celle d'un honnête homme, ses travaux littéraires sont un monument élevé à la gloire du siècle où il a vécu ; en un mot, si sa vertu s'est laissée aller à quelques oublis, ce n'est qu'une preuve et un exemple de plus de cette vérité que le cœur humain peut concilier les contraires.

VAISSIER.

LE MARI PACIFIQUE.

CONTE.

—

1836.

Thomas, homme tranquille et d'humeur peu jalouse,
Avec sa femme était au lit.
Or, le conte nous dit
Que c'est la ruelle qu'il prit,
Et qu'il laissa le bord à son épouse.
C'est être peu galant ; n'en soyons pas surpris ;
On sait que messieurs les maris
Recherchent trop leurs aises
Pour se plier au joug des manières françaises.

Le froid piquait, mais dans un lit bien chaud
Les aquilons, le vent de bise
Ont bien difficilement prise
Quand on se couvre comme il faut.
On doit pourtant, je pense,
Si l'on veut dormir en repos,
Avoir grand soin que le logis soit clos ;
Et, soit le diable, ou soit la négligence,
Cette précaution sortit de leurs cerveaux.

La porte n'était pas seulement assurée ;
 En l'entr'ouvrant, à son aise, Borée,
Qui dans cette saison exerçait son courroux,
 En murmurant se frayait une entrée,
 Et tour-à-tour grondait sur les époux.
  « Allons, mon ami, levez-vous,
Vous avez oublié de fermer cette porte,
Et vous sentez qu'un vent qui souffle de la sorte,
  Sur le visage n'est pas doux.
  — Non, parbleu, dit Thomas, il gèle,
 De me lever, j'aurais grand tort :
  Observez que j'ai la ruelle ;
C'est donc à vous d'aller, vous couchez sur le bord. »
Suzon de ce propos se trouva mécontente,
  Et, gourmandant monsieur Thomas,
  Fit serment qu'elle n'irait pas.
« Vous souvient-il quand j'étais votre amante ?
Que de soins assidus ! pour rien que d'embarras !
— Maintenant, dit Thomas, la chose est différente,
Ce qu'on fait à vingt ans se néglige à quarante ;
  Car il n'est point d'éternelles amours.
  D'ailleurs, pourquoi tant de tapage ?
  Mettons fin à ce verbiage ;
J'aime au lit le repos et non pas les discours.
— C'est vous, lui dit Suzon, qui bavardez toujours.
 — C'est plutôt vous. — La chose est un peu forte,
Repart Suzon ; eh bien ! terminons là ;
 Que le premier de nous qui parlera
  Aille fermer la porte.
— Eh bien ! soit, nous verrons qui de nous deux ira. »

 Or, vous saurez que c'était temps de guerre.
  Alors comme à présent,

On envoyait le militaire,
Au moyen d'un billet, loger chez l'habitant,
Par un de ces hasards que le sort distribue,
Ce soir-là justement la troupe était venue ;
Partant, force billets ; aussi dans chaque rue
Le soldat s'empressait de trouver sa maison.
Un jeune militaire, au moins depuis une heure,
Courait de tous côtés en cherchant sa demeure.
De porte en porte il vient à celle de Suzon.
 « Oh ! dit-il, celle-ci n'est point close :
Entrons. » Et le voilà qui sans faire de bruit
      Arrive jusqu'au pied du lit
      Dans lequel le couple repose.
Suzon, qui l'aperçoit, succombe à sa frayeur ;
      En vain je voudrais la décrire :
Le cri, dans son gosier, loin d'éclater expire,
Et sur son front découle une froide sueur.

Cependant, le soldat, surpris de ce silence,
Pour s'assurer d'un fait, plus près encor s'avance.
La lampe répandait une douce clarté
Qui fit voir au gaillard, dont l'âme fut ravie,
      Que la dame était fort jolie.
Tout-à-coup il médite une témérité.
    Dans ces cas-là je conviens que l'on ose,
      Car il est toujours bon d'oser.
      Aussi, sur sa bouche mi-close,
   Sans hésiter, il lui donne un baiser.
   Suzon frémit, mais sa frayeur augmente ;
   Que faire, hélas ! elle est presque mourante ?
Qui ne dit mot consent ; comme on ne lui répond,
Le soldat enhardi s'en permet un second,
Puis un troisième ; enfin, sa main devient très-leste.

Suzon, qui ne voit pas monsieur Thomas bouger,
Après avoir long-temps couru plus d'un danger,
De ses forces parvient à retrouver un reste,
    Et pousse un cri tellement étendu,
    Qu'à son tour le soldat, stupéfait, confondu,
A sortir du logis au plus vite s'empresse ;
       Bref, il prend son essor
       Et court encor.

Bientôt sur son séant dame Suzon se dresse,
    Et, par degrés, reprend sa hardiesse.
En portant ses regards sur des objets divers,
Elle voit que Thomas a les deux yeux ouverts.
« Quoi ! vous ne dormez pas ? quoi ! vous êtes tranquille ?
A pénétrer, monsieur, vous êtes difficile.
De même tout à l'heure étiez-vous attentif ?
(Ici Thomas lui fait un signe affirmatif.)
    Ah ! c'est trop fort, non, je ne puis comprendre
    Que la froideur si loin puisse s'étendre.
Couchée à vos côtés, insouciant mari,
Comment, vous me laissiez outrager de la sorte !
— Ah ! bravo, dit Thomas, j'ai gagné mon pari :
Vous parlez la première, allez fermer la porte. »

                    Victor Simon.

LE MONT DE SABLE.

APOLOGUE.

1822.

Un jeune écolier paresseux,
Fuyait la férule d'un maître,
Pour s'occuper de plaisirs et de jeux ;
S'embarrassant peu de connaître,
Ce que Rome, jadis, était dans sa splendeur,
Ce qu'elle était dans son enfance,
Ses guerres, ses héros, ses fastes, sa grandeur,
Ce qui pouvait avoir causé sa décadence.

Un objet sérieux l'occupe en ce moment ;
Dans un enclos voisin, en jouant sur le sable,
Sa main construit artistement
Un édifice formidable,
Mécontent, il voudrait encore l'augmenter,
Il l'arrondit, il l'élève, il le presse.
L'édifice, trop grand, finit par s'écrouler,
Malgré ses soins et son adresse.

Désolé de son insuccès,
L'enfant se dépitait....Il ne perd point courage,
Recommence vingt fois, admire ses progrès,
Mais toujours sans pouvoir achever son ouvrage.
» Mon fils, lui dit alors le sage précepteur,
» Le sable si léger, le monument fragile,
» Qui vient de s'écrouler par sa propre grandeur
» Quand tu le surchargeais d'une masse inutile,
» Explique justement la perte des Romains,
» Que des rois conquérants ont fini par détruire. »

L'ambition des souverains
Cause toujours la chûte d'un empire !

A. DASENBERGH.

ÉPIGRAMME.

De tel sot parvenu, bouffi de suffisance,
Vous vous moquez, peut-être, avec trop de plaisir ;
Petits, envers les grands ayez plus d'indulgence,
Savez-vous ce qu'un jour vous pouvez devenir ?....

PIERRE SIMON.

JEAN BART.

DITHYRAMBE.

1836

Visite, en gémissant, l'altière pyramide,
    Généreux amant des beaux arts ;
Dispute, de Memnon, quelques débris épars,
    Aux sables de la Thébaïde.

    De l'orgueilleux Macédonien
Poursuis dans le désert l'oracle mercenaire
    Et dans Palmyre solitaire
    Pleure l'esclave d'Aurélien.

L'on ne me verra point, guidé par ton délire,
Sous ces lointains climats interroger les morts :
Sur un grand nom détruit comme toi je soupire ;
    Mais ce grand nom fut un dieu sur ces bords.

Salut, Jean Bart, salut ! honneur à ta mémoire,
    Fière idole de la valeur !
Tes triomphes passés, tes vertus et ta gloire,
    Font palpiter mon cœur.

D'un héros étranger qu'on vante les prodiges !

Les tiens ont consacré cette terre et ces flots.
En ces lieux sont empreints les superbes vestiges
    De tes vaillants travaux.

    Assis sur la dune sauvage,
Je vois encore au loin flotter ton pavillon,
Et du palais d'Odin au berceau de Pélage
    Tracer un glorieux sillon.

Vingt peuples, animés d'une fureur commune,
A tes pompeux succès, ainsi qu'à ta fortune,
Opposent vainement une forêt de mâts.
Tu parais..., et soudain les flottes dispersées
    Couvrent les mers épouvantées
    Des cadavres de leurs soldats.

    Rien ne peut résister à ton puissant génie ;
    Il n'est point de vague ennemie
Que n'ombrage du lys le drapeau triomphant ;
Il semble que le dieu qui règne au sein de l'onde,
    Pour étonner le monde,
    T'ait cédé son trident.

Ainsi, marchant l'égal des guerriers magnanimes,
Que produit de ton roi le siècle glorieux,
Tu prouves à jamais, par tes efforts sublimes,
Que l'on peut être grand sans compter des aïeux.
Oui, des rangs plébéins, sorti par ton courage,
Au faîte des grandeurs rapidement porté,
Tu ne dois qu'à toi seul le respect et l'hommage
    De la postérité.

Et vous, qui cultivez cette rive natale,

Aux pieds de sa statue élevez des autels ;
D'un même cœur unis, dès l'aube matinale,
Bénissez le héros dans vos chants solennels.
De l'amour le plus pur offrez les doux prémices
      A tant de nobles sacrifices
Dont l'heureux souvenir est si cher aux Français.
Soldats et citoyens, marchez tous sur sa trace ;
Sous la foudre ennemie invoquez son audace ;
Consultez ses vertus, dans les jours de la paix.

ALZIEU.

LES SANGSUES.

1810

Enfin, vos craintes sont déçues,
  Grippon va bien, rentrez chez vous, docteur ;
Il n'a plus, comme hier, ses battements de cœur.
— Tant mieux. Voilà pourtant l'effet de mes sangsues !
— Non point, il n'en veut pas ; il dit que c'est malsain.
— Oh ! oh ! cet usurier insulte un médecin !
— Tout doux, docteur, Grippon adopte le système ;
A l'excellent remède il applaudit tout bas.
      — Pourquoi donc ne s'en sert-il pas ?
      — Il se suce lui-même.

VICTOR SIMON.

L'IRIS & LE PAPILLON.

ALLÉGORIE.

1850

Dans un bosquet, berceau d'amour,
Discret asile du mystère,
Vivait rêveuse et solitaire
Une iris éclose d'un jour.

Survint un papillon à la fougue indécise,
  Au vol inconstant et léger,
Ivre encor du parfum d'une fleur de Cytise,
  Sur l'iris il vint voltiger :

« Oh ! laisse-moi, dit-il, dans ta fraîche corolle
  » Puiser au miel de tes faveurs !...
» Et si tu veux m'aimer, tu seras mon idole...
  » Je te ferai reine des fleurs! »

  — « Fuis trompeur, lui répondit-elle ;
» Si je prêtais l'oreille à tes vœux dissolus,
» Tu m'abandonnerais pour une autre plus belle ;
  » Et puis... je ne te verrais plus... »

  —.« Que tu feins bien la modestie !

» Reprit-il; une autre que toi
» Pourrait-elle embellir le destin de ma vie
» Quand tu m'auras donné ta foi ?

» Je fus jusqu'à ce jour indiscret et volage,
» Nulle fleur n'eut le don d'enchaîner mes désirs ;
» Mais désormais toi seule obtiendras mon hommage,
» Et ma tendresse et mes soupirs.

» Ne me repousse plus ! à mes lèvres brûlantes
» Livre enfin ce nectar qui rend égal aux dieux !...
» Oh ! je me sens mourir aux sources enivrantes...
» Je suis transporté dans les cieux ! »

Le perfide, en effet, vers la voûte éthérée,
Heureux avait repris son vol,
Laissant dans sa douleur, son amante éplorée
De ses larmes baigner le sol.

MORALITÉ.

Méfiez-vous toujours de ces hommes frivoles,
A la main caressante, aux flatteuses paroles,
Aux regards doux et séducteurs.
De la sirène fabuleuse,
Ils ont la voix mélodieuse ;
Comme elle ce sont des trompeurs !

PENOT.

A MILLEVOYE.

ÉLÉGIE.

1820

Ut flos cecidit.

Poëte infortuné, que la mort trop cruelle
Ravit en son printemps, à la gloire, au bonheur ;
Doux chantre des vertus qui régnaient dans ton cœur,
    Repose en paix, dans la nuit éternelle !

Que j'aime de tes vers, le prestige enivrant !
Que j'aime leur flexible et suave harmonie,
Quand ton luth inspiré parle à l'âme ravie,
    Le doux langage d'un amant,
Ou que, triste et plaintif, de la mélancolie
    Tu peins le charme attendrissant.
Par tes divins accords, mon âme balancée,
    Rêveuse et tendre tour à tour,
Dans un vague enchanteur laisse errer sa pensée,
Ou frémit, agitée au nom seul de l'amour.

Mais tu fais retentir la trompette guerrière ;
L'aiguillon de la gloire excite ma valeur,
Et le front couronné des myrthes de Cythère,

Des preux de Charlemagne, arborent la bannière,
Par les vers entraîné, je vole au champ d'honneur.

    Tu pressentais ta destinée,
  Et ta santé, comme la fleur fanée,
    Tristement, venait t'avertir
   Qu'au doux matin de la journée,
    Malheureux ! tu devais mourir.

Tu disais : « Jeune encor, dois-je quitter la vie,
» Quand mon âme enchantée entrevoit le bonheur?
» Adieu, mon pauvre enfant, adieu mère chérie,
» Ah ! laissez-moi tous deux vous presser sur mon cœur.
» Adieu, lyre d'amour et doux rêves de gloire,
» Je descends dans la tombe, oublié pour toujours :
» A la postérité, la muse de l'histoire
» Ne dira pas mon nom, mes vers, ni mes amours. »

Alors, des pleurs amers coulaient de ta paupière,
Et ton front se couvrait d'une froide sueur...

Le poëte expirait : sa fervente prière
    Implorait le divin Sauveur.

Comme le dernier son d'une harpe plaintive,
    Son âme tendre et fugitive
    Exhala le dernier soupir...

    On dit qu'au lever de l'aurore,
Quelques fois sur sa tombe, au souffle du zéphir,
    Emu, l'on croit entendre encore,
    Son luth harmonieux gémir !

J. FONTEMOING.

LA GARDE NATIONALE DE CYTHÈRE,

POÈME HÉROÏQUE (forme ancienne).

—

1810

—

Je vais chanter sur un ton bien modeste
D'un bon époux l'entreprise funeste
Pour renouer un hymen négligé,
Dont un mari, quand du bon sens lui reste,
Se trouve heureux d'être enfin dégagé.

Muse éternelle, antique et vénérable,
Daigne venir dans l'étroit cabinet
Où je médite accoudé sur ma table,
Et dicte-moi le revers lamentable
D'un immortel déçu dans son projet.

On dit qu'un jour, lassé de son veuvage,
Vulcain voulut reprendre sa moitié.
Jamais époux fit-il projet moins sage ?
Du pauvre Dieu tout l'Olympe eut pitié.
Jupin lui dit : « Mon cher fils, que je tremble
» Pour ton repos, dont tu n'as aucun soin :

» On croit s'aimer quand on s'aime de loin ;
» Et l'on se hait alors qu'on est ensemble. »
Mais le cher fils, en enfant bien appris,
De son cher père écouta peu l'avis,
Et fit sommer son épouse volage,
De revenir se fixer en ménage.

Point ne voulut la belle y consentir :
De l'Hyménée elle avait à se plaindre,
Et de l'Amour avait à s'applaudir ;
A l'Amour donc elle devait tenir.
Elle y tenait, et répondit, sans feindre,
Que son époux, à moins de la contraindre,
De la revoir n'aurait point le plaisir.
Or, vous jugez quelle fut la colère
Du bon Vulcain ; il boite vers Lemnos,
A ses amis raconte son affaire,
Prétend qu'il faut naviguer vers Paphos,
Et ramener sa femme prisonnière.
Et les amis d'approuver le discours :
Car ce discours était clair et facile ;
Il n'était point comme ceux de nos jours,
Où le sens brille aussi peu que le style,
Où les grands mots s'entrechoquent toujours.
Vulcain parlait comme on parle aux Cyclopes,
Sans rechercher le pathos et les tropes.
Il n'avait point le ton d'un député ;
Il s'énonçait avec simplicité,
Laissait des sots l'emphatique grimoire,
Visait au but et gagnait l'auditoire.
Aussi voyez de quels zélés transports
Sont animés ces serviteurs fidèles !
D'une inconstante ils vont punir les torts,

Et ce penser leur a donné des ailes.
Ils sont tous prêts à subir mille morts
Pour mettre au pas une femme rétive ;
Tous, de Lemnos ils délaissent les bords ;
Bientôt de Chypre ils découvrent la rive ;
Encore une heure, et la flotille arrive.

Tendre Vénus, que faisiez-vous alors ?
Dans un boudoir, hélas ! d'un œil avide,
Vous dévoriez quelques pages d'Ovide,
Libre de soins, sans prévoir le danger
Dont vous menace un époux intrépide,
Qui dans Paphos accourt vous assiéger.
D'un rude assaut qui défendra vos charmes ?
Contre un mari qui tournera ses armes ?
Quel bras puissant viendra vous protéger
Contre son bras, le vaincre et vous venger ?

Sur des côteaux et non loin de la ville,
S'élève un bois, des vrais amants l'asile,
L'asile aussi de qui chanta l'amour.
Là de ce Dieu brille toute la cour,
Des Ris, des Jeux, tous les groupes sans nombre ;
Là, sont errants sous un feuillage sombre,
Non pas Dorat, non pas Gentil Bernard,
Non pas Bernis, mais Tibulle, Abeilard,
Anacréon, Sapho, Pétrarque et Laure,
Bertin, Properce, et loin d'eux à l'écart,
D'un luth plaintif l'amant d'Éléonore,
Que de l'Amour encourage un regard,
Accompagnant la voix pure et sonore

Que chez les Francs le Goût regrette encore. (1)
Tous sur la terre ont desservi l'autel
Où Cupidon voit la foule soumise
Offrir des cœurs le présent solennel ;
Tous sur la terre ont porté sa devise ;
Tous ont senti le poids d'un joug cruel.
Lorsque la mort eut fermé leur paupière,
Il les a tous dérobés à Pluton,
Et leur a fait pour demeure dernière
Un Élysée orné de sa façon.
Souvent près d'eux le tyran se retire,
Et laisse alors respirer l'univers ;
Mais ils n'ont plus à redouter ses fers :
Roi désarmé de ce paisible empire,
Il change en biens les maux qu'ils ont soufferts,
Et, folâtrant sous ces portiques verts,
Leur plaît encore en cessant de leur nuire.

De Parny donc il écoutait les vers,
Lorsqu'un long cri, subit, épouvantable,
Éclate au loin, parti du bord des mers,
Et vient troubler le plaisir ineffable
Que l'on goûtait dans ces riants Enfers.
Chacun pâlit, chacun se déconcerte
Aux sons aigus de cette horrible voix ;
L'Amour reprend son arc et son carquois,
Et, bien armé, vole à la découverte.
D'affreux géants il voit l'île couverte,
En les voyant il se crut aux abois ;

---

(1) Ces vers exprimaient l'opinion de toute la France sur Parny en 1819. Et fiez-vous encore à la stabilité des réputations littéraires.

Mais rassuré par d'antiques exploits,
Par les succès qu'il obtint tant de fois,
Par sa puissance, il a juré leur perte
Et vers le bois revient d'un vol alerte.

Point de retard, il sonne le tocsin ;
Paphos s'émeut, on vient, on crie *Aux armes!*
Les soupirants du bois Elyséen
De leur loisir abandonnent les charmes,
Lorsqu'un message, envoyé par Vulcain,
Redouble encor les communes alarmes.
Par un billet qu'a griffonné sa main,
Monsieur demande ou qu'on livre Madame,
Ou qu'à se battre on s'apprête soudain,
Si l'on ne rend le bijou qu'il réclame.
En déchiffrant ce poulet marital,
Vénus tomba dûment évanouie ;
Son fils jura par le fleuve infernal,
Qu'il y perdrait plutôt vingt fois la vie
(Les Immortels, calmes dans leur furie,
Ne risquaient plus d'engagement fatal),
Que de laisser ce forgeron brutal
Ravir sa mère aux bosquets d'Idalie.
Il choisit donc la chance des combats,
Et rêve ensuite à lever des soldats
En un quart d'heure ; or, ce n'est pas facile ;
Mais rien n'arrête un recruteur habile.
Il a bientôt assemblé des secours ;
En bataillon bientôt il organise
De ses sujets la foule encor surprise,
Qui vient se rendre à l'appel des tambours ;
Pour officiers il nomme les Amours,

Puis, d'un accent qui tous les électrise,
Dit quatre mots pour leur instruction,
Et dans les rangs fait son inspection.
Tout est fort bien ; le départ s'effectue ;
L'Amour en tête au loin voit l'ennemi
Vulcain en tête avancer contre lui :
L'Amour charmé s'arrête à cette vue.

Tels deux lions.... Alte-là, cher auteur ;
Loin, loin d'ici le ton déclamateur
De mons Homère, et dites sans figure
Que les deux chefs, pleins d'un courage égal,
Mus par l'espoir de laver une injure,
De la bataille ont donné le signal.
Mais, ô malheur ! ô prodige fatal !
Pour l'Hyménée ô cruelle aventure !
De traits aigus les Cyclopes percés
En un clin-d'œil sont partout renversés.
Le noir Stérope en vain lève une enclume,
En vain son bras en efforts se consume,
Pour écraser un essaim de Plaisirs ;
La masse énorme a trompé ses désirs,
Et, s'échappant de sa main défaillante,
S'en va frapper la terre gémissante.
Alors, l'Amour, plânant sur le géant,
D'un trait ailé parti d'une main sûre,
Lui fait au cœur une horrible blessure,
Le voit tomber et s'envole en riant.
Sur un beau roc élancé dans la nue,
Dont le front noir, hérissé de sapins,
Les âpres flancs, sillonnés de ravins,
Attristent l'âme et fatiguent la vue,

De Pyracmon la poitrine velue
Présente aux coups un bouclier de crins.
Par deux bons dards implantés dans les reins,
Du monstre affreux la force est abattue ;
Son bras dompté laisse aller sa massue.
L'immense corps chancelle dans les airs ;
Sous les douleurs le corps vaste succombe,
Glisse, et du roc jusques au bords des mers
Roule, bondit, rebondit et retombe.
Le grand Brontès soutient seul les assauts
Des Cypriens ; Brontès est un héros :
Fils de la Terre et du Ciel, sur sa mine
On découvrait son illustre origine.
Son œil brillant, enflammé de courroux,
Avec fierté cherche au loin dans la plaine
Quelque rival digne au moins de ses coups.
Le seul Amour semblait valoir la peine
D'être assailli de deux ou trois cailloux ;
Le bras tendu, retenant son haleine,
De l'Amour donc il mire les genoux.
Le Dieu, surpris de ce genre de guerre,
Bande son arc pour prévenir l'affront,
Et du géant prêt à lancer la pierre,
Un dard sifflant que lance un bras plus prompt,
Perce à la fois la main, l'œil et le front.
Oh ! qui pourrait raconter les merveilles
Que fit l'Amour pour châtier Vulcain !
Il me faudrait plusieurs siècles de veilles,
Plume de fer, cent rames de vélin,
Pour retracer les hauts faits du lutin.
Ce n'est partout qu'un horrible carnage :
L'ardent Amour, prenant goût à l'ouvrage,
De vingt carquois épuise tous les traits.

Son bataillon suit ses traces de près,
Frappe à son tour, et seconde sa rage,
Si bien qu'alors Vulcain désespéré,
Ayant de suite un bateau démarré,
S'en va chez lui, par une fuite prompte,
Cacher ses pleurs, ses regrets et sa honte.

Tel est l'Amour, ce roi de l'univers :
Qui le provoque aventure sa gloire ;
Il faut le fuir pour avoir la victoire,
Et l'éviter pour ignorer ses fers.

Sans s'amuser à poursuivre sur l'onde
Le fugitif plein d'un effroi mortel,
Cupidon las réunit tout son monde,
Les range en ligne, et puis fait son appel.
Aucun ne manque, on retourne à la ville,
L'air fatigué, d'un pas ferme et tranquille.
Figurez-vous tous ces guerriers d'un jour,
Au son du fifre, enseignes déployées,
Rentrant vainqueurs dans le muet séjour,
Où tremblotaient les Grâces effrayées.
Vénus, toujours donnant dans les grands airs,
Jouait encor des attaques de nerfs ;
Mais quand son fils, embelli par la gloire,
En rougissant lui conta sa victoire,
Dame Vénus fit de suite emporter
L'éther, l'hoffman, et reprenant courage,
Même essaya de rire et d'insulter
Le pauvre époux : des humains c'est l'usage

Quand le péril a cessé d'exister :
Les Dieux alors voulaient nous imiter.

Depuis ce jour une garde choisie
Fut par l'Amour à Paphos établie
Pour repousser les futurs agresseurs.
Il la forma de ses adorateurs,
D'Anacréon, Properce et compagnie ;
Des Ris légers il créa des chasseurs,
Et se fit chef de cette arme chérie.
Mais dans ce corps le centre est ignoré ;
Nul écloppé n'est admis au service,
Nul remplaçant n'est là-bas toléré,
Et pour autrui n'assiste à l'exercice.
On ne vit onc de soldats plus instruits,
Ils savent tout sans avoir rien appris.
Deux fois par mois la savante brigade
Devant Vénus défile la parade ;
Deux fois par mois, à son auguste aspect,
Un beau drapeau s'incline avec respect,
Drapeau brodé par des mains immortelles,
D'un pigeon d'or richement surmonté,
Don magnifique offert par la Beauté
A la valeur des cohortes nouvelles.
Enfin, lecteur, pour borner mon récit,
De huit Linus la musique assez fade,
De temps en temps écorchant une aubade,
Fait dans Paphos autant de mauvais bruit,
Qu'à l'officier ils causent de dépit
Par une humeur tracassière et maussade,
Par un orgueil dont rien ne les guérit ;
Jamais, dit-on, leur cervelle malade
Au colonel ne laisse de répit :

D'où je conclus que dans mainte bourgade
Plus d'un Linus est un pauvre d'esprit.

ÉPILOGUE.

C'était ainsi que ma Muse légère
Charmait le cours de l'heure passagère ;
C'était ainsi que d'un loyal époux
Elle chantait l'inutile courroux.
En transcrivant en langage vulgaire
Son beau récit, trop sublime pour nous,
Je caressais une folle chimère,
Belle Hersilie, et je pensais à vous :
Je me disais : Ah ! si quelque jaloux
Un jour d'assaut voulait prendre ses charmes,
L'Amour aussi lui prêterait ses armes.
Et moi j'irais supplier cet Amour
De m'enrôler dans une compagnie ;
Je lui dirais : « Je t'ai donné ma vie ;
» Accorde-moi quelque grâce en retour.
» Avec les tiens tu défends mon amie,
» Avec les tiens que je venge Hersilie.
» Si tes rigueurs m'ont valu tes bienfaits,
» Daigne accueillir le vœu que je hasarde,
» Et permets-moi de monter une garde
» Que je voudrais ne descendre jamais. »

C. PIETERS.

LE MENDIANT ET LE CHIEN.

FABLE.

—

1835.

—

Une dame de haut parage
Voulut un jour, dans son château,
Régaler ses amis, seigneurs du voisinage.
Certes le repas était beau.
Trente mets pour le moins escortaient le potage :
Gibier, poisson, patés, volaille, et l'entourage,
Enfin tout le menu. Que d'objets pour le goût !
On mangea peu pourtant ; chez les grands c'est l'usage,
C'est de bon ton. Mais on parla beaucoup
Des malheureux, des gens dans la misère,
Et chacun but un coup
De Madère.

Lisette entre : « Madame... — Eh bien ! que voulez-vous ?
» — Un pauvre homme demande une aumône légère.
» — Je n'ai rien à donner. — C'est un vieux militaire....
» — Vous allez me troubler et me mettre en courroux.
» Je vous ai déjà dit qu'il faut fermer la porte

» A gens de cette sorte,
» Allez. (Lisette sort) Ce sont des fainéants
» Qui se plaignent toujours. Vraiment les mendiants
» Sont dans l'état une vermine.
» Du reste, mes amis, ne vous attristez pas ;
Faites honneur à mon repas. »

Tout-à-coup on entend un chien dans la cuisine
Pousser des cris perçants et briser quelques plats.
C'était le bichon de madame,
Et madame aussitôt de colère s'enflamme.
« Lisette.... eh bien ! Lisette, venez donc....
» Quoi ! vous frappez Médor. — Mais...Madame, pardon;
» Je ne l'ai pas blessé. — Vous êtes une sotte.
» — Il mangeait mon dîner. — Taisez-vous, idiote.
» Donnez-le lui; je veux qu'il ne manque de rien.
» — Faut-il qu'on soit si tendre pour un chien !
» — Taisez-vous, vous dit-on. A présent les servantes
» Deviennent bien impertinentes.
— » Il casse... — Taisez-vous, ou sortez de ce pas ! »
Elle appelle Médor, et le prend dans ses bras:
« Viens, mon petit amour....Voilà les domestiques,
» Insensibles, sans cœur, animaux apathiques,
» Bons pour rouer de coups, sans nulle humanité,
» Un petit innocent. Cette sorte de femme
» N'a jamais de pitié. — J'en ai pour vous, Madame.
» — Sortez vite, insolente. » Et Médor, dorloté,
Fut placé sur la table et bourré de pâté.

GOUCHON.

A THÉONIE.

1819.

Jadis j'étais heureux, tu partageais mon sort :
Je croyais être aimé, je chérissais la vie ;
Mais je perds sans retour le cœur de Théonie,
Elle fuit...je n'ai plus d'autre espoir que la mort.

Tu brises nos liens, cruelle, avec transport,
Et mon âme à tes lois veut rester asservie :
Ta tendresse à mes vœux sans peine fut ravie,
Et moi, pour t'oublier, je fais un vain effort.

Reviens, mon cœur t'appelle et l'honneur te l'ordonne ;
Ecoute mes soupirs, reviens, je te pardonne ;
Mais non...tu fuis l'amant que tu viens d'outrager.

L'inconstance à tes yeux peut seule offrir des charmes,
Et je chéris encore, au lieu de me venger,
Mon amour malheureux, ton image et mes larmes.

BERNAERT AINÉ.

L'AMOUR PIQUÉ PAR UNE ABEILLE.

(IMITÉ DU GREC.)

1838.

Parmi des roses, l'Amour
Couché mollement un jour,
Fut piqué par une abeille
Qui prit sa lèvre vermeille
Sans doute pour une fleur;
Il pousse un cri de douleur
Et, frémissant de colère,
Vole en pleurant vers sa mère,
Puis implore son secours;
Mais la reine des Amours:
« Si cette faible piqûre,
» Dit-elle en le consolant,
» Te fait tant souffrir, enfant,
» Quelle cruelle blessure
» Est celle que l'homme endure
» Quand l'atteint ton dard brûlant ! »

ÉDOUARD St-AMOUR.

ODE SUR L'IMPIÉTÉ.

1825.

Se peut-il, ô mon Dieu, que l'homme, ton image,
Ose te refuser un légitime hommage ?
De ses lâches désirs esclave ambitieux,
Hélas ! il méconnait ta grandeur immortelle ;
Jusqu'aux cieux sans rougir il lève un front rebelle,
Et le flambeau du monde en vain brille à ses yeux.

Fidèle aux seuls plaisirs qu'il goûte sur la terre,
Il méprise tes lois, il brave ton tonnerre :
Son cœur ne frémit pas devant l'éternité !
Il s'égare au hasard au milieu des ténèbres ;
L'Impiété le guide, et ses clameurs funèbres
Propagent l'imposture et l'incrédulité.

Tel qu'un vaste incendie au milieu des campagnes
Parcourt rapidement les bois et les montagnes,
Et jusqu'aux cieux bientôt s'élance avec fureur ;
La nature s'attriste à cette horrible scène :

4

Tout fuit à cet aspect ; une terreur soudaine,
Au sein de ses guérêts frappe le laboureur.

Ainsi l'Impiété, dans sa rage sanglante,
Propage parmi nous l'horreur et l'épouvante,
En vomissant au loin de sinistres accents.
Qui pourrait à nos yeux retracer les tempêtes
Que ce monstre infernal amasse sur nos têtes,
Lorsque sa main affreuse agite ses serpents ?

Eh quoi ! l'homme, insensible à la bonté céleste,
Ecoute les transports de son penchant funeste,
Et méconnaît d'un Dieu le pouvoir souverain !
Aveuglement fatal d'une fureur impie !
Celui qui dans son sein vient répandre la vie,
N'est donc pour cet ingrat qu'un simulacre vain !

O honte ! ô des humains erreur inconcevable !
Il est donc des mortels dont l'esprit indomptable
Repousse encor l'espoir d'un éternel bonheur !
L'iniquité les charme, et l'orgueil les conseille ;
De la voix des vertus ils détournent l'oreille,
Et ne redoutent pas le glaive d'un vengeur.

Eh ! que peut contre Dieu leur aveugle insolence ?
Ces sectateurs pervers de l'infâme licence
Jouissent peu de tems du fruit de leurs forfaits.
D'un souffle du Seigneur leur troupe confondue,
Soudain, comme un éclair qui sillonne la nue,
Du séjour des vivants disparaît à jamais.

Pécheurs audacieux ! quelle trompeuse ivresse
De vos cœurs égarés écarte la sagesse,

Et quel sera le prix de votre affreuse erreur ?
Dieu voit, n'en doutez pas, vos noires impostures ;
Vos projets criminels, vos actions impures,
Ne sauraient échapper à sa juste fureur.

Le bonheur des méchants en un instant s'écoule,
Les fausses voluptés qui les suivent en foule
Sont des piéges tendus à leur profane orgueil.
A leur plaisir trompeur l'opulence préside ;
Mais l'attrait qui les flatte est un appât perfide,
Et leurs prospérités un véritable écueil.

Hommes pervers ! craignez votre souverain maître ;
Le jour de la vengeance est près de vous peut-être.
Je crois déjà le voir ce terrible moment,
Où, la balance en main, Dieu viendra vous confondre.
A votre juge, alors, que pourrez-vous répondre ?
Le crime fut toujours votre unique élément !

Ah ! lorsque mes regards contemplent tes ouvrages,
Lorsque de tes bienfaits les nombreux témoignages
Eveillent mon esprit, interrogent mon cœur,
Je suis anéanti par ta gloire infinie ;
Je gémis, ô Seigneur, sur le sort de l'impie,
Et j'adore en tremblant ta suprême grandeur.

Soit qu'aux yeux des mortels la nuit paisible et sombre
Cache le front des cieux du voile de son ombre,
Soit que l'astre du jour éclaire l'univers,
Je t'offre le tribut que ta bonté m'inspire,

La foi vient animer les accords de ma lyre ;
Et plein d'espoir, vers toi j'élève mes concerts.

Seigneur ! que la puissance est grande et redoutable !
De tes préceptes saints, de ta gloire adorable,
Heureux, cent fois heureux les humains pénétrés !
Puisse croître à jamais la splendeur de tes temples ;
Puissé-je, par mes vers comme par mes exemples,
Ramener au bercail tes enfants égarés !

Grand Dieu ! que tes sujets, soutenus de ta grâce,
Marchent fidèlement sur ta divine trace !
Répands dans tous les cœurs ton auguste clarté ;
Daigne guider, enfin, l'ivresse qui m'enflamme ;
Lance un de tes rayons dans le fond de mon âme,
Et bannis loin de moi l'horrible Impiété !

H.-A. GOUTTIÈRE.

LE DINER DU PRINCE.

1823.

Il était une fois un prince qui était bien un des meilleurs que la terre ait portés : bon, généreux, accessible, il avait toutes les vertus qu'on peut exiger d'un souverain parfait. Un jour, il eut envie de donner un superbe dîner aux dames de distinction de ses Etats du premier, du second, et même du troisième rang ; et, comme il était fort galant, il se proposait de leur offrir, entre la poire et le fromage, des présents de grande valeur.

Les invitations furent faites long-temps d'avance, afin que celles qui demeuraient loin pussent au moins arriver à temps pour prendre part au festin. Cette belle réunion était d'autant plus remarquable, que toutes ces dames avaient des manières, des modes, des usages, et même une prononciation très-opposés.

Enfin, le jour arrivé, le prince les attendit dans son salon, bien disposé à les recevoir toutes avec la même aménité ; mais il était entouré de quelques courtisans qui essayaient de lui persuader que les plus riches méritaient des distinc-

lions, et que, au repas, les places d'honneur devaient nécessairement leur être réservées; d'autres, qui faisaient moins de cas de la fortune que de la noblesse, voulaient que celles dont la naissance rappelait d'antiques souvenirs, les occupassent de préférence. « Non, dit Son Altesse, j'aime
» également toutes les femmes, surtout quand elles sont
» aimables; et pour qu'il n'y ait pas de jalousie, elles se
» placeront, autant que possible, de manière à ce qu'elles
» conservent la position où leur domaine est situé dans
» ma souveraineté. »

Aussitôt dit, aussitôt fait; quand un bon prince parle, il est vite obéi : les noms furent mis sur les assiettes.

Les dames du midi, quoique les plus éloignées, arrivèrent d'abord. *Où le soleil est chaud, l'activité est grande.* La première présentée au prince, fut madame la duchesse de *Bordeaux*. A son aspect, on entendit dans la salle un murmure flatteur : sa beauté, sa taille, la vivacité de son regard, la facilité avec laquelle elle s'exprimait, tout charmait en elle; ses paroles étaient tout sucre, et, quoique un peu menteuse, on lui pardonnait ses contes en faveur de son esprit. Quelques rivales envieuses seulement se disaient à l'oreille : « Ecoutez comme elle jase; quelle jactance !
» Et cela parce qu'elle a été ennoblie; mais cette noblesse,
» dont elle est si fière, ne date que du 29 septembre. »

On annonça ensuite la très-vieille demoiselle *Marseille*, devenue dévote pour expier quelques fredaines de jeunesse, et pour faire oublier certaine chanson scandaleuse dont cependant elle n'était pas l'auteur. Quelques dames du Midi furent introduites en même tems, et cherchèrent à attirer l'attention du prince. L'une d'elles surtout, par ses minauderies agaçantes et son costume singulier, fit dire à

Son Altesse : « De quelque côté que je me retourne, je vois toujours madame de *Libourne*. » On fit cercle. Mademoiselle de *Bourges* prit un grand fauteuil dans lequel elle figurait très-bien, et l'on donna un siége à *la Rochelle*.

Arrivèrent successivement mademoiselle de *Grenoble*, dont la mise était soignée, et qui, malgré la saison, avait des manches courtes et de longs gants blancs, et mesdames de *Lyon* et de *Strasbourg*. La première, toute habillée de soie, avait une robe d'un travail admirable et brodée par elle-même. Le prince lui en fit compliment, en l'assurant qu'il n'avait vu nulle part rien de plus beau.

Bientôt l'introduction de madame de *Nantes* et de madame de *Rouen*, accompagnée de son amie mademoiselle du *Hâvre*, fit sensation. Cette dernière n'était pas jolie, mais elle avait un superbe port et un air de prospérité qui réjouissait la vue. Madame de Rouen était une grosse maman bien portante et qui, sur le vaste théâtre du monde, occupait parfaitement la scène.

Enfin, on annonça madame la comtesse de *Lille*, veuve du comte de Lille, dont la perte sera pour elle un long sujet de pleurs et l'objet du plus tendre souvenir, car il l'a rendue bien heureuse. Elle était accompagnée de mesdemoiselles de *Douai*, de *Valenciennes* et de *Cambrai*. Ces trois jolies et intéressantes personnes se firent remarquer. La première s'empressa de faire la cour au prince avec une noblesse et une dignité de bon ton. La seconde, vive et coquette, agitait ses bras, sa tête et son corps, pour faire apercevoir les superbes dentelles dont elle était richement parée. La troisième, vêtue modestement, avait un air de douceur qui annonçait une profonde piété. Enfin, mesdemoiselles de *Dieppe*, de *Boulogne* et de *Calais*, entrèrent en même-temps, et si vivement, pour ne pas céder le pas l'une à l'autre, qu'elles s'embarrassèrent dans leurs robes, et faillirent de se renverser. On dit qu'on a vu même, en ce désordre affreux, mademoiselle de Boulogne, essayer, par un croc-en-jambes, de faire tomber mademoiselle de Calais, qu'elle ne peut pas souffrir. Cette scène ne troubla nullement l'assemblée, et, quoiqu'elles eussent beaucoup de vapeurs, on rit sous cape de cette petite espiéglerie.

Cependant, la faim se faisait sentir (on sait que toutes ces dames sont d'un très-grand appetit et qu'elles ne boudent jamais contre leur ventre) ; aussi, s'impatientaient-elles de ne pas voir arriver l'heure du dîner.

Tout-à-coup, il se fait un bruit d'enfer : un équipage à six chevaux entre dans la cour. On monte l'escalier avec fracas : C'est un tapage assourdissant. Les deux battants de la porte du salon s'ouvrent, et madame *Paris*, comme une reine majestueuse et superbe, se présente avec une grâce et une aisance qui annoncent une grande habitude du monde. Sa toilette lui sied à ravir. Elle est non seulement la plus richement habillée, mais encore celle dont les vêtements ont les formes les plus gracieuses. Il semble que tous les arts se soient réunis pour l'embellir. Quoique d'une taille beaucoup trop forte, elle est plus légère que toute autre. Le prince se lève pour lui offrir la main, lui sourit agréablement, et lui présente un fauteuil ; mais elle est obligée de refuser et de choisir une chaise, à cause de son volume immense, qui tient un espace considérable. « Puisque madame Paris est arrivée, dit le prince, on peut se mettre à table. »

Cette bonne nouvelle réjouit l'auguste compagnie, et l'on passa dans la salle du festin. Son Altesse fit asseoir madame Paris à sa droite, et madame la duchesse de Bordeaux à sa gauche. Les autres dames prirent les places qui leur étaient désignées d'avance.

Le premier coup de dent fut superbe. Le potage, quoique brûlant, passa sans la moindre grimace, et même madame Paris en redemanda deux fois avant que les autres eussent la cuiller en main. En ce moment, une charmante personne, au front calme, à l'œil soucieux, belle sans ornements, embarrassée dans sa tournure, maladroite dans ses manières, se glissa sans être aperçue, et vint se mettre entre madame la comtesse de Lille et mademoiselle de Calais. « Quoi ! » c'est vous, maintenant, mademoiselle *Dunkerque !* dit la » comtesse : vous arrivez toujours trop tard à la soupe ; » le prince ne vous a pas seulement aperçue. — C'est bon, » répliqua sèchement mademoiselle Dunkerque ; mêlez- » vous de vos affaires et non pas des miennes. » Madame de Lille, accoutumée aux vivacités de sa voisine, ne fit pas grande attention à cette réponse, et mademoiselle Dunkerque, obligée par sa faute de se priver de potage, était encore la très-humble servante de madame la comtesse de Lille, qui, à chaque instant, l'empêchait de manger en lui disant : Passez-moi le sel, passez-moi l'huile, passez-moi le vin, passez-moi le sucre, passez-moi le café. » Et la bonne demoiselle passait tout en murmurant entre les dents.

Quoiqu'on fût au milieu du repas, l'appétit, loin de diminuer, paraissait augmenter ; madame Paris, à elle seule, mangeait plus que toutes les autres ensemble ; elle ne faisait que tordre et avaler. Tudieu ! quelle convive ! Le prince lui permit de lâcher la boucle de sa ceinture, qui commençait à la serrer horriblement. Les autres se gardèrent bien de solliciter une pareille faveur ; mais tout était permis à madame Paris, et elle portait la main aux plats sans se gêner ; ce n'est pas que ceux qui découpaient pour elle les morceaux n'en missent bien de temps en temps quelques-uns de côté pour eux ; au surplus, *il faut que tout le monde vive.* Les valets ne servaient que les dames privilégiées ; les autres n'obtenaient qu'à force de s'égosiller à demander ce dont elles avaient besoin ; celles qui ne demandaient rien n'avaient rien. De ce nombre était mademoiselle Dunkerque, qui regardait son assiette à soupe vide, tandis qu'on finissait le dernier service. Mademoiselle Calais, mademoiselle Boulogne, s'empressaient d'offrir à madame la comtesse de Lille du poisson frais, et mademoiselle Dunkerque, qui en avait devant ses yeux, n'en prenait seulement pas pour elle.

Le dessert arriva, et mademoiselle Dunkerque (la première) eut l'idée de proposer la santé du prince, mais elle parla si bas, si bas, qu'il n'y eut que madame la duchesse de Bordeaux qui l'entendit, et qui, de suite, le répéta à très-haute et très-intelligible voix, ce dont le prince lui sut beaucoup de gré, et dont elle recueillit tout l'honneur. Cette santé, qui était également chère à toutes ces dames, fut portée avec enthousiasme, les unes avec de la bière, les autres avec du cidre, les autres avec du Champagne, du Bourgogne ou du Languedoc ; par habitude, madame Paris mit beaucoup d'eau dans son vin, et mademoiselle *Cette* but un mélange de blanc et de rouge qui avait un goût ressemblant à tout et ne ressemblant à rien.

On se leva de table, et le prince voulut, avant de prendre congé de ses convives, leur laisser des témoignages d'attachement et de bienveillance. Il donna des présents à celles qui s'approchèrent, et ensuite on se retira. Comme mademoiselle Dunkerque était près de la porte, elle reçut un violent coup de coude d'un curieux étranger qui voulait

entrer pour voir ce qui se passait dans le palais du prince ;
mais elle riposta par un si rude coup de genou dans l'estomac de l'indiscret, qu'il déroula jusqu'au bas de l'escalier.
« C'est un démon, disait l'une ; je le crois, disait l'autre :
» on voit bien qu'elle est la bonne amie de Jean-Bart. »

Il fallut regagner le logis. Mademoiselle Dunkerque, qui allait à pied, fut éclaboussée, jusque par-dessus la tête, par le carosse doré de madame la comtesse de Lille, qui avait pris dans sa voiture mesdemoiselles de Boulogne et de Calais. Elle jura, mais un peu tard, qu'elle ne serait plus si gauche, et qu'au prochain dîner elle ne sortirait pas l'estomac vide. Elle fit route avec mesdemoiselles de Douai, de Valenciennes et de Cambrai, qui l'écoutaient en la raillant de temps en temps, et qui lui souhaitaient plus de bonheur à l'avenir.

La pauvre fille, de retour à la maison, cria fort, gesticula de même, et quand elle eut passé la nuit, à son réveil, tous ses projets étaient oubliés.

Victor Simon.

L'AME S'HUMILIE.

MÉDITATION.

1841.

I.

Long-temps ivre d'orgueil et de plaisirs avide,
J'ai levé vers le ciel mon regard intrépide;
Hardi, j'ai défié l'Eternel en courroux,
Et j'ai dit, dans mon sein refoulant la prière :
« L'homme ne doit jamais plier sa tête fière
   » Ni fléchir les genoux ! »

J'ai dit, des passions écoutant la tempête :
« O Dieu ! je n'irai point sur la dalle muette
» De tes temples glacés, user mon âme !... — Il faut
» Une coupe d'ivresse à l'ardeur de ma lèvre ;
   » Vivons un jour de fièvre
» Et ne nous courbons pas, vieillard, dès le berceau !

J'ai voulu contempler le soleil dans la nue,

Mais ses rayons puissants ont obscurci ma vue ;
Contre le noir torrent j'ai lutté, puis voulu
Voir en face la foudre et braver le tonnerre ;
Mais j'ai rugi, Seigneur, en me roulant sur terre
   Comme un lion vaincu.

Ma jeunesse avait soif des voluptés humaines ;
Au lieu de liberté je me donnai des chaînes !
Mon cœur fait pour aimer trouva des cœurs glacés ;
Et l'ardente liqueur qui jusqu'au bord écume,
   C'était de l'amertume
Dont j'abreuvai long-temps tous mes sens abusés !

Je pleure, Dieu clément ! mon âme est triste et vide,
Mon orgueil abaissé, ma soif toujours aride ;
Moi qui voulais le titre et le sceptre de roi,
Je me débats en vain sous ma pesante entrave ;
Seigneur, je ne suis rien qu'un misérable esclave :
   Je pleure et viens à toi !...

II.

Je crois, car j'ai souffert ! — Et pendant ma souffrance
Il me riait toujours dans l'âme une espérance,
   Doux baume à mon ennui ;
A des flots inconnus quand je livrais ma voile,
Toujours brillait au ciel une joyeuse étoile
   Au milieu de la nuit !

Quand brisé, languissant, comme le lys qui ploie
Sous l'automne maudit sa corolle de soie,
   Je gémissais tout bas,
Une voix bienfaisante inondait ma poitrine,

Jetant à ma douleur sa parole divine :
« Ne désespère pas ! »

Et quand on voit la mer immense !... qui ruisselle
Des feux du ciel, jouer comme un beau chien fidèle
   Aux pieds du créateur ;
Lorsqu'on sent la nature, on n'ose plus maudire,
On n'ose plus douter, ni tirer de sa lyre
   L'accord blasphémateur !

Oui, j'aimais à voir Dieu sourire dans l'aurore,
Quand sur les jeunes monts, dont la tête se dore
   Il épand un jour pur.
Je me sentais renaître à ce foyer de vie,
Et je levais aux cieux ma tête appesantie
   Pour m'énivrer d'azur.

Je crois, car j'ai souffert ! — Et s'il n'est point un monde
Où l'homme, en s'endormant dans sa peine profonde,
   Trouve un céleste bien,
Le cri de la nature est un lâche mensonge,
L'Eternel n'est qu'un mot, la Vertu n'est qu'un songe,
   Et la Justice, rien !

Byron ! je n'aime pas ta lyre sépulcrale
Et les sombres accords de ta voix infernale,
   Ton désespoir profond ;
Sois maudit, toi qui vins chanter une agonie
Et nous épouvanter comme un mauvais génie,
   O poète ! ô démon !...

Voltaire, sois maudit, philosophe farouche

Qui parlas aux mortels le blasphème à la bouche,
        Et ris de la vertu ;
Toi qui du mot : néant !... vins désespérer l'homme,
Comme un damné qui fuit le Dieu vengeur, et comme
        Un séraphin déchu.

Le monde vous adore et l'on vous dit poëtes,
Vous !... lorsque des sanglots furent vos chants de fêtes,
        Vous, démons !... qui le soir
Alliez nourrir votre âme à la voix des orages,
Apparaissant la nuit sur de sombres rivages
        Dans un long manteau noir !...

III.

O mon Dieu ! contre nous as-tu tant de colère
Que le disent ces gens à la parole austère,
Qui, fiers de soixante ans de rigide vertu,
Brisent notre jeunesse, et pour tout sacrifice
Viennent sur ton autel offrir avec délice
        Un cœur qui n'a jamais battu.

Ces gens qui, sans pitié pour la faiblesse humaine,
Au plus vrai repentir donnent des mots de haine ;
Eux que n'a point mordus le délire des sens,
Eux qui ne songent pas, tant est froide leur âme !
Que Satan nous tourmente avec des noms de femme
        Et mille fantômes dansants.

Prêtres sans charité, vieillards sans indulgence,
Sachez que Dieu toujours pardonne à qui l'offense ;

Hommes remplis d'orgueil qui vous croyez élus,
Soyez comme le Christ qui, descendu sur terre,
Dit, en ouvrant ses bras à la femme adultère :
   « Va paisible et ne pêche plus ! »

Donc approchons sans crainte, et, malgré nos souillures,
Dans l'eau des vases saints lavons nos mains impures ;
Et si quelque mortel, oubliant ta bonté,
Si le monde, au cœur sec, sans pitié, nous repousse,
Christ !... nous invoquerons ta doctrine si douce
   Et la profonde charité.

IV.

J'aime un temple sacré, lieu divin où l'on prie,
Où l'on a du silence et de la rêverie
   Et des jours de repos ;
Où l'âme, pauvre barque au gré des vents bercée,
Vient radouber enfin sa carène blessée
   Par l'injure des flots !

Pourtant qu'est-il besoin de temple et de statues
A l'Etre qui s'est fait une voûte de nues
   Et des trônes plus beaux
Que ces palais bénis où le monde l'adore ?...
N'a-t-il pas pour encens les parfums de l'aurore,
   Les astres pour flambeaux ?...

Oui ; mais l'esprit se perd au sein de la nature,
C'est un aspect trop grand pour une créature,

A l'homme il faut un lieu,
Borné comme son être et comme sa pensée,
Où, cherchant un appui dans sa marche lassée,
Il puisse enfermer Dieu !

C'est beau de voir la foule un jour de fête sainte,
A genoux et priant dans la pieuse enceinte
Tout d'une seule voix ;
La foule, autre Océan aux vagues frémisssantes,
Qui courbe avec respect ses têtes caressantes
Devant le roi des rois.

Ce que j'aime surtout, c'est une église antique !
— Et quand l'aile du soir sur la voûte gothique
S'étale lentement,
Lorsque la solitude est bien vaste et bien sombre,
Je vais porter mes pas au milieu de cette ombre
Avec recueillement.

A travers les vitraux brille un peu de ciel pâle ;
Le caverneux écho des pieds contre la dalle
Meurt comme un chant de deuil ;
Et l'âme rêve alors à ces vieux monastères,
Où s'enterraient vivants de jeunes solitaires,
Comme dans un cercueil !

On croit voir dans la nef glisser un blanc fantôme
De moine ! un de ces gens qui tuaient leur cœur d'homme
Et fuyaient le soleil ;
Pauvres agonisants qui dormaient une vie,

Et fermaient pour la mort leur paupière assoupie,
Sans changer de sommeil.

Ils vivaient sans plaisir et couchaient sur la dure,
Heureux et souriants, car leur vie était pure,
Belle de chasteté ;
Heureux !... mais peut-on dire à son sang qui circule :
Sois froid, mon sang ! mon âme ! — Et dans une cellule
Languir sans liberté ?...

Taisez-vous, passions maudites !... La prière
Est comme la vertu, c'est un profond mystère :
Il faut s'humilier
Devant ces beaux élus qui vivaient d'espérance !
Et souviens-toi, mon cœur, qu'on n'a plus de souffrance
Lorsqu'on vient de prier.

Benj. Kien.

LE CYGNE ET L'HIRONDELLE.

ALLÉGORIE.

1844.

Un jour que, souriant à la saison nouvelle,
Le soleil se mirait dans le cristal des eaux,
Un cygne, au bord d'un lac, s'adressait, en ces mots,
  A la voyageuse hirondelle :

« Pourquoi, rapide ainsi que la foudre ou les vents,
» Effleurer, en ton vol, et les monts et la plaine?
  » Et te ruer, à perdre haleine,
  » Sur les merveilles du printemps?

» Lorsqu'après les frimats, la nature naissante
  » Revit sous un ciel enchanté,
» Tu peux en admirer la grâce et la beauté
  » Sans te montrer extravagante.

» Mais ces mille détours, ce vol capricieux,

» Ces caresses à l'onde où ton aile se mire,
» Et ces baisers sans fin, paraissent, à mes yeux,
» De la folie ou du délire. »

L'hirondelle, à ces mots, sentit couler ses pleurs.
Elle songeait, dans sa souffrance,
Aux jours passés loin de la France,
Qui lui rappelaient ses malheurs.

« Tu n'as jamais, dit-elle, entraîné par l'orage,
» Loin du site enchanteur où tu reçus le jour,
» Erré de rivage en rivage,
» Sans espérance et sans amour ?

» Eh bien, telle est ma destinée !
» De mon pays chassée au givre des hivers,
» Et sur un sol aride à l'exil condamnée,
» Là je vis pauvre...abandonnée...
» Et je pleure sur mes revers !...

« Comprends-tu maintenant ma joie et mon ivresse,
» Lorsque je revois, au printemps,
» Ces lieux témoins de ma jeunesse
» Pleins de souvenirs enivrants ?

» Ici c'est la colline où mon vol faible encore
» Affronta le zéphir pour la première fois ;
» Là j'écoutais l'airain sonore
» Bruir à la tourelle et gémir dans les bois.

» Le ciel m'a tout rendu : mon lac bleu, ma montagne,

» Et la chanson du laboureur,
» Et mon amour et ma compagne....
» Oh! je suis folle de bonheur.... »

MORALITÉ.

Vous qui n'avez jamais, sur la terre étrangère,
Emporté, dans l'exil, les pleurs et la misère,
    Loin du sol qui fait votre amour ;
Non, dans vos cœurs heureux, vous ne pouvez comprendre
Quels ravissants transports, quel bonheur pur et tendre
    On doit éprouver au retour !

PEROT.

LE BON MARI.

Orgon, si vous voulez que je sauve Madame,
    Il faut vingt francs de quinquina.
— Non, c'est trop cher, laissez-lui rendre l'âme.
— Mais cent écus, au moins, son convoi coûtera.
   — Ciel ! cent écus ! ah ! docteur, sauvez-la.

VICTOR SIMON.

LE NAUFRAGE DU COLOMBUS. (¹)

1823.

Déjà le *Colombus*, voguant vers sa patrie,
Voyait fuir loin de lui le rivage d'Asie.
Le ciel pur et serein, le calme heureux des flots,
L'astre du jour, dorant la surface des eaux,
Et plus encor l'espoir de voir bientôt paraître
Les bords toujours chéris des lieux qui l'ont vu naître,
De serrer dans ses bras les auteurs de ses jours,
Le fruit de son hymen, l'objet de ses amours,
Tout, du marin joyeux, animait le courage,
Et faisait présager le plus heureux voyage.

Pourtant, dans le lointain, du vaste sein des mers,
Un nuage s'élève et s'étend dans les airs;
Il augmente bientôt; par degrés il s'avance,
Et de son large flanc couvre la plaine immense.
Le vent soulève l'onde et le flot qu'il produit
Roule, brise et se perd sous le flot qui le suit.
Le cri sourd des oiseaux qui planent sur sa tête
Au nautonnier tremblant annonce la tempête.

Plus de chants, de gaîté ; chacun, saisi d'effroi,
Abandonne les soins qu'exige son emploi.
Le chef commande en vain ; le matelot timide
Croit déjà voir la mort sous l'élément perfide,
Et ces enfants de Mars, ces valeureux soldats,
Tant de fois exposés aux hasards des combats,
Qui donneraient leurs jours pour sauver la patrie,
Pâlissent de frayeur devant l'onde en furie.

La tempête s'accroît. Les autans déchaînés,
Menacent d'engloutir tous ces infortunés.
La mer, à chaque instant, devient plus furieuse ;
Au jour affreux succède une nuit plus affreuse ;
L'éclair brille, s'éteint, se rallume aussitôt ;
Le vent choque le vent, le flot brise le flot,
Et tous les éléments, confondus par l'orage,
Leur offrent du cahos la douloureuse image.

Tout espoir est perdu. Dans ce désordre affreux,
Chaque instant qui s'écoule est le dernier pour eux:
« Grand Dieu ! C'en est donc fait, nous allons cesser d'être !
» Nous ne te verrons plus terre qui nous vis naître !
» Et vous, objets chéris, amis, épouse, enfants,
» Nous ne jouirons plus de vos embrassements !
» Tout va finir pour nous. Jamais notre présence
» Ne viendra terminer les chagrins de l'absence ;
» Et jamais le départ, que retardait l'amour,
» Ne sera consolé par l'espoir du retour.
» L'abîme est sous nos pas, nous allons y descendre ;
» Et vous, long-temps encor vous allez nous attendre.
» Puisse du moins le ciel, vous comblant de bienfaits,
» Mettre un terme à vos pleurs, adoucir vos regrets.

» Sur nos derniers instants ne versez point de larmes,
» Mais à penser à nous trouvez toujours des charmes ;
» Ou plutôt ignorez à jamais notre sort ;
» Ne perdez pas l'espoir de nous revoir au port ;
» Prolongez chaque jour cette douce ignorance :
» Que le bonheur pour vous soit dans votre espérance ! »
Ainsi, ces malheureux, dans cet instant fatal,
Oubliant leurs dangers, songeaient au sol natal.

Pourtant toute l'horreur d'une nuit effrayante
Semble se réunir pour jeter l'épouvante.
La nature s'ébranle, et cent fois le vaisseau
S'abîme sous la vague et reparaît sur l'eau.
L'instant qui suit est pis que l'instant qui précède ;
Au danger qui n'est plus un plus affreux succède ;
Tout n'est plus que débris : partout sont dispersés
Les cordages, les mâts que les vents ont brisés ;
Dans les flancs du vaisseau l'onde trouve un passage ;
Les airs sont embrasés par les feux de l'orage ;
La foudre avec fracas fend les flots écumeux ;
La mer, en mugissant, s'élève jusqu'aux cieux,
Et, long-temps entraîné par le courant rapide,
L'esquif s'arrête, enfin, sur un écueil perfide.

Le jour, en éclairant ce spectacle d'horreur,
Vint des infortunés augmenter la terreur.
Comme un bienfait du ciel ils attendaient l'aurore,
Et sa clarté pour eux est plus cruelle encore.
En voyant les dangers croissants de toutes parts,
Le désespoir se peint dans leurs sombres regards ;
A leur plainte succède un plus triste silence :
Chacun semble se dire : Il n'est plus d'espérance !

Si l'aspect du trépas est effrayant pour eux,
Le tourment de l'attente est encor plus affreux.
Devant l'excès des maux que le sort leur prépare
Leur esprit se révolte, et leur raison s'égare :
« Eh quoi ! nous subirions un horrible retard ?
» Nous resterions ainsi les jouets du hasard,
» Déchirés, torturés, au gré de son caprice ?
» Non, non, c'est trop déjà d'un si cruel supplice :
» Mourir dépend de nous, finissons de souffrir ;
» Attendre encor la mort c'est trop souvent mourir !
» Nous mêmes, sans effroi, plongeons-nous dans l'abîme;
» Le ciel est sans pitié, que nous importe un crime ! »

Soudain, n'écoutant plus qu'un affreux désespoir,
Chacun fixe le flot qui va le recevoir.
Le corps déjà penché vers la vague en furie,
Pour la dernière fois il songe à sa patrie.
Il est prêt ; le trépas va combler tous ses vœux,
Lorsqu'un objet nouveau vient s'offrir à ses yeux :
« Que vois-je ? n'est-ce pas une vaine espérance ?
» Au loin et par degrés, un navire s'avance.
» Grand Dieu ! Quand nous croyons devoir bientôt périr,
» Est-ce un libérateur qui vient nous secourir ?
» Non, l'objet que je vois n'est pas une chimère !
» Il approche, il grandit, j'aperçois sa bannière !...
» Amis, espérons tout, car ce sont des Français !!!... »
Éperdu, hors de soi, chacun, plein de regrets,
Du Dieu qu'il accusait dans sa coupable audace,
Maintenant, à genoux, il implore sa grâce.

Un prestige trompeur n'a pas séduit leurs yeux,
C'est un vaisseau français qui veut s'approcher d'eux.
Loin du climat natal, fendant l'humide plaine,

La *Julia* voguait vers la rive africaine.
Unis par l'amitié plus que par le devoir,
Ses chefs, Desse et Cio, partageaient le pouvoir.
Le premier affaibli par les glaces de l'âge, (²)
L'autre plein de vigueur, de santé, de courage ;
L'un calme, réfléchi, mais bon, mais généreux,
L'autre, non moins humain, mais bouillant, mais fougueux.
Près d'atteindre le port, surpris par la tempête,
Au milieu des écueils où le courant les jette,
Luttant contre les flots, de fatigue épuisés,
Effrayés du péril dont ils sont menacés,
Du Colombus, au loin, ils ont vu la détresse :
Près du danger d'autrui leur propre danger cesse.
A la crainte étranger, n'écoutant que son cœur,
Des malheureux chacun veut être le sauveur.
On veut s'en approcher, on fait route, on avance
Trop lentement au gré de son impatience ;
Mais vouloir se hâter c'est trouver le trépas
Près des infortunés qu'on ne sauverait pas.
Il faut rester, attendre un instant plus propice,
Et pour les délivrer prolonger leur supplice.

Cinq fois la nuit revint, cinq fois l'astre du jour,
Sans finir le danger, reparut à son tour.
L'intrépide Cio voit leur perte prochaine ;
Il ne résiste plus, son courage l'entraîne :
« Ils ne mourront pas seuls ; par un suprême effort,
» Ou je vais les sauver, ou partager leur sort ! »
Il dit, et, s'élançant dans un esquif fragile,
Se sépare des siens et fend l'onde indocile,
Court vers le Colombus, croit l'atteindre bientôt ;
Le flot qui le conduit l'en éloigne aussitôt ;

Il s'en approche encor.....Le péril est extrême,
La mort, de toute part, le menace lui-même ;
L'esquif, qu'un flot terrible enlève jusqu'aux cieux,
Est soudain replongé dans un abîme affreux ;
Et, lorsqu'il se croit près de la voix qui l'implore,
Un autre flot l'enlève et l'en éloigne encore.

Des malheureux pourtant qui viennent de le voir,
Il cause tour à tour et la crainte et l'espoir.
Il est tantôt sur l'eau, tantôt sous l'onde amère ;
S'il s'éloigne on frémit, s'il avance on espère.
Un flot, en ce moment, semble au loin le couvrir ;
Chacun, plein de terreur, s'écrie : « Il va périr !
» Grand Dieu ! fais que plutôt la mer nous engloutisse !...
» Invente, s'il se peut, un plus cruel supplice,
» Mais protége du moins ce mortel généreux !...»
Il paraît, il aborde, il est au milieu d'eux,
On l'entoure en pleurant, on l'embrasse, on le presse :
Quel pinceau décrirait cette touchante ivresse !
Chacun veut à son tour le serrer dans ses bras,
Et près de lui se croit à l'abri du trépas.

Mais un nouvel effroi de leur esprit s'empare,
A peine réunis le destin les sépare ;
Il faut quitter l'écueil prêt à les engloutir,
Et dans le frêle esquif tous ne peuvent partir.
Chacun veut demeurer, fuir seul le désespère,
Avant de se sauver, il veut sauver un frère,
Voir partir un ami, rester seul malheureux...
Avec peine on finit ce débat généreux ;
On part enfin ; Cio, que le destin seconde,
Conduit encor l'esquif, qui de nouveau fend l'onde,
Atteint la *Julia*, dépose son trésor,

Revient, et, plein d'ardeur, part et revient encor ;
Cinq fois brave la mort qui partout le menace
Et cinq fois le succès couronne son audace.
Ni le fer meurtrier qu'une barbare main (3)
Pour retenir ses pas a levé sur son sein,
Ni la mer en courroux, ni sa propre faiblesse,
Ni le danger présent et qui renaît sans cesse,
Rien ne l'arrête ; il vole encore aux malheureux ;
Il ne craint rien pour lui ; mais il craint tout pour eux.
Cette fois, cependant, un doux espoir l'anime :
Il arrache à la mort la dernière victime,
Part, s'éloigne... Et bientôt sur les flots courroucés,
Voit au loin du vaisseau les débris dispersés.

Alors les malheureux échappés au naufrage,
Aux pieds de leurs sauveurs rendent un juste hommage :
« Voyez, leur disent-ils, voyez à vos genoux,
» Ces êtres que les flots devaient engloutir tous.
» Vous conservez un fils à son heureuse mère,
» A l'épouse un époux, à des enfants un père.
» Tous sauront près de nous apprendre à vous chérir,
» Et nos derniers neveux vont encor vous bénir.
» Si le cruel guerrier, conduit par la victoire,
» Marche, couvert de sang, au temple de mémoire,
» Vos noms, DESSE, CIO, chers à l'humanité,
» Seront bien mieux transmis à la postérité !

A. DASENBERGH.

NOTES.

(1) Le navire hollandais le *Colombus*, de 800 tonneaux, était parti de Batavia, en 1822, avec un chargement de café, un

nombreux équipage, et des troupes du roi des Pays-Bas, en tout 92 hommes. Arrivé à peu de distance du banc des Aiguilles, il fut assailli par une violente tempête qui le mit dans un état de détresse complet. Tous ceux qui se trouvaient à bord de ce bâtiment désespéraient de se sauver, lorsqu'ils furent heureusement aperçus, le 22 Juillet, du navire la *Julia*, de Bordeaux, faisant voile pour St-Denis (Bourbon). MM. Desse et Clo, l'un capitaine et l'autre embarqué comme second, quoiqu'il fût intéressé dans le bâtiment, résolurent de sauver les malheureux qu'ils voyaient près d'être engloutis sous les flots, et, pendant cinq jours, ne purent, à cause de la grosse mer, leur porter aucun secours. Ce ne fut que le 27, que M. Clo, aidé de quatre matelots de la *Julia*, parvint à sauver, avec la chaloupe, les 92 hommes qui se trouvaient à bord du *Colombus*.

(Extrait de la *Gazette de Dunkerque*, n° 27.)

En avril 1823, M. Clo vint à Dunkerque, commandant alors en chef la *Julia*, et aussitôt la musique de la garde nationale s'empressa d'aller lui donner une sérénade auprès de son bâtiment. Le 7 mai, M. Clo fut présenté au roi des Pays-Bas, lors du passage de ce souverain à Nieuport. S. M. l'admit à sa table et l'entretint long-temps de son action courageuse.

(2) M. Desse avait alors plus de soixante ans ; M. Clo n'en avait que trente-trois.

(3) Quelques marins de la *Julia*, effrayés du danger qui les menaçait, se révoltèrent contre M. Clo. L'un d'eux, armé d'un couteau, voulut l'empêcher de retourner à bord du *Colombus*.

COUPLETS

CHANTÉS AU BANQUET ANNUEL DE LA SOCIÉTÉ DU SALON LITTÉRAIRE DE DUNKERQUE, LE 18 JANVIER.

1818.

AIR : *Aussitôt que la lumière.*

Jadis je conçus l'envie
D'être au nombre des guerriers,
Et, pour illustrer ma vie,
De moissonner des lauriers.
Quand on revient de la guerre,
Il est si beau d'en parler !
Comme on n'en revenait guère,
Je craignis de m'enrôler.

Sous les lois des neuf pucelles,
Et loin du bruit du canon,
Par des rimes immortelles
J'espérai me faire un nom.
Bercé de cette chimère,

Je fis en vers un sermon
Contre l'abus de soustraire
Les brochures du salon.

Mais un jour, dans mon extase,
Sur le Parnasse emporté,
Je mis, en montant Pégase,
Trois oreilles d'un côté.
A cette chute effroyable,
Qui m'étendit de mon long,
Je donnai Pégase au diable,
Et tout le sacré vallon.

Remis de cette incartade,
Et charmé de Gallien,
J'appris à rendre malade,
Lorsque l'on se porte bien.
Par ma science profonde
J'eusse pu, sans vanité,
Recruter pour l'autre monde,
Si j'eusse été breveté.

Ce couplet qu'on vient d'entendre
M'est échappé sans dessein ;
Car j'aimai toujours à rendre
Hommage à mon médecin.
Cet ami, dont la science,
S'unit avec la gaîté,
A toute ma confiance,
Et je lui dois la santé.

Je voulus, quoique myope,

Aussi lire dans les cieux,
Et fis d'un vieux télescope
L'emplette pour y voir mieux.
Je poursuivis dans sa route
Vénus, la lorgnette en main ;
Certes, je n'y voyais goutte,
Mais j'allais toujours mon train.

Sous le joug du mariage,
Je désirais m'engager :
Je n'en eus pas le courage,
J'y crus voir certain danger.
Sexe aimable dont j'adore
Le charme consolateur,
Que ne suis-je d'âge encore
A réparer mon erreur !

Laissant voguer ma nacelle
Au gré des légers zéphyrs,
Ainsi sur l'onde infidelle
Je promenais mes désirs.
Votre aimable compagnie,
Enfin, a fixé mes goûts ;
Et le charme de ma vie,
C'est, Messieurs, d'être avec vous.

PETIT-GENET.

MALVINA.

STANCES IMITÉES D'OSSIAN.

1823.

O Malvina, quelle tristesse
Obscurcit l'éclat de tes yeux....
Tu fuis nos doux chants d'allégresse,
Ta voix plaintive monte aux cieux.
Non loin des rochers du rivage,
Tu gémis tremblante d'effroi :
Et telle qu'un sombre nuage,
Ta douleur se répand sur toi.

Les lances brillaient dans la plaine...
L'odieux signal retentit.....
Valmo, que sa valeur entraîne,
S'élance, combat et périt...
Vents, agitez ma chevelure,
Je ne mêlerai plus long-temps

Ma voix à votre noir murmure,
Mes soupirs à vos sifflements.

L'ombre de la nuit environne
Le noble amant de Malvina ;
Un noir cyprès est sa couronne,
Gémissez, torrents qu'il aima.
Pour lui, Dieu puissant que j'adore,
En vain tu sors du sein de l'eau...
Les timides cerfs, dès l'aurore,
Viennent bondir sur son tombeau.

De cette nue ensanglantée,
Sa voix crie et redit ces mots :
« Malvina!... chère infortunée !
» Près de moi cherche le repos !... »
Ami, je te suis en silence....
Unissons-nous dans le tombeau...
Adieu, compagnes de l'enfance,
Je m'endors auprès de Valmo...

A. PAESSCHIERS.

COUPLETS

Chantés par l'auteur, le jour de sa réception au Petit Couvert de Momus.

1816.

Air : *Mon père était pot.*

Salut à vous, doctes enfants
   Du dieu qui tient la lyre,
A vous messieurs les bons vivants
   Qui savez boire et rire.
     J'ai plus d'appétit,
     Hélas ! que d'esprit,
   Et je devrais me taire ;
     Mais, en pareil cas,
     Quand on n'en a pas,
   Du moins on peut en faire.

Momus hait, au milieu des mets,
   Un pédant qui raisonne :

Il veut que l'esprit sans apprêts
    Toujours les assaisonne.
      Il aime les vers,
      Les galants travers,
    Les tendres chansonnettes ;
      Et le Dieu des fous,
      Soit dit entre nous,
    Peut l'être des poètes.

Auteurs vantés et beaux esprits,
    Vrais héros de la fable,
Nous ne craignons plus vos écrits
    Quand nous sommes à table ;
      Là, sans contredit,
      Sur vous en esprit
    Nous avons l'avantage ;
      Car les moins savants
      En ont jusqu'aux dents...
    Ayez-en davantage.

Je finis ici ma chanson
    Et crois ma tâche faite,
Qu'un autre élève d'Apollon
    Lui paie aussi sa dette.
      Qu'il se mette en frais,
      Pour moi je me tais,
    Et je me ferai fête,
      Si chacun se dit :
      Ma foi, son esprit
    N'est pas tout-à-fait bête.

                Auguste Philippe.

LE PAPILLON.

1821

Puis-je assez regretter que moi, roi des vallons,
    Moi, le plus beau des papillons,
      J'aie à rougir de ma naissance ?
Entouré de flatteurs, au sein de l'abondance,
Lorsque, pour me fixer, je vois de jeunes fleurs
Etaler à l'envi leurs naissantes couleurs,
O douleur ! même alors je pense à ma famille,
Au temps où je rampais, lorsque j'étais chenille,
A ceux que je surpasse en grandeur, en éclat,
Et qui me surpassaient dans mon premier état.
Malgré tout cet encens dont la foule m'obsède,
A de sombres pensers, hélas ! par fois je cède.
Chaque insecte rampant de moi doit dire à part :
« Qu'est-il donc ? Sa fortune !... il la doit au hasard ;
» Riche depuis un jour, pour un jour il m'efface,
» Mais peut-être demain j'occuperai sa place ;
» Pour vanter tes aïeux tes soins sont superflus,
» Va, brillant papillon, je sais ce que tu fus. »
Las ! il n'est que trop vrai ; l'éclat qui m'environne
Ne les abuse pas, et n'éblouit personne.

Admiré d'un flatteur qui me siffle en partant,
Sa louange, avec lui, s'envole au gré du vent.

Combien de papillons, au sein de l'opulence,
Qui chenilles étaient au temps de leur enfance,
Et voudraient, affectant la prodigalité,
Que l'on vit ce qu'ils sont, non ce qu'ils ont été.

A. Vanwormhoudt.

AMINTAS ET L'ORMEAU.

FABLE IMITÉE DE GESSNER.

1820.

A la fin de l'automne, alors que les orages
Dans les champs, dans les bois exercent leurs ravages,
Sur le bord d'un ravin un jeune orme planté
Par un torrent rapide allait être emporté :
Chez lui tout annonçait une chute certaine.

Amintas, revenant de la forêt prochaine,
Le dos chargé de bois, la cognée à la main,
Marchait en fredonnant quelque joyeux refrain :
Cœur gai porte avec soi je ne sais quoi de tendre ;
A ses soins généreux le malheur peut prétendre :
Lorsque près du torrent il voit le triste ormeau.
Tout-à-coup il s'arrête, il jette son fardeau,
Et bientôt, plein d'ardeur, de son travail prodigue,
Du bois qu'il emportait il élève une digue :
« Il en est d'autre encor, dit-il, dans la forêt. »
Enfin il dresse l'arbre et s'en va satisfait.

Au retour du printemps, le soleil sans nuage
Faisait au voyageur désirer un ombrage.
Amintas, fatigué, retrouve son ormeau ;
Il le voit embelli d'un feuillage nouveau,
Et, content de trouver un abri salutaire,
De ses travaux passés il reçoit le salaire :
Tout de ses tendres soins lui parle en ce moment ;
Il revoit même encore les traces du torrent...
Et, plein de joie, il dit, dans sa reconnaissance :
Un bienfait, tôt ou tard, reçoit sa récompense.

A. Duflo.

L'AMOUR DÉSARMÉ.

1820.

Le Dieu qu'à Paphos on révère,
L'Amour, ce maître de la terre,
Après avoir, par mille exploits,
Signalé sa valeur cruelle,
Forcé maint sage, mainte belle
A fléchir enfin sous ses lois,
Heureux vainqueur, retournait à Cythère
Avec son attirail de guerre,
Carquois et flèches sur le dos.
Il rencontre une source pure,
Au cours paisible, au doux murmure,
Qu'ombrageait un bocage, asile du repos.
Là, fatigué de ses travaux,
Sur un tendre lit de verdure
Parmi les fleurs il s'étendit,
Puis s'endormit.

Près de ces lieux, nymphe jeune et jolie,

En folâtrant, errait dans la prairie,
Sans voir le Dieu des jeux et des plaisirs ;
D'un pied léger devançant les Zéphirs,
Nymphe charmante, aimable enchanteresse,
Qu'Hébé, les Grâces et Cypris,
De leurs appas prodiguant la richesse,
Comblèrent à l'envie de leurs dons réunis.
Un jeune enfant s'offre à ses yeux surpris :
De ses cheveux la flottante parure
Où s'enlacent la rose et les myrthes fleuris,
Ce dos ailé, cette brillante armure,
Ces traits, ce bandeau... c'est l'Amour !
« Ah ! dangereux roi de Cythère,
» Je vous y prends à votre tour,
» Dit-elle ; eh quoi ! vous osez sur la terre
» Du sommeil goûter les attraits,
» Tandis qu'au monde entier vous déclarez la guerre !
» Il convient qu'un tyran ne sommeille jamais. »
Après ces mots sa main légère
A l'Amour ravit à la fois
Son arc, ses flèches, son carquois.
Qui fut bien sot ? Besoin n'ai de le dire :
Le pauvre Amour pleure, soupire,
Et sa douleur éclate en longs gémissements.
Pleurs superflus ! Le folâtre Zéphyre
Dans les airs emportait ses vains ressentiments.
De l'empire amoureux tous les peuples sans peine
Ont reconnu la jeune déité
Qui par droit de conquête et par droit de beauté
Sur les cœurs règne en souveraine.
L'Amour confus et consterné,
Regagnant les bois d'Amathonte,
Dans son palais désert, monarque détrôné,

Va cacher aux mortels ses revers et sa honte.

Or, mes amis, ne vous étonnez pas
   Si du charme de ses appas
   Cette nymphe tout étonnée,
   D'un peuple de jeunes amants
   En tous lieux marche environnée ;
   Si ses yeux tendres et piquants
D'un seul regard font notre destinée ;
Si, dès qu'elle paraît, un murmure flatteur,
   Un mouvement adorateur
   Semble dire aussitôt : C'est elle,
   De nos beautés c'est la plus belle.
Un mot expliquera ce charme séducteur :
   Cette nymphe jeune et jolie,
   Qui du monarque d'Idalie
   Sut escamoter à la fois
   Les traits et l'armure divine,
   Qui, bravant sa fureur mutine,
   Lui succéda dans tous ses droits ;
   Ah ! chacun de vous la devine,
   Et vous avez nommé... Corine

C. DEMEYER.

STANCES A PAULINE.

1819.

PAULINE, dont le doux empire
N'a pas cessé sur le plus tendre cœur,
Permets, permets-moi de le dire
Ce mot charmant, le sceau de mon bonheur.

Je t'aime ! ah ! dans ma solitude,
Rongé d'ennuis, il peut seul me charmer,
Par lui mon supplice est moins rude,
Car tu m'as dit : Toujours il faut m'aimer.

Eternisé par ton absence,
Le jour sans but me pèse loin de toi ;
Et la nuit, sans plus d'espérance,
Loin du sommeil augmente mon effroi.

Dans mon ardeur je porte envie
Aux prés qu'à peine ont effleurés tes pas ;

Pauline, alors je hais la vie,
Parce qu'alors tu ne l'embellis pas.

 Au moins si je voyais le terme
Où d'un regard tu paieras mon tourment,
 Je dirais : l'avenir renferme
Un doux plaisir qu'avance chaque instant.

 Mais non, c'est ton bonheur lui-même
Qui me défend d'aller combler mes vœux.
 Chère Pauline, plus je t'aime
Et plus je dois exister malheureux.

 D'un rêve parfois l'artifice
Me fait revoir ce jour, cet heureux jour,
 Où l'amitié tendre et propice
Par ses doux soins fit triompher l'amour.

 Alors mes yeux avec ivresse
Dans tes beaux yeux lisent tout leur bonheur ;
 L'amour pour prix de ma tendresse
Me fait jurer une éternelle ardeur.

 Ce serment me rend moins timide :
Ma main hardie ose presser ta main,
 Et ma bouche, où l'amour la guide,
De cent baisers veut la couvrir soudain.

 Mais las ! bientôt cet heureux songe
S'évanouit, et la lueur du jour
 Dissipant son heureux mensonge,
Avec l'ennui ne laisse que l'amour.

Pierre Boulon.

MONOLOGUE D'ABRAHAM,

AU MOMENT OU IL VIENT DE RECEVOIR L'ORDRE D'IMMOLER SON FILS ISAAC. (¹)

1815.

Est-ce bien, ô mon Dieu ! ton messager céleste,
Qui vient de m'annoncer un ordre si funeste ?
Dois-je en croire mes sens encor tout agités ?..
Tout, hélas ! du Très-Haut m'apprend les volontés.
L'Oreb répète encore les éclats de la foudre,
Il resplendit encor des feux sacrés du ciel.
Ces arbres foudroyés, ces rocs réduits en poudre
Ne m'attestent que trop l'ordre de l'Éternel.
Quoi ! peux-tu, Dieu puissant, peux-tu vouloir qu'un père
Lève sur son enfant une main meurtrière ?
Déjà mon fils était l'appui de mes vieux ans,
Et si je me soumets à tes commandements,
Je vais donc t'immoler ce fils en sacrifice,
Comme l'agneau timide ou la tendre génisse.
Hélas ! le voyageur abat-il le palmier

(¹) L'auteur était alors élève au collège de Vendôme.

Qui vient de lui prêter son ombre salutaire !
A la roche voisine il puise une onde claire,
Et sa main la répand sur l'arbre hospitalier.
Ah ! si mon bras docile à l'ordre qui le presse,
Dans le sein de mon fils plonge un fer meurtrier,
Que deviendra, grand Dieu, ton auguste promesse ?
Sa race, répandue en cent pays divers,
Un jour, me disais-tu, peuplera l'univers.
Eh quoi ! je la perds donc cette douce espérance !
Contre moi quel forfait allume ta vengeance ?
De qui naîtront, hélas ! ces nombreux descendants
Dont la foule devait, couvrant toute la terre,
En nombre surpasser ces astres éclatants
Qui dans le firmament répandent leur lumière ?
Serait-ce d'Ismaël ?... Quel souvenir affreux
Vient déchirer mon âme ! ô fils trop malheureux !
Hélas ! sans doute, en proie à la chaleur brûlante,
Ismaël au désert traîne une vie errante.
Qui sait ? l'infortuné respire-t-il encore ?
Peut-être maintenant l'impitoyable mort
A frappé cet enfant de sa faux meurtrière.
O désert ! as-tu vu près de sa tendre mère
Un jeune voyageur ? Accusait-il son père ?
Plus d'une fois sans doute en sa sombre douleur
Du cruel Abraham il maudit la rigueur.
Ismaël, chère Agar, objets de ma tendresse,
Connaissez tout le poids du chagrin qui m'oppresse.
Hélas ! ce fils si cher comptait quinze printemps,
Et se couvrait déjà d'une brillante armure,
Lorsque je le bannis malgré ses jeunes ans.
Ismaël à cet ordre obéit sans murmure.
Pourquoi t'ai-je écoutée, ô jalouse Sara ?
De ce crime, ô mon Dieu, ta main me punira.

Tu me donnas deux fils, espoir de ma viellesse ;
J'ai perdu le premier par ma propre faiblesse,
Et tu veux aujourd'hui que mon bras paternel
Dans le sein du second plonge un acier cruel.
Prends-moi plutôt, ô ciel, prends-moi pour ta victime,
Fais tomber sur moi seul la peine de mon crime.
Mais que dis-je? Abraham! où s'égarent tes sens?
Dieu le veut, il te parle, et ton cœur en suspens
Voudrait lui disputer un tribut légitime!
Quel qu'il soit, il le faut ; j'obéis sans frémir.
Sainte est ta volonté, je ne puis la trahir.
Mon Dieu, me voilà prêt, oui, par un coup funeste,
Mon bras va t'immoler le seul fils qui me reste.

Il^e DE DONCQUER T'SERROELOFFS.

GASCONNADE.

Vergeac, tu n'es qu'un lâche et tu n'es qu'un vaurien.
Qu'on te frappe au visage et tu ne diras rien.
Escroc et libertin, mouchard, perdu de dettes.....
— Bravo! capé dé diou, jé vois cé qué vous êtes;
Touchez-là, franchément jé vous donne mon cœur;
Car jé veux un ami qui né soit point flatteur.

VICTOR SIMON.

SAGESSE.

1849.

Pourquoi chercher toujours ce qui toujours nous fuit ?
Vouloir ce que Dieu veut est la seule sagesse.
Vois : la jeunesse échappe à qui vient la richesse.
Et la douleur accourt dès que le bonheur luit.

Saluons d'un œil ferme et le jour et la nuit.
Enlevons cette joie à la Mort qui nous presse
De voir nos faibles cœurs se tourmenter sans cesse.
Dormons sous chaque ombrage et cueillons chaque fruit.

On l'a dit bien souvent, la vie est un voyage ;
Nous passons, nous passons : livides voyageurs,
A quoi sert de toujours redouter un orage ?

Marchons, le monde est beau, contemplons ses couleurs ;
Marchons en aspirant tous les parfums des fleurs.
Bientôt nous atteindrons à l'éternel rivage.

N. Martin.

SOUVENIR.

1850.

> Ille terrarum mihi præter omnes
> Angulus ridet, ubi non Hymetto
> Mella decedunt............. (1)
> HORACE, liv. 2, Od. 4.

C'était au mois d'avril, les prés étaient verdis,
Le soleil renaissant égayait la nature,
Le roitelet sifflait au bord de ma toiture,
Une douce tristesse avait mon cœur soumis.

Joli mois du printemps, mois de la violette,
Eveille en mon esprit rayonnants souvenirs !
Retrace en mes pensers ces jours que je regrette,
Ces jours mouillés de pleurs, agités de soupirs !

Vous savez, bois chéris, ravissantes allées,

---

(1) Non, aucun lieu dans le monde ne me sourit autant que ce coin de terre, où le miel ne le cède point à celui de l'Hymette.

Ruisseaux qui déroulez vos vagues ondulées
Sous des berceaux fleuris d'œillets, de romarin....
Vous seuls, témoins discrets de mon inquiétude,
Savez combien de fois dans votre solitude
J'ai consolé mon cœur gonflé par le chagrin.

Aujourd'hui je suis vieux, mais j'ai la souvenance
Des parfums, des couleurs de vos sentiers bénis.
Je reviens parmi vous, ô mes amis d'enfance !
Daignez sourire encore à mes regards ami.

C'est ici, c'est ici, dans l'ombre et le silence,
Le cœur gros de tendresse, ivre de sa présence,
Que je guidais ses pas sous vos bosquets en fleur !
La lune était sereine et la nuit enivrante,
La brise murmurait sur l'onde frémissante,
Et des pensers du ciel descendaient sur le cœur !

C'est ici que songeant aux douleurs de la terre,
Plaignant mes jeunes ans écoulés sans plaisirs,
Je l'ai vue une fois essuyer sa paupière
Et par un doux regard étouffer mes soupirs !

Tendres émotions ! souvenirs pleins d'ivresse !
Que le soleil alors était doux à nos yeux !
L'air répandait sur nous un parfum de tendresse !
Nos pieds touchaient le sol, nos cœurs étaient aux cieux !

Ce n'est pas cet amour écrasé sous les roses,
Ces serments obtenus et si vite oubliés,
Ces accents enflammés, ces fleurs trop tôt écloses,
Ces ivresses d'un jour, ces aveux désirés....

Non ce n'est pas l'ivresse avec sa jalousie,
Avec ses noirs soupçons, ses funestes douleurs !
Ce n'est pas cet amour qui meurt de frénésie,
Qu'en pleurant on regrette au déclin de la vie !
Des souvenirs plus doux sont baignés par nos pleurs.

Te souvient-il, mon cœur, de cette heure embaumée
Où sa main oublia — le bal allait finir —
En ma tremblante main une fleur parfumée,
Doux présent d'un amour que rien ne put ternir ?

Cette fleur, un doux mot, un jour un frais sourire
Sont les saintes faveurs qu'en mon cœur j'enfermais.
Dieu ne me doit plus rien, ce bonheur doit suffire,
Rien ne peut ici-bas m'attendrir désormais !

Tendres ressouvenirs ! si l'herbe est verte encore
Pour les yeux d'un vieillard penché vers le tombeau,
Si le soleil naissant sur les côteaux qu'il dore
Verse en mon cœur l'espoir d'un avenir nouveau,
Si l'oiseau des moissons, si l'agneau des ravines,
Si les frémissements du zéphyr dans les fleurs,
Si les rayons du jour inondant les collines,
Ont pour mes yeux flétris des aspects enchanteurs !

C'est votre douce image, ô jeune enchanteresse !
Qui réveille en mon cœur le printemps de mes jours,
Qui retrace à mes yeux ces souvenirs d'ivresse,
Ces instants parfumés, ces timides amours !

En moi ton nom résonne, et ma mémoire oublie
Les tourments redoutés, le sombre désespoir.

Pagination incorrecte — date incorrecte

NF Z 43-120-12

Ton nom, c'est le rayon dans les gouttes de pluie,
La fraîcheur du matin, l'air embaumé du soir.

Doux talisman ! au ciel où j'irai, belle Elise !
(Car sur ton front charmant j'ai recueilli la foi) !
Je verrai ton image effleurer, indécise,
Les sentiers ombragés, les bosquets de cytise
Où ton œil humecté s'est abaissé sur moi !

Saint espoir, tu viendras comme autrefois, tremblante,
Glisser furtivement en ma main une fleur ;
Comme autrefois, ta main dans ma main palpitante,
Long-temps sans nous parler, d'une ivresse innocente
Tu viendras inonder les rayons de mon cœur !

Ah ! le ciel c'est l'amour dépouillé de mensonge !
Le ciel c'est l'infini que notre âme pressent !
Le ciel nous apparaît au printemps comme un songe
Dans un œil azuré, sur un front innocent !

Benjamin Corenwinder.

DIEU PROTÈGE LA FRANCE!

ODE NATIONALE.

1850.

Prions, frères, prions pour la France éplorée!
La patrie en émoi, notre mère adorée,
Sombre, les yeux en pleurs, penche vers le cercueil ;
Le flot roulant qui bat nos mugissants rivages
Bouillonne, tourmenté par le vent des orages :
   Il recèle plus d'un écueil !

Ne reverrons-nous plus les jours grands et prospères
Où l'on dormait paisible au foyer de ses pères
Sans entendre de loin la tempête venir ?...
Ne pourrons-nous jamais voir dans nos cieux limpides,
Sans présages affreux, sans nuages perfides
   Briller le soleil d'avenir ?..

Quoi ! l'illustre pays que la splendeur couronne,

Que l'éclat du passé de rayons environne,
Que les âges nouveaux devaient grandir toujours,
LA FRANCE!.. ce beau nom qui colore l'histoire,
Ce géant qu'ont nourri dix-huit siècles de gloire
   Devant lui n'aurait plus deux jours?..

O douleur!.. et pourtant de sinistres prophètes
Font aujourd'hui frémir ces accents sur nos têtes
Comme l'oiseau des mers au cri retentissant;
Et pour justifier leur plaintive harmonie,
Des révolutions ils montrent le génie
   Debout sur le roc menaçant.

Ils le montrent, hélas! de leurs bras prophétiques,
Debout sur les débris des colosses antiques!
La discorde là-bas veut des banquets humains;
Après avoir jeté naufrage sur naufrage,
Et pulvérisé Rome, et la Grèce et Carthage,
   La foudre est encor dans ses mains!

Il ne suffira plus à ses sanglants délires
D'avoir avec fracas brisé les vieux empires;
Ce monceau de néant n'est pas encore assez,
La révolution qui partout nous assiège
Veut sans pitié broyer sous un pied sacrilège
   La poudre du peuple français.

Ecoutez et voyez: la terre est ébranlée,
D'une sombre vapeur l'atmosphère est cerclée,
Un sourd gémissement gronde au sein du repos;
L'on tremble, l'on pressent une vaste colère,

Hélas!... et l'on se dit : « Le volcan populaire
      » Veut jeter sa lave à grands flots! »

En vain Paris bercé par ses fêtes aimées,
Etalant ses plaisirs, ses femmes parfumées,
Dort, couronné de fleurs, sous la foi du hasard ;
Les chants seront couverts par le cri des batailles.
Quand le festin reluit, voyez sur ces murailles
      La sentence de Balthazar.

Impure capitale, ô courtisanne folle
Qui vis au jour le jour ton existence molle
Et t'enivres au bord des gouffres écumeux,
Vois aujourd'hui grandir l'abîme de tes vices,
Paris! il a fallu pour tes sombres caprices
      Plus de sang que de vin fumeux.

DIEU! PROTÈGE LA FRANCE!... — Est-ce donc qu'elle expie
Les jours du parricide et du désorde impie
Qui marquent nos enfants d'un signe originel ?
Pour couvrir nos forfaits combien faut-il de tombes,
Et combien devrons-nous immoler d'hécatombes
      Au grand courroux de l'Eternel ?

Non ; le peuple n'a pas expié tous ses crimes :
Quatre-vingt-treize encor crie au fond des abîmes,
Page horrible! gravée au livre du destin,
Quand le sol glorieux de Louis quatorzième
Rêvait un Charlemagne... et tombait, ô blasphème!
      A Robespierre, à Guillotin!

Or, aujourd'hui, chantant leurs hymnes infernales,

Les disciples nouveaux de ces rouges annales
D'un règne de terreur rajeunissent les lois ;
Quoi ! le sang généreux qui baigna la campagne,
Versé par les Caïns de la vieille Montagne,
  Ne sait pas étouffer leur voix ?...

Lève-toi donc, Chénier, dans ton jeune suaire ;
Finis ton chant coupé par le fer populaire ;
Sois un autre Lazare et notre saint flambeau ;
Et que ta poésie, encore mâle et belle,
Emprunte tout-à-coup une force nouvelle
  A la majesté du tombeau !

Lève-toi, lève-toi de ta couche glacée,
Toi qu'ils ont à la mort si vite fiancée,
O Charlotte Corday, martyre au doux regard,
Toi qui, venant frapper le tigre à face humaine,
As réhabilité les piéges de la haine
  Et sanctifié le poignard !

Lève-toi, rejeton d'une race royale,
Louis seize tombé sous la hâche fatale,
Viens, la tête à la main comme un saint triomphant ;
Montre-leur le pardon de ton dernier sourire ;
Et puissent-ils aussi voir le touchant martyre
  D'une reine et de son enfant !

Venez aussi, venez, ô foule de victimes
Qu'atteignirent jadis des lois illégitimes,
Femmes, enfants, vieillards, pauvre peuple innocent,
Emmené dans le char du dernier sacrifice

Qui depuis la prison jusqu'au lieu du supplice
    Inscrivait deux sillons de sang.

Debout, spectres vengeurs ! annoncez à la terre
Que la main du Seigneur tourmente le tonnerre ;
Comme au temps de Saül parlez, parlez, ô morts :
Et nous tous, déposons une vaine arrogance,
C'est assez de combats ! c'est assez de vengeance !
    Frères, c'est assez de remords !

Devant quatre-vingt-treize et ses mille fantômes
Que des inimitiés s'envolent les symptômes,
La faux de la discorde en a trop moissonnés.
Mais si de nos martyrs la mémoire vivante
Ne jette pas aux cœurs une sainte épouvante,
    C'est que Dieu nous a condamnés.

Et pourquoi nous haïr ? pourquoi sans paix ni trêve
Nous défier l'un l'autre, et faire appel au glaive.
L'on veut au prix du sang tout niveler encor,
Quand les grands ici-bas vont s'abaissant d'eux-mêmes,
Et que la charité de ses bontés suprêmes
    Prodigue le plus doux trésor ?...

Pourquoi les échafauds, quand la loi souveraine
Tous sous un même joug nous plie et nous ramène ?
Pourquoi parler d'amour et souffler les combats ?
O vous qui réveillez les sentiments contraires,
Quoi ! vous aimez la France en détestant vos frères :
    La France ne vous aime pas !

L'on a trop oublié qu'une même patrie

Couvre tous ses enfants de son aile chérie,
Et que la foi du Christ doit éclairer ce lieu ;
Nés sur le sol français d'une mère commune,
Soyons purifiés par la même infortune,
     Et plions sous la main de Dieu.

Trouvera-t-il encor dix justes dans nos villes
Pour racheter le mal de nos passions viles ?
Roi du ciel ! comment fuir ton courroux destructeur,
Lorsqu'hier, au milieu des sinistres bannières,
Le peuple osa tremper ses armes meurtrières
     Dans le sang d'un noble pasteur ?

Prions ! et quand l'éclair va sillonner la nue,
N'allons pas essayer une mer inconnue ;
Craignons le flot perfide et le vent de l'écueil ;
De ce qui nous fit grands conservons la mémoire :
Le Passé ! le passé ! c'est toute notre gloire,
     Et l'Avenir c'est notre deuil.

                             Benjamin Kien.

L'ESPÉRANCE ET LE SOUVENIR.

ROMANCE.

A M. DE CHATEAUBRIAND.

1827.

Il est une brillante fleur,
Du bel âge toujours chérie ;
Elle séduit par sa fraîcheur,
Et jamais n'est épanouie.
Son parfum est délicieux,
Du cœur il guérit la souffrance :
A cette fleur, les malheureux
Ont donné le nom d'*Espérance*.

J'ai vu, près du lis orgueilleux,

La fleur que la pourpre colore;
Elle est déjà loin de mes yeux,
Quand son parfum me charme encore.
Tel est l'aimable *Souvenir !*
Il ramène le Temps volage,
Et l'on goûte encor le plaisir
Dont il nous retrace l'image.

Pour nous présager un beau jour,
L'*Espérance* appelle l'Aurore;
C'est le prestige de l'amour,
C'est le frais bouton près d'éclore.
Chagrins d'exil, peines du cœur,
Tout s'efface par son sourire;
Elle parle encor de bonheur,
Au moment même où l'homme expire.

Tel qu'un rêve délicieux,
Le *Souvenir* trompe l'absence,
Et dans tous les cœurs généreux
Il grave la reconnaissance.
Tendre *Souvenir* des amours,
Doux *Souvenir* de la jeunesse,
Du charme des premiers beaux jours,
Vous embellissez la vieillesse.

J. F<small>ONTEMOING</small>.

ÉLÉGIE.

1838.

Triste, je viens errer sous le feuillage sombre
Qui voile les tombeaux éparpillés dans l'ombre,
Dernier séjour où l'homme, accablé de malheur,
Trouve à se reposer de sa longue douleur;
Plage où le flot du temps bat toujours les rivages,
En apportant toujours des débris de naufrages,
   Poussés par la main du Seigneur.

Ainsi sur les tombeaux je rêvais, solitaire,
En voyant le néant des grandeurs de la terre;
Et le soir lentement voilait tous ces débris,
En confondant les croix et leurs rameaux flétris;
Et parmi ces tombeaux, témoins de nos misères,
Une nouvelle croix sous les pins séculaires
   Frappa soudain mes yeux surpris!

Quelle âme le Seigneur a-t-il donc enlevée
A ce monde? me dis-je, et soudain ma pensée

Évoqua dans mon âme un triste souvenir.
Si jeune, il est donc mort, et Dieu l'a fait venir
Sous les tombeaux de pierre où la foule sommeille,
En attendant que Dieu lui-même enfin l'éveille
      Pour toujours vivre sans mourir !

Je suis triste et mon âme avec mes yeux s'égare :
Je fixe avec douleur le feu brillant du phare,
Au firmament placé par la main du Seigneur,
Pour guider dans la nuit le pas du voyageur.
Je fixe avec douleur l'étoile scintillante :
Car il ne la voit plus celui qui dans l'attente
      Sommeille sous l'arbre pleureur.

M'agenouillant alors sous la croix funéraire,
J'allais prier le Christ, mourant sur le calvaire :
Ma poitrine oppressée exhalait un soupir ;
Un soupir répondit et j'entendis gémir :
Un prêtre, son ami, dans le vague de l'ombre,
Priait pour son ami dont je crus revoir l'ombre
      De sa tombe soudain sortir !

Vous, qui venez ici méditer sur sa cendre ;
Vous l'avez donc connu, vous l'avez vu descendre,
Ou plutôt remonter, car il est dans les cieux
Le prêtre qui servait de père aux malheureux.
— Je le crois, reprit-il, la sainte Providence
N'a pu que lui donner le ciel pour récompense
      A lui qui faisait tant d'heureux !

Et l'ami qui pleurait son ami sous l'ombrage,
Après avoir prié sur l'humble sarcophage :

Notre ami se mourait, dit-il, et c'est aux cieux
Qu'il aspirait déjà, que l'appelaient ses vœux :
Sa belle âme touchait aux portes éternelles,
Entrevoyant déjà les palmes immortelles
      Que Dieu réserve aux bienheureux.

Si jeune encor, Leclercq (1) a complété sa vie
Après son œuvre sainte ; elle est enfin finie :
Car l'ange de la mort lui vient fermer les yeux.
Brillant de ses vertus, il monte vers les cieux.
A ceux qu'il consolait il laissait d'autres anges
Pour consoler le pauvre et chanter ses louanges
      Au ciel qui l'envoya vers eux.

Ces anges, voyez-vous, au front pur et candide,
Jeunes filles du Christ que l'ange du ciel guide
Vers l'asile du pauvre, aux lieux où le malheur
Gît sur un dur grabat, rongé par la douleur :
Elles vont consoler, porter à domicile
Le pain, le vêtement, au nom de l'Evangile,
      Suivant l'exemple du Seigneur.

C'est là l'huile et le vin versés sur la blessure
Du voyageur mourant, gisant à l'aventure
Au milieu du chemin : précepte de l'amour
Que le Christ ici-bas enseignait chaque jour ;
De la miséricorde, œuvre sainte et féconde,
Par Leclercq établie au sein même du monde,
      Pendant son terrestre séjour.

Ainsi parla le prêtre, et son œil dans l'espace,

---

(1) M. l'abbé Leclercq, vicaire à Bourbourg.

Non plus voilé de pleurs, semblait suivre la trace
Du disque lumineux, au milieu de la nuit,
Dont l'orbe étincelant, dans la course qu'il suit,
Semblait une auréole à l'ombre, sur la terre,
De l'âme qui planait, puis s'envolait légère,
  Déployant ses ailes sans bruit.

Et la brise achevait d'agiter le feuillage,
Les oiseaux gazouillaient tristement leur ramage ;
Et nous crûmes entendre un invisible accord
D'anges, d'âmes chantant avec leurs lyres d'or,
Nous nous pensions ravis aux célestes demeures
Où l'éternité fuit comme ici-bas les heures,
  Sans jamais cesser d'être encor.

Charles Brasseur.

AUX MANES DE MA SŒUR.

1817.

Tu n'as donc pas voulu donner à notre mère
Et ton dernier soupir, et tes derniers adieux !
Bénissons-en le ciel, qui t'arrache à la terre
      Loin d'elle et de ses yeux.

Elle t'aurait suivie, elle dont la tendresse
A si souvent de toi détourné le trépas ;
Qui reçut dans le deuil ta première caresse,
      Guida tes premiers pas.

Oui, mon père en mourant te laissa, nouveau gage
D'un amour dont tu fus le dernier rejeton.
Que n'as-tu, faible fleur, long-temps avant l'orage,
      Péri dans ton bouton !

Mais tu devais tarir, par tes soins, la tendresse,

Les pleurs de notre mère, adoucir tous ses maux ;
Près d'elle tu passas des jours pleins de tristesse,
   Et des nuits sans repos.

« Naguère, me dit-elle, au sein de mes alarmes,
» Combien de fois, trompant sa douce piété,
» Je profitai du soir, pour lui cacher mes larmes
   » Et mon adversité !

» Mais un instinct secret guidant sa main débile,
» Elle balbutiait, en essuyant mes yeux :
» *Mère, ne pleure pas, calme-toi, sois tranquille,*
   » *Ou pleurons toutes deux !* »

Et ma mère aujourd'hui, pauvre sœur, pleure encore,
Et tu ne viendras plus pour calmer ses douleurs ;
Mais je veille sur elle, et le ciel que j'implore
   Fera sécher ses pleurs.

Je lui répèterai ces mots qui, dans l'absence,
Pour la dernière fois, semblaient te ranimer :
« *Pourquoi nous as-tu donc, dès la plus tendre enfance,*
   » *Appris à tant t'aimer !* »

         G. Quiquet.

SUR UNE GOUTTE DE ROSÉE.

1849.

Petite goutte d'eau,
Que la feuille
Recueille
A chaque jour nouveau,
Dis-moi pourquoi tu brilles
Et vacilles,
Petite goutte d'eau ?

Dis pourquoi sur les branches
Jamais tu ne te penches,
Petite goutte d'eau ?
Dis pourquoi, toi, plus belle
Que la rose nouvelle
Au calice si beau,
Toujours tu te reposes

Sur les feuilles des roses,
Petite goutte d'eau ?

— Est-ce que sur la branche
L'humide et pur cristal
De ton onde si blanche
Craindrait l'air matinal ?

— Oh ! non : c'est que la branche
Qui sous le vent se penche
Te jetterait au vent,
Et l'écorce est trop dure
Pour l'onde claire et pure
De ton beau diamant.

Est-il vrai que la rose
Tressaille, à peine éclose,
Petite goutte d'eau,
Lorsque ton onde claire
Retombe avec mystère
Sur un bouton nouveau ?

— Est-il vrai, ma petite,
Que la rose palpite
Et frissonne d'émoi
Lorsque sur sa corolle
Tu te balances, folle,
Pendant qu'elle te boit ?

Petite gouttelette,
Roule, roule coquette,
Le soleil monte aux cieux,

Cache-toi sous la rose
Pour que le soleil n'ose
Te chercher en ces lieux.
Vite,
Vite,
Petite,
Cache ton pur cristal,
Déjà le soleil perce
La feuille qui te berce,
Ses rayons te font mal.

Va, perle que la feuille
Recueille
A chaque jour nouveau ;
Retourne à l'atmosphère
Pour demain te refaire,
Petite goutte d'eau.

A demain, gouttelette,
Demain, avant le jour,
Je reviendrai, coquette,
Te voir avec amour.

Reviens briller encore
Demain avant l'aurore,
Limpide goutte d'eau,
Que le soleil consume
Et que l'aurore exhume
A chaque jour nouveau.

J.-B. Trystram.

LES TOMBEAUX AÉRIENS. (1)

(GÉNIE DU CHRISTIANISME.)

1826.

Déjà le ciel brillait des plus vives couleurs,
La mère abandonna la couche des douleurs,

---

(1) Ces *Tombeaux aériens* sont ceux de Châteaubriand. Voici les *Tombeaux aériens* de Delille :

> Dirai-je des Natchés la tristesse touchante ?
> Combien de leur douleur l'heureux instinct m'enchante!
> Là d'un fils qui n'est plus la tendre mère en deuil
> A des rameaux voisins vient pendre le cercueil,
> Eh! quel soin pouvait mieux consoler sa jeune ombre!
> Au lieu d'être enfermé dans la demeure sombre,
> Suspendu sur la terre et regardant les cieux,
> Quoique mort des vivants il attire les yeux.
> Là, souvent sous le fils vient reposer le père ;
> Là ses sœurs en pleurant accompagnent leur mère ;
> L'oiseau vient y chanter, l'arbre y verse des pleurs,
> Lui prête son abri, l'embaume de ses fleurs ;
> Des premiers feux du jour sa tombe se colore ;
> Les doux zéphyrs du soir, le doux vent de l'aurore
> Balancent mollement ce précieux fardeau,
> Et sa tombe riante est encore un berceau ;
> De l'amour maternel illusion touchante !
>
> *L'Imagination*, chant VII.

Et, d'un œil que l'amour de pleurs baignait encore,
Chercha dans le désert embelli par l'aurore,
Un arbre qui donnât dans ses riants abris
Un asile embaumé pour le corps de son fils.
Au sein de la savane à ses yeux se présente
Un érable orgueilleux de sa tête ondoyante,
Et qui, tout festonné par des fleurs d'arbrisseaux,
Déployait dans les airs l'honneur de ses rameaux.
Elle y court; elle abaisse une branche rebelle,
Y dépose à regret la dépouille mortelle,
Rend la branche inclinée à son rapide essor,
Et la branche aussitôt enlève son trésor.
L'érable le reçoit dans son ombrage immense,
Et, de fleurs entouré, le tombeau de l'enfance,
Sur le flexible appui d'un feuillage mouvant,
Suspendu près des cieux, balance au gré du vent.

Oh! quel charme embellit ces cercueils de verdure!
De ces corps parfumés l'agreste sépulture
A dépouillé l'horreur des terrestres tombeaux.
Pénétrés d'un air pur, ces mobiles berceaux
Ont revêtu la mort des attraits de la vie,
Et rendu pour jamais l'illusion ravie.
Une mère, un amant y viennent chaque jour
Contempler les objets pleurés par leur amour.
Ces tombes qu'au matin le jour naissant colore,
Que de ses feux mourants le jour éclaire encore,
Que la brise du soir agite au haut des airs,
Où les chantres des bois redisent leurs concerts,
Ces tombes font parler leurs douces rêveries;
Ils disent leur douleur à ces ombres chéries;
Et, tandis que ce soin console un cœur touché,

Dans l'ombrage funèbre un rossignol caché,
Près d'un nid qu'il surveille avec sollicitude,
De ses accents plaintifs remplit la solitude.

Erable américain, ô toi dont les rameaux
Jusques au firmament élevaient ces tombeaux,
Je me suis arrêté sous ton ombre odorante !
Dans ton allégorie et sublime et touchante,
Erable, tu m'offrais l'arbre de la vertu :
Son sommet verdoyant dans les cieux est perdu ;
Sa racine est enfouie aux entrailles du monde,
Et les rameaux sortis de sa tige féconde
Sont les seuls échelons par où l'humble mortel
Puisse aller de la terre au séjour éternel.

C. PIETERS.

L'IMMORTALITÉ DE L'AME.

1833.

L'impie a dit, aveugle en son audace extrême :
« Aux crédules mortels laissons leur vain système ;
» L'éternité n'est point, tout périt avec nous ;
» La vertu n'est qu'un nom ; contentons tous nos goûts.
» Écartons loin de nous l'importune sagesse,
» Et de nos passions n'écoutons que l'ivresse.
» Dans le sein des festins, des ris et des amours,
» Que la volupté seule embellisse nos jours.
» Libres de préjugés, cessons de nous contraindre ;
» Profitons du présent, jouissons sans rien craindre.
» Tandis que le plaisir a pour nous des attraits,
« Jouissons, puisqu'enfin nous mourons pour jamais. »
Malheureux insensé ! combien ta destinée,
Aux yeux de la raison paraît infortunée.
Eh quoi ! tu peux penser au néant sans frémir,
Et Dieu nous aurait faits pour nous anéantir !
Admirateur zélé des erreurs de Lucrèce,

Tu suis des plaisirs seuls l'amorce enchanteresse ;
Et, repoussant bien loin un riant avenir,
Dans la tombe à jamais tu veux t'ensevelir !
Par tes dogmes trompeurs qu'inspire la démence,
De la religion tu détruis la puissance.
Le juste en vain prétend à la félicité :
Il ne fut donc formé que pour l'adversité !
S'il faut s'en rapporter à ce système horrible,
Le roi du ciel n'est plus qu'un tyran inflexible,
Et le juste qui meurt, sous le crime abattu,
Doit perdre avec le jour le fruit de sa vertu !
Arrête, homme incrédule ! abaisse enfin la vue
Sur ce globe terrestre, et sur son étendue
Vois les signes sacrés d'une immortalité ;
Reconnais en ce jour l'auguste vérité !
Examine avec moi la puissance de l'homme,
Et juge s'il est vrai qu'il ne soit qu'un fantôme,
Des caprices du sort esclave infortuné,
Par un Dieu tyrannique au néant condamné.
Vois ces vaisseaux chargés de dépouilles utiles
Voguer tranquillement sur les vagues dociles.
L'homme affronte les mers et les vents furieux ;
La terre et l'océan sont soumis à ses vœux.
A ses travaux hardis rien ne semble impossible :
Il mesure des cieux l'espace inaccessible ;
Il pénètre au delà du soleil qui nous luit.
Il commande ; à son art la nature obéit :
L'abîme disparaît, les fontaines jaillissent,
Les flots sont arrêtés, et les monts s'aplanissent ;
La vertu se soustrait à l'oubli des tombeaux ;
La toile se transforme en de vivants tableaux ;
Sous ses habiles mains l'airain dompté respire,
Et la peine se calme aux accords de sa lyre.

Vois ces arcs de triomphe et ces fiers monuments
Dont le front a bravé les outrages du temps;
Vois sur ces monts altiers ces cités élevées,
Ces déserts, aujourd'hui campagnes cultivées;
Vois ces riches moissons qui flottent sur les champs;
De force et de grandeur quels signes imposants!
Parcours enfin des yeux la surface du monde;
Tu rencontres partout une empreinte profonde
D'un céleste génie et d'une majesté
Qui te dit: L'homme est né pour l'immortalité!
De la divinité l'homme est une étincelle;
Lorsqu'il meurt, c'est un Dieu de qui la voix l'appelle:
Il va jouir en paix du fruit de ses vertus
Dans l'empire sacré qu'habitent les élus.
Cette raison qui brille en son âme élevée,
Cette raison enfin dont la brute est privée,
La pensée, en un mot, te dit que le néant
Ne sera pas le sort que ton erreur attend.
Il est une demeure où la chaste innocence
Doit recevoir le prix de son obéissance.
L'âme, ce feu céleste, invisible à nos yeux,
Lorsque le corps n'est plus, s'élance vers les cieux.
Les remords du coupable, et cette paix profonde
Dont jouit l'innocent lorsqu'il quitte ce monde,
De l'immortalité sont les signes certains,
Et prouvent que le Ciel veut sauver les humains.
Oui, de l'éternité tout prouve l'existence,
J'en crois du Créateur la sainte providence;
Il est un lieu sacré, mortels, n'en doutez pas,
Où nous ne craindrons plus les peines d'ici-bas.
Dieu bannit de ce lieu la discorde cruelle;
C'est là que l'on jouit d'une paix éternelle.
C'est là qu'on n'entend plus de douloureux soupirs,

Et que l'homme est heureux, sans regrets, sans désirs,
Près du trône immortel de la Toute-Puissance
Dont les bienfaits sur nous coulent en abondance.
O mépris du néant, espoir consolateur
De revivre à jamais dans un monde meilleur !
Que ce doux sentiment pour le juste a de charmes !
Combien dans les revers il fait sécher de larmes !
Lui seul est ici-bas la source du bonheur ;
Mais qu'on est malheureux sans cet espoir flatteur !
Non, je ne puis penser que le maître du monde
Nous plonge pour toujours dans une nuit profonde.
Ce serait dégrader sa divine grandeur
Que de le peindre armé d'un glaive destructeur.
L'innocence opprimée à la vertu s'immole,
Mais l'espoir la soutient, l'avenir la console :
Dieu ne trompera pas ses vertueux efforts ;
Dieu n'est pas un tyran qui règne sur les morts.
Il ne détruira pas ses plus parfaits ouvrages ;
Ils seront immortels, puisqu'ils sont ses images.
Celui qui nous fait naître est juste et généreux :
Il ne nous a point faits pour un sort malheureux.
Non, je ne puis penser, ô ma chère Camille !
Qu'à jamais effacé de ce terrestre asile,
Ton aspect à mes yeux soit ravi sans retour :
Bientôt j'irai te joindre au céleste séjour.
Ta belle âme, ô Camille ! aux cieux s'est élancée,
Et sans cesse vers toi s'élève ma pensée.
Des lieux saints désormais tu me vois, tu m'entends,
Peut-être tu voudrais répondre à mes accents.
Que ne puis-je, porté sur l'aile de l'aurore,
M'élancer jusqu'à toi, tendre objet que j'adore !
Hélas ! tu disparus au matin de tes ans,
Lorsque ton amitié charmait tous mes instants.

Déjà quatre printemps, de fleurs et de verdure,
Depuis que tu n'es plus, ont paré la nature ;
Mais ton image encore est au fond de mon cœur :
Je n'ai point oublié ta grâce et ta douceur ;
Mon âme chaque jour gémit de ton absence.
Camille ! j'aimais tant ton aimable présence,
Je trouvais tant d'attraits à tous nos entretiens,
Et nous étions unis par de si doux liens !
Jamais je n'oublierai tes vertus et tes charmes ;
Sur ta tombe souvent je vais verser des larmes.
Et tes derniers moments et tes dern..rs discours,
Dans mon âme gravés, m'attendriront toujours.
Eh ! comment oublier cette heure si touchante,
Camille, où tu me dis, d'une voix expirante :
Cher ami ! je te quitte ; adieu ! ne pleure pas.
Conserve-moi ton cœur ; tu me retrouveras
Dans un monde plus pur, où nos âmes ravies
Par des nœuds éternels se reverront unies !
Ah ! sans l'espoir flatteur de te revoir encor,
Je n'aurais pu survivre à mon malheureux sort.
Cher objet ! tu faisais le charme de ma vie,
Et la félicité......ta mort me l'a ravie ;
Mais je n'accuse point cet arrêt rigoureux ;
Je pleure......et je bénis la volonté des Cieux.
C'est peut-être un bienfait que ta main nous accorde,
Un effet merveilleux de ta miséricorde,
Grand Dieu ! quand ton pouvoir, au milieu de leur cours,
Vient éteindre soudain le flambeau de nos jours.
Quoiqu'il en soit, Seigneur, j'adore ta puissance.
J'espère, et je bénis ta sage providence.
Dans mes plus noirs chagrins je t'implore toujours,
Et, sensible à mes maux, tu viens à mon secours.
Ceux qui dans ta promesse ont mis leur confiance,

Ne se sont point flattés d'une vaine espérance....
Céleste piété, remplis toujours mon cœur
Et bannis loin de moi l'imposture et l'erreur.
Que tes rayons sacrés éclairent ma jeunesse,
Viens conduire mes pas vers l'auguste sagesse.
Le bonheur d'ici-bas flatte en vain mes désirs,
Le ciel, voilà l'espoir de mes plus doux plaisirs.
Dégagés des liens qui retiennent mon âme,
Quand pourrai-je voler, plein d'une sainte flamme,
Vers l'Être souverain qui m'a donné le jour?
Quand pourrai-je quitter ce profane séjour?
Je te verrai sans voile, ô vérité céleste!
Je renaîtrai, Seigneur! ta bonté me l'atteste.
Dans ces jours criminels la vie est un sommeil,
Et la mort salutaire est pour l'âme un réveil.
Le désir du néant ne convient qu'à l'impie;
Tout souillé de forfaits, il fuit une autre vie;
Mais peut-il éviter ces remords déchirants
Qui jusques au tombeau poursuivent les méchants?....
O toi, qui fus toujours ma plus chère espérance,
Grand Dieu! je mets en toi toute ma confiance;
Que ton flambeau divin éclaire mon esprit;
Daigne guider toi-même un cœur qui te chérit.
Tu ne tromperas pas mes vœux et mon attente,
Seigneur; ton équité, ta grâce bienfaisante,
Tout m'en assure, enfin, et je me livre à toi....
Quels pensers, ô mon Dieu! viennent s'offrir à moi!
Que mes yeux répandront de larmes d'allégresse!
Quels transports ravissants, quelle céleste ivresse,
Combleront mon espoir, quand mes yeux attendris
Reverront tout-à-coup ces parents, ces amis
Parvenus avant moi près de l'Être suprême!....
Ah! dans l'illusion de ce bonheur extrême,

Je voudrais avancer le fortuné moment
Qui doit réaliser l'espoir le plus touchant.
Déjà je crois le voir, ce jour, ce jour terrible,
Où, plein de majesté, Dieu se rendant visible,
Précédé du tonnerre et la balance en main,
Viendra de ses enfants prononcer le destin.
A son auguste aspect, les montagnes s'écroulent,
La terre a tressailli, les flots des mers s'écoulent;
Et l'univers tremblant attend dans la terreur
L'irrévocable arrêt de son divin Auteur.
Déjà je vois pâlir l'astre de la lumière,
L'obscurité s'étend sur la nature entière,
J'entends mugir au loin les éléments divers,
La trompette sacrée éclate dans les airs,
Les morts sont éveillés au fond de leur retraite,
Les tombeaux sont ouverts, le jugement s'apprête.
L'impie est accablé d'une horrible frayeur,
Et le cri du remords a déchiré son cœur ;
Il frémit.... A ses yeux s'ouvrent les noirs abîmes
Où la fureur du ciel doit plonger les victimes.
Ses regards voudraient fuir ces tableaux effrayants;
Il implore son Dieu, mais il n'en est plus temps,
Bientôt va s'allumer la foudre vengeresse.
Quels cris de désespoir et quels chants d'allégresse !
Bientôt l'éternité va s'offrir aux mortels.
Dieu prépare des biens et des maux éternels.
Il paraît, et sa voix foudroyante et propice,
Fait éclater enfin l'arrêt de sa justice.....
O trop heureux alors, heureux l'homme innocent
Qui mit sa confiance en ce Dieu tout-puissant !
Mais malheur à celui dont l'insolence extrême
Porta jusqu'au cercueil le doute et le blasphême,
Et dont l'esprit rebelle à la loi du Seigneur,

De son divin pouvoir méconnut la grandeur !
Pourra-t-il de son juge apaiser la colère ?
Que peut attendre un fils qui méprisa son père ?
Quel sera le destin de cet enfant ingrat ?....
Je frémis en songeant au sort de l'apostat.
Justes, n'en doutez pas, notre âme est immortelle ;
Que sur vos fronts sereins l'espérance étincelle ;
Célébrons les bienfaits de notre Créateur,
Ne craignons que lui seul et fuyons l'imposteur.
Béni soit à jamais l'homme à son Dieu fidèle,
Qui, pour l'humble vertu plein d'amour et de zèle,
Élève vers le ciel l'hommage de son cœur,
Et voit dans son trépas l'aurore du bonheur !
Mais que je plains celui qui, d'abîme en abîme,
Descend dans le tombeau tout souillé par le crime !
Il meurt empoisonné des plus cruels regrets ;
Pour lui plus de bonheur, plus d'espoir, plus de paix !
Si Dieu pour ses enfants est un père sensible,
Pour les cœurs endurcis c'est un juge inflexible ;
Mortels, le repentir peut seul le désarmer :
Pour gagner son amour, sachez qu'il faut l'aimer.
O toi qui ne chéris que les attraits du vice,
Que la bonté du ciel désormais t'attendrisse !
Du joug des passions affranchis ton esprit,
Sors de l'aveuglement où ta raison languit ;
Que l'incrédulité n'infecte plus ton âme,
Et que la piété te pénètre et t'enflamme.
Pourquoi vivre toujours dans une affreuse nuit ?
Pourquoi douter encor quand le soleil te luit ?
Si l'immortalité n'était qu'une chimère,
Si l'âme avec le corps rentrait dans la poussière,
D'où viendraient, réponds-moi, ces remords éternels
Qui poursuivent partout l'âme des criminels ?

D'où viendrait cette paix, ce calme inaltérable
Dont jouit en mourant le mortel équitable?
Ah! de ces sentiments le présage est certain :
Il annonce des biens et des tourments sans fin.
Philosophes profonds, loin de moi vos chimères!
Heureux celui qui fuit vos perfides lumières!
Le flambeau qui vous guide est celui de l'erreur,
Et tous vos arguments n'ont qu'un éclat trompeur ;
Ainsi, lorsque la nuit étend son voile sombre,
Ces feux légers qu'on voit souvent glisser dans l'ombre
Trompent le voyageur de sa route écarté,
Qui tombe dans l'abîme en suivant leur clarté.
Quel avenir, ô Ciel! et quelle fin terrible
Réserve au genre humain votre système horrible!
Aux sons de votre voix malheureux qui s'endort!
Le calme qu'il respire est un sommeil de mort.
Hé quoi! vous prétendez, insensés que vous êtes,
Pénétrer du Très-Haut les volontés secrètes?
Si l'homme est malheureux, peut-il l'être à jamais?
Et faut-il l'arracher à cette aimable paix
Que la foi sainte inspire à son âme ravie,
Et qui le charme encor même en quittant la vie?
Si l'immortalité n'est qu'une illusion,
Ses prestiges du moins captivent ma raison.
L'anéantissement m'attriste et m'épouvante ;
L'espoir qui me sourit, me console et m'enchante.
Votre système est fait pour inspirer l'horreur ;
Le mien rend vertueux et conduit au bonheur.
Entre ces deux partis que l'homme aveugle hésite!
Justes! au vrai bonheur l'Eternel vous invite.
Pouvez-vous, ô mortels! balancer un instant
Entre la vérité, la mort et le néant?....
Oui, Platon, oui, j'en crois la céleste doctrine,

11

J'en crois la Providence et la bonté divine,
J'en crois tous les bienfaits du souverain Auteur,
Et les pressentiments qui pénètrent mon cœur,
Dieu fit l'homme immortel, il le fit pour sa gloire,
Et le bonheur de l'homme ici-bas est de croire.
Sans la foi, sans l'espoir de l'immortalité,
Il ne saurait prétendre à la félicité.
Sur l'aile d'un moment l'éternité repose :
Suis donc tous les devoirs que la vertu t'impose,
Pécheur ! réveille-toi ; saisis l'instant qui fuit,
Repousse loin de toi l'erreur qui te séduit,
Elève-toi vers Dieu dont la voix t'a fait naître :
Peut-être devant lui bientôt tu vas paraître.
La mort peut te surprendre au milieu des plaisirs
Dont tu flattes souvent tes criminels désirs.
Que la sagesse enfin et t'instruise et t'éclaire,
Et dans ton Créateur reconnais un bon père.
Rappelle, il en est temps, la vertu dans ton cœur,
Dieu n'est pas inflexible, il pardonne à l'erreur,
Mais l'erreur obstinée excite sa colère :
Adorons donc ses lois, redoutons son tonnerre,
Et, pleins du noble espoir de l'immortalité,
N'écoutons que la voix de l'auguste équité.

H.-A. GOUTTIÈRE.

LA PARABOLE DES DEUX MENDIANTS.

ALLÉGORIE SUR LA CHARITÉ.

1851.

> En ekeinô to kairô, aipen ô Jésous.
> ÉVANGILE.

En ce temps-là le ciel dit ces mots à la terre :
  « En vérité, je vous le dis,
» Il surgira bientôt une affreuse misère
» Qui troublera, chez vous, les grands et les petits. »

Et voilà qu'il survint une intense froidure,
Etendant ses rigueurs sur toute créature
Qui se meut sur la terre, et sur les animaux
Qui volent dans les airs ou nagent dans les eaux.

Et l'on vit sur le seuil d'un temple de prière,
Deux mendiants assis ; et l'un dit : « Il fait noir :
» J'ai prié tout le jour sur cette froide pierre ;
    » Je commence à perdre l'espoir. »

Et l'autre, remuant ses lèvres avec peine,

Lui répondit, et dit: « Ceci nous prouve assez
» Qu'il est des cœurs glacés sous des habits de laine,
» Et qu'il est des cœurs chauds sous des habits glacés ! »

Puis un profond soupir s'exhala de sa bouche;
    Car il était de ces derniers:
Sans asile et sans pain, pendant trois jours entiers,
Des dalles du parvis il avait fait sa couche.

Alors il arriva que le premier des deux,
Un peu moins engourdi que ne l'était son frère,
Marcha sur ses genoux, ouvrit le sanctuaire,
Mouilla son doigt dans l'eau, fit un signe pieux.
Puis murmura ces mots, tout fixé vers les cieux:

« Voici la vérité: cette maison sacrée,
» Est aussi la maison du pauvre, révérée;
» Car ici le Seigneur le nourrit de sa loi,
» Et réchauffe son cœur aux rayons de la foi. »

Or, voici que soudain la nuit étant venue,
Le givre par flocons descendit de la nue;
Et, le matin du jour, on trouva là, gisants,
Deux cadavres glacés...C'étaient les mendiants.

Quand la fatalité qui torture et qui tue,
Pousse vers votre seuil, sans asile et sans pain,
Un malheureux glacé par le froid de la rue,
Abandonné, mourant de misère et de faim;
Quand près de défaillir, une prière encore,
Dernier espoir qui reste au cœur des malheureux,
S'élève, avec ses pleurs, vers le ciel qu'il implore;

Et que tout, sans pitié, reste sourd à ses vœux.....
Oh ! si votre âme alors, profondément émue,
A l'aspect du malheur, ne se laisse attendrir ;
Si, brisé sous l'effet d'une cause inconnue,
Votre cœur ne s'épanche en un morne soupir ;
Si vous ne courez pas soulager sa misère,
Mu par un sentiment de bien-être enchanteur,
Non, vous ne savez rien des choses de la terre !...
Vous n'avez point connu la peine et le bonheur.

L'aumône, ce bienfait qui ranime et console
   Un cœur brisé dans son essor,
   Pour le riche n'est qu'une obole,
   Pour le pauvre c'est un trésor !

        Perot.

LE CHANT DE L'EXIL.

(ATALA.)

1820.

Le fleuve nous portait entre des rocs sauvages.
Au-delà de ces rocs, qui bordaient ses rivages,
Brillait l'astre du jour mourant au sein des mers.
L'aspect d'aucun mortel ne troublait ces déserts.
Je n'y vis qu'un chasseur dont ils étaient l'asile.
Appuyé sur son arc, sur un pic immobile,
Il me parut le Dieu dont le regard pensif
Planait sur ces vallons du monde primitif.

Assis dans mon canot j'unissais mon silence
A celui qui régnait dans cette scène immense,
Quand soudain Atala fit tressaillir mon cœur
Par des chants qu'inspiraient l'amour et la douleur:

« Heureux qui n'a point vu les fêtes étrangères,
» Et qui ne s'est assis qu'aux festins de ses pères!

» Si l'heureux habitant des bords de l'Illinois

» Disait au fugitif des plaines des Florides :
» N'avons-nous point aussi des ruisseaux et des bois ?
» Pourquoi toujours baisser vos yeux de pleurs humides ?
» Hélas ! répondrait-il, avez-vous mes forêts ?
» Avez-vous le soleil qui luit dans ma savane ?
» J'ai perdu le bonheur en perdant ma cabane ;
» Le cœur d'un exilé n'est ouvert qu'aux regrets.

» Heureux qui n'a point vu les fêtes étrangères,
» Et qui ne s'est asssis qu'aux festins de ses pères !

» Vers le déclin du jour des nuages épais
» Au voyageur lassé présagent la tempête.
» Il voit autour de lui les toits fumer en paix ;
» Seul, hélas ! il ne sait où reposer sa tête.
» Il frappe à la cabane, et le maître inhumain
» Rebute sans pitié sa misère inconnue ;
» A la lueur des feux qui sillonnent la nue,
» Il part, et du désert il reprend le chemin.

» Heureux qui n'a point vu les fêtes étrangères,
» Et qui ne s'est assis qu'aux festins de ses pères !

» O merveilleux récits du foyer paternel,
» Epanchements du cœur, doux liens de la vie,
» Vous avez enchanté les heures du mortel
» Qui jamais ne quitta les champs de sa patrie.
» Là, dans ces mêmes champs, là s'élève à l'écart
» Son tombeau que l'amour arrose de ses larmes,
» Que la religion embellit de ses charmes
» Et le soleil couchant de son dernier regard.

» Heureux qui n'a point vu les fêtes étrangères,

» Et qui ne s'est assis qu'aux festins de ses pères! »

C'est ainsi qu'Atala chantait ses déplaisirs,
Un écho répondait par de tristes soupirs,
Que recueillait ensuite un écho moins sonore;
Un écho plus lointain les redisait encore :
On eût cru que l'esprit d'un amant malheureux
Qu'avait glacé la mort sur ces rochers affreux,
Attendri par la voix de ma jeune compagne,
En murmurait long-temps les sons dans la montagne.

C. PIETERS.

LES AMOURS DU MARIN.

A MON PÈRE.

1850.

J'aime la mer, lorsque belle et limpide
 Elle me berce sur son sein ;
Ma rame joue et sur la plaine humide
 Je nage en chantant mon refrain:

Oh ! qu'il fait bon, quand la brise est calmée,
De respirer l'air frais des eaux,
On livre à l'onde un air de la vallée,
Que répètent seuls les échos !

J'aime la mer quand une blanche écume
Moutonne aux flancs noirs d'un récif,
Je tends ma voile, amis, et puis je fume
En guidant mon léger esquif.
Du haut du ciel la lune vacillante
Semble plonger au sein des eaux,
Le vent rondit ma voile frémissante
Et je m'endors au bruit des flots !

J'aime la mer quand s'irrite la houle.
Oh ! soudain je l'aime d'amour !
Mon cœur s'anime et ma barque, qui roule,
Monte et retombe tour-à-tour.
Ma mère alors adresse sa prière
A Notre-Dame de Bon Sort ;
Je prie aussi, je me signe et j'espère.....
Et le flot me dépose au port !

PUMPERNEEL.

A MA SŒUR HORTENSE.

1819.

Virginibus puerisque canto.
HORACE.

O Muse ! inspire-moi... Daigne encor de ma lyre
Embellir les accents, que mon cœur seul inspire
  Pour chanter une sœur !...
Viens, viens à mon secours, soutiens ma voix nouvelle,
Au milieu des écueils dirige la nacelle
  Du poète rêveur !...

Hortense, c'est pour toi que ma voix éphémère
Veut chanter aujourd'hui ; c'est à toi, que ton frère
  Veut montrer son amour !...
A toi, qui trop long-temps bien loin de ta famille,
Reviens enfin semblable à l'étoile qui brille,
  Au déclin d'un beau jour...

Hortense !... tu connais les secrets de l'histoire,
On t'a vanté souvent toute la belle gloire

D'un conquérant jaloux...
Mais viens donc maintenant, viens embrasser ton père,
Recevoir près de nous le baiser d'une mère,
Qu'on reçoit à genoux!...

Sous le toit paternel, qui jadis nous vit naître,
Oh! tu ne verras pas un despotique maître,
Ou la dissension!...
Nos parents sont nos rois, partageant leur tendresse
Tous nous vivons heureux, nous goûtons cette ivresse
Que donne l'union.

Comme on voit dans les champs, au plus fort d'un orage,
Deux beaux lys enlacés, se courber sous la rage
Des autans furieux,
Puis tourner lentement vers le soleil avide
La feuille un peu fanée en son calice humide
Quand le calme est aux cieux!

Quelquefois près de nous gronde aussi la tempête,
HORTENSE, quelquefois, tous nous plions la tête
Au souffle du malheur;
Mais alors devant Dieu nous épanchons notre âme,
De notre encens vers lui monte bientôt la flamme;
Puis revient le bonheur.

Nous prions, ô MA SŒUR, et dans notre prière,
A Dieu nous rappelons celui dont la misère
N'apparaît pas au jour;
Celui qui, loin d'amis, de tout ce qui console,

Attend sur un grabat que son âme s'envole
Au céleste séjour !...

Maintenant avec nous tu viendras, BONNE HORTENSE,
De ta voix encor vierge animer l'espérance
De pauvres orphelins !...
Tu viendras pour les voir à genoux sur la grève
Appeler les bateaux que chaque vague élève,
Et leur tendre les mains !

Après tu les suivras sous leur toit de misère
Pour les voir en pleurant à la croix d'une pierre
Jeter chacun des fleurs,
Et l'un d'eux te dira : « Ma bonne jeune fille,
Comme un ange tu viens au sein de ma famille ;
» Ecoute nos douleurs. »

— « Sur ces vagues profondes
Notre père est parti,
Quand déjà sous ces ondes
Mon frère est englouti.

Seuls avec notre mère,
Seuls ! nous vivions ici,
Quand Dieu dans sa colère
La fit mourir aussi...

Et depuis sur la rive
Tous les jours nous prions,

Que notre père arrive
Ou que nous mourrions!...

Car pourquoi sur la terre,
Nous si jeunes enfants,
Sans ange tutélaire,
Vivre au sein des tourments.

Pour eux tous je t'implore,
Jeune fille aux yeux doux ;
Reviens, reviens encore,
Pour pleurer avec nous. — »

Hortense, tu diras à cet enfant qui prie :
Oh! calme ta douleur; je reviendrai demain
Rappeler avec vous à la vierge Marie
Tous les malheurs de l'orphelin.
Ensemble agenouillés sur cette froide pierre
Nous crierons au bon Dieu : « *Pitié! Pitié pour nous!* »
Sa main alors, *enfants,* guidera votre père
Et le conduira près de vous.

Frédéric Beck.

LE PREMIER BAL.

A M{ll} A***.

1843.

I.

J'avais seize ans alors...; c'était au carnaval,
Après un an d'oubli renaissant de sa cendre,
Ce phénix éternel à tous faisait entendre
Que d'un règne nouveau résonnait le signal.

De son sceptre à grelots il commandait le bal,
Se hâtait de jouir..., et paraissait comprendre
Qu'hélas ! roi de trois jours, il lui faudrait descendre
Du trône de folie, au mercredi fatal !

— Quand j'entrai, l'on valsait, la foule bigarée,
De perles, de rubis, de saphirs diaprée,
Passant comme un torrent me fit fermer les yeux.....

— A voir ces diamants semés dans les parures,

Scintiller dans les nœuds des mobiles coiffures...
On eût dit un essaim d'insectes lumineux.

II.

Ces lustres inondant la salle de lumière,
Ces masques... tout semblait tourner autour de moi...
Et le cœur me fit mal, et, sans savoir pourquoi,
Tremblant je m'appuyai sur le bras de ma mère.

— « Eh! que ne vas-tu donc aussi dans la carrière,
» Comme eux tous, t'étourdir et cacher cet effroi?
» Encense leur idole, au char atèle-toi;
» Sous la roue, avec eux, fais voler la poussière!

» Et va danser aussi, dit-elle, alors ton cœur
» Plus fort battra peut-être...Oh! mais plus de frayeur!...
» Cours engager,... choisis parmi ces jeunes filles!... »

— Mais la première, hélas, refuse avec dédain!...
Puis la seconde veut se reposer... soudain,
Légère, avec un autre, elle vole aux quadrilles.

III.

— Toutes me repoussaient, quand je vins près de vous;
Oh! je vous vois encor! vous n'étiez point parée
D'oripeaux, mascarade à grands frais préparée,
Pour cacher la laideur sous l'éclat des bijoux...

Ce cou si blanc, qu'un cygne en eût été jaloux,

Sans perles, éclipsait cette troupe dorée ;
De vos cheveux châtains votre tête entourée
N'avait point de rubis... et rayonnait sur tous...

Quand je vous invitai, ma voix était tremblante,
Et je n'espérais pas,... Mais vous, bonne, indulgente,
Moins qu'elles toutes fière, et plus belle pourtant !...

Sans rire de l'enfant, sans détourner la tête,
Vous tendites la main au paria de la fête !...
...Et moi, fier, je fendis la foule en triomphant !

IV

— Puis je sentis bientôt ma frayeur effacée ;
Près de vous la contrainte abandonna mon cœur.
Nous causâmes... non pas d'un ruban, d'une fleur,
De la note d'un air bien ou mal cadencée ;

Non ! plus haut s'élevait alors notre pensée,
Et je parlais toujours !... Jaloux de mon bonheur,
Pour réclamer son tour, vint un autre danseur !...
Triste, je dus vous rendre à la foule empressée !...

— Oh ! que de fois ainsi nous causâmes tous deux !
Ignorant les regards d'un monde curieux,
Lui, qui pour de l'amour prit notre amitié pure !

— Et pourtant cet amour, bien loin de nous chassé,
Chaque fois sur nos cœurs vit son dard émoussé,
Depuis tantôt quatre ans que cette amitié dure.

EDOUARD ST-AMOUR.

A. M. L'ABBÉ PERNOT.

—
1851.
—

Disciple bien-aimé du plus auguste maître,
Qui fais chérir sa loi quand tu la fais connaître,
Sous le flambeau divin des saintes vérités
Tes plus simples discours rayonnent de clarté;
Dans une grande image ou dans tes paraboles,
A côté du vrai Dieu tu frappes les idoles
Auxquelles, trop souvent, tous nous sacrifions,
Asservissant nos cœurs aux folles passions ;
Car bien peu d'entre nous recherchent la victoire :
Enfants de Jésus-Christ, nous renions sa gloire,
Jésus, esprit du Père et son plus pur amour,
Ce verbe, fruit divin, qui se fit homme un jour,
Que les anges du ciel proclamèrent leur maître,
Qu'un astre tout nouveau dit : Il vient là de naître,
Pour nous faire revivre et bénir notre sort,
Ce fils, cet homme Dieu, voulut souffrir la mort ;
Ne demandant de nous, pour si grande largesse,
Que de nous rendre heureux à force de tendresse ;
D'être vrais, d'être bons, charitables et doux,

Indulgents pour son frère et sévères pour nous ;
Humbles, dit-il, surtout. Mais ces divins préceptes
Les voyons-nous suivis, même par ses adeptes ?
Voyons-nous nos pareils avides de vertus
Autant que de richesses et d'honneurs superflus ?
Les voyons-nous encor, comme dans leur enfance,
Respecter la vieillesse et chérir l'innocence ;
Au banquet du Sauveur venir souvent s'asseoir,
Demandant que sur eux ses grâces puissent choir ?

Dans ce siècle d'erreur, de discorde et d'envie,
Où chacun, à son gré, pense et se sanctifie ;
Où l'insolent orgueil prône jusqu'aux forfaits ;
Où l'homme simple et bon est réputé niais ;
Où du nom de vertu se pare chaque vice ;
Où l'on trouve prudence une froide avarice ;
Où l'égoïsme trône et s'appelle raison ;
Où la douce obligeance est d'une autre saison ;
Où la brigue se dit amour de la patrie ;
Où l'infidélité n'est que galanterie,
Dont chacun tour-à-tour sait faire ses profits !
Que je déplore, ô ciel ! cet honneur compromis.
Mais quoi ! s'arrête-t-on à semblables vétilles ?
Et qu'est-ce que l'honneur des femmes et des filles ?
Dieu pour tous nos plaisirs ne les créa-t-il pas ?
Je ne finirais point, si je voulais, hélas !
De ce siècle fameux en progrès, en lumières,
Détailler tous les torts, les sottises grossières.
Ainsi, pour la vieillesse on n'a plus que dédain,
A trente ans on divague, à quinze on est sans frein.
En cent, en mille erreurs, oui, ce siècle fourmille,
Sapant l'honneur, la foi, l'amour de la famille ;

Cette morale-là se prêche en cent façons
Et l'on distille ainsi les plus subtils poisons.
Voilà ce que j'y vois, et de plus véritable,
Et ce qui me paraît une chose palpable.

O guides imprudents ! où donc toucherons-nous ?
Sur quel rivage, hélas ! nous déposerez-vous ?
Pour vous-mêmes, craignez les écueils, les tempêtes,
Les imminents dangers où votre esprit vous jette.
Arrêtez, malheureux ! dit-on de toutes parts,
N'allez pas affronter ces terribles hasards ;
Mais non, rien ne les touche et rien ne les arrête ;
Le glaive du Seigneur, en vain pour eux s'apprête ;
Non, dans leur fol orgueil et leurs dérèglements,
Ils veulent avant tout des bouleversements ;
Et tous, se conduisant au gré de leur caprice,
De la société minent tout l'édifice.

Providence, patrie, amour, éternité,
Vous n'êtes plus que mots devant l'impiété ;
Simplicité, candeur, saintes filles de l'âme,
Tendresse, dévoûment, bien peu l'on vous proclame,
Et vous tous, gens pieux, et vous, humbles chrétiens,
Ils veulent vous ôter le plus cher de vos biens ;
Ce qui, dès ici-bas, allége la souffrance ;
Ce qui, de vos vertus, est une récompense :
Ce qui sauve souvent l'homme près de périr,
Ce qui nous force à vivre et nous aide à mourir !

Sainte religion ! soutien dans nos misères !
Comment, méconnaissant tes sacrés caractères,
Le trop faible mortel, consumé de désirs,

Avide de bonheur, de suprêmes plaisirs,
Vient-il dans son orgueil et son délire extrême,
Sur lui, sur tous les siens appeler l'anathème,
Nier tout ce qu'il voit de la divinité,
Fermer son cœur, son âme à toute vérité ;
Contempler d'un œil sec la terre et ses richesses,
Méconnaître de Dieu les immenses largesses !

Ingrate créature en son aveuglement,
Qui rejette d'un Dieu juste, bon et clément,
Les secours, les bienfaits, les plus pures lumières,
Et marche en trébuchant d'ornières en ornières,
Sa boiteuse raison, guide trop incertain,
Souvent aide à sa chûte en lui prêtant la main.

Funeste impiété ! affreux et noir vampire,
Qu'un jour l'enfer vomit pour perdre cet empire ;
Qui tout d'abord ainsi s'en vint controverser
Et que plus d'un auteur se plut à caresser,
Ton esprit infernal, qui ne saurait que nuire,
Ton ténébreux esprit, qui, contre Dieu conspire,
Ah ! tu sais le frapper et l'étreindre, Pernot !
Le confondre en tous points sera ton dernier mot,
De l'esprit du Seigneur la parole de flamme
Sur tes lèvres encor vient réveiller notre âme,
Auprès de toi l'on vient froid, endurci pécheur ;
Avant de te quitter on est déjà meilleur ;
On ne voulait que voir, peu désireux d'apprendre,
Tu cesses de parler, on veut encor t'entendre.
Ta touchante douceur et ta simplicité,
Ton geste naturel et si plein de bonté,
Alors que vers le ciel se porte ta pensée

Pour demander sur nous que tombe sa rosée,
Nous touche, nous attire, et saintement émus,
Nous croyons voir, du ciel, un juste, un des élus;
Et, dans notre candeur, et d'une foi sincère,
O mon Dieu! disons-nous, laisse-le sur la terre!
Oh! laisse-le long-temps encore parmi nous,
Répandre ta parole, apaiser ton courroux;
De ta voie, ô Seigneur, nous aplanir la route;
Verser un peu de baume en l'âme qui t'écoute
Y faire naître encor espoir et repentir,
Afin de te forcer, mon Dieu, de la bénir.

Pauline Vermersch.

LA JEUNE MALADE.

ÉLÉGIE.

1850.

I.

« Vois, mère, autour de nous le printemps radieux
Montrant son diadème, et charmant tous les yeux
   Avec sa parure fleurie ;
Sous un rayon d'espoir mon cœur vient de s'ouvrir :
Quand tout rit près de moi, je ne dois pas mourir,
   N'est-ce pas, ma mère chérie ?....

» Que m'importe l'arrêt de ces graves docteurs
Avec leur front sévère et leurs airs scrutateurs ?....
   Non, non ; je ne veux plus les croire ;
Ils semblent avec eux emmener le trépas,
Et tu pleures toujours lorsqu'ils t'ont parlé bas :
   Fi des hommes à robe noire !

» Mourir..... le vilain mot ! Mourir..... le triste sort !

Mère, je ne veux pas des baisers de la mort,
  Pour vivre je m'éveille à peine ;
J'aime mieux, dénouant mes blonds cheveux au vent,
Comme mes jeunes sœurs être belle, et souvent
  Danser et jouer dans la plaine !

» Mes compagnes jamais n'ont cet air soucieux ;
Elles vont par milliers folâtrer sous les cieux
  Comme une troupe d'hirondelles ;
Et moi, dont la jeunesse est vide de plaisirs,
Moi la plaintive enfant, la vierge aux purs désirs,
  Ne puis-je être heureuse comme elles ?....

» Dans le pieux espoir qui sourit au malheur,
Je me dis que la mort c'est un monde meilleur
  De félicité sans mélange ;
Mais vainement je puise aux sources de la foi ;
Mon bonheur est le tien ! mon ciel est près de toi !
  Ne dois-je pas être ton ange ?....

» Ai-je offensé le Dieu qui compte tous nos jours ?
Je ne crois pas avoir de profanes amours !
  Pourquoi ne suis-je plus bénie ?....
Dès qu'au réveil des cieux la jeune aube a relui,
Quand les fleurs ont prié, ma prière vers lui
  Elève un soupir d'harmonie !....

» J'aime, j'aime la vie !.... Et pourquoi ? Pour t'aimer
Et pour respirer l'air qui vient nous embaumer ;
  Pour voir folâtrer les nuages ;
Pour entendre la brise au murmurant concert ;

Pour parcourir les bords du fleuve, où l'arbre vert
Fait trembler ses folles images.

» J'aime, j'aime la vie !.... Entends-tu les oiseaux
Cachés dans la nuée.... ou dans les arbrisseaux
   Modulant leurs chansons perlées ;
On dirait un écho des accents d'Ariel ;
On dirait, n'est-ce pas ?.... que les lyres du ciel
   Sur la terre se sont parlées.

» Je renais au bien-être.... et ces jeunes chaleurs
Ont de mon front plissé coloré les pâleurs,
   Loin d'ici larmes et souffrance !
Voici le jour ! fuyez, ô vapeurs du sommeil ;
Comme le lys qui brille aux rayons du soleil,
   Je brille aux feux de l'espérance.

» Ecoute, bonne mère ; et ne me gronde pas
Si pour d'aimables soins je veux fuir le trépas ;
   Souvent je m'exalte et je rêve ;
Et je me sens frémir d'un pur enivrement,
Quand pour mon jeune cœur je cherche un cœur aimant,
   Je veux que le songe s'achève !

» Vivre.... comme c'est doux ! — Parfois dans mon miroir,
Quand je ne souffre pas, je désire me voir,
   De ma frêle image charmée ;
Pardonne si je vois, en rayonnant d'orgueil,
Les flambeaux de l'hymen avant ceux du cercueil.
   Je suis belle pour être aimée.

» Je ne foulerai pas les chemins du tombeau,

Avant que ma jeunesse éteigne son flambeau,
Et que mon âme soit glacée ;
Ce n'est qu'après avoir, durant les jours entiers,
Folâtré dans la vie, exploré les sentiers,
Qu'on se couche froide et lassée.

» Et l'hiver, quand le ciel sombre et décoloré
N'aura plus ses ardeurs ni son temple doré,
J'aurai les brillantes conquêtes ;
Et versant les parfums au flot de mes cheveux,
De mille cavaliers je cueillerai les vœux
Au milieu du printemps des fêtes.

» L'hiver, tu me verras dans mes vives couleurs
Avec mes blancs habits, ma couronne de fleurs
Sur le front chastement posée ;
Et tressaillant soudain d'un émoi virginal,
Je m'épanouirai dans les serres du bal,
Tes larmes seront ma rosée.

» Mais avant les beaux soirs j'aime bien mieux encor
Les beaux jours, l'horizon tendu de pourpre et d'or,
Les verts tapis de la prairie ;
Tout s'éveille et revit sous le regard de Dieu :
Au bonheur de t'aimer je ne puis dire adieu,
N'est-ce pas, ma mère chérie ?.... »

. . . .

II.

Ainsi parlait l'enfant ; et sa mère écoutait

La malade aux yeux bleus qu'un beau jour dilatait ;
  Comme elle oubliant ses alarmes,
Elle voulait répondre à son naïf espoir ;
Sur ses traits maternels on pouvait entrevoir
  Un sourire mouillé de larmes.

Elle croyait à peine à cette guérison
Qu'inspire le parfum des fleurs et du gazon,
  La beauté du jour qui s'envole ;
Craintive, elle songeait qu'à ses derniers moments
Une flamme a toujours ses feux les plus ardents,
  Le cygne sa voix la plus molle.

Pauvre mère !.... les fleurs ne la rassuraient pas !
Les fleurs naissent aussi dans le champ du trépas,
  Sans réveiller les jeunes âmes ;
Et le mâle soleil, aux regards fiers et beaux,
Illumine aussi bien la plaine des tombeaux
  Que la plaine où dansent les femmes.

Mère toute inquiète, elle songeait ainsi,
Quand le soir triomphant du soleil obscurci
  Souffla sa lumière dorée ;
Adieu la joie !.... Adieu le grand panorama
Qui de l'enfant souffrante une heure ralluma
  La douce prunelle azurée.

Soudain, triste victime en proie à l'oiseleur,
La malade sentit l'inflexible douleur
  Froissant son aile de colombe ;
Tremblante, elle cessa son faible chant d'oiseau ;

Sa couche hier encore était presqu'un berceau;
　　　Son lit d'aujourd'hui, c'est la tombe.

Pourquoi rêver de bal, de joyeux fiancé ?
Par l'heure de la mort ton rêve est devancé ;
　　　Adieu la terrestre chimère !
Dieu rappelle sa vierge au trône des élus,
Pour tout baiser d'amour, enfant, tu n'auras plus
　　　Qu'un dernier baiser de ta mère.

A l'heure du sommeil où les roses d'un jour
Ont leur dernier soupir et leur dernier amour,
　　　Où l'oiseau dort sous la charmille ;
Quand le ciel eut voilé ses regards éclatants,
Avec tout ce qui meurt un beau soir de printemps
　　　Mourut la frêle jeune fille.

　　　　　　　　　　　　BENJ. KIEN.

L'ORAGE.

(ATALA.)

1821

Vers cette heure brûlante où l'oiseau des forêts
Recherche la fraîcheur dans le creux des cyprès,
Où des travaux laissés au loin dans la savane
La matrone à grands pas revient à la cabane,
Suspend au savinier la crosse du labour,
Et va se dérober aux feux perçants du jour ;
Le désert fit silence, et les cieux se couvrirent ;
La lumière et le bruit à la fois s'éteignirent.
Jeté sur la nature un voile universel
Attrista les bosquets d'un effroi solennel.
La ténébreuse horreur de ces forêts muettes
Glaça les animaux jusque dans leurs retraites,
Et la terre éperdue attendit son destin.

Bientôt le sourd fracas d'un tonnerre lointain
Vient troubler le repos de la terre et de l'onde.

Prolongé dans ces bois aussi vieux que le monde,
Il en tire des sons inconnus jusqu'alors.
Du fleuve au même instant nous regagnons les bords,
Et fuyons sans retard de périlleux rivages.
Tremblants, nous avançons vers de sombres bocages.
De végétaux rampants les nœuds multipliés
D'innombrables filets embarrassent nos pieds.
Sous nos pas incertains murmure un sol humide,
Partout interrompu par un gouffre perfide.
Là, d'énormes oiseaux, des insectes ailés,
Dérobent la lumière à nos yeux aveuglés ;
Ici, le tigre et l'ours, cachés sous les ombrages,
Epouvantent nos cœurs de leurs concerts sauvages.

L'obscurité redouble. Abaissé par son poids,
Le nuage plus noir semble entrer sous les bois.
Tout-à-coup l'éclair brille et déchire la nue,
S'égare en serpentant, et s'efface à la vue.
Tandis que le retour d'une profonde nuit
De lugubres pensers agite notre esprit,
Un vent impétueux, ministre des orages,
En un vaste chaos confond tous les nuages.
La pluie en longs torrents tombe du haut des airs,
Et le ciel, traversé par de nombreux éclairs,
Fermant et coup sur coup rouvrant ses larges fentes,
Découvre un nouveau ciel et des plaines ardentes.

Sous l'effort redoublé du souffle destructeur
Dont la noire tempête anime la fureur,
La masse des forêts plie avec violence.
Spectacle plein d'horreur et de magnificence !
Tout l'orage à la fois étale ses progrès :

Sur divers points la foudre allume les forêts,
Et la flamme, élancée à travers leurs arcades,
Entoure en ondoyant leurs vertes colonnades.
Elle envahit le ciel : son affreuse lueur
Des ombres de la nuit sillonne l'épaisseur,
Et le ciel à son tour de sa foudre brûlante
Nourrit, anime, accroît la flamme dévorante.
Les éclats répétés de mille embrâsements,
Les plaintes, les clameurs, les sourds mugissements,
Le fracas des torrents lancés dans les campagnes,
Redits par les échos du ciel et des montagnes,
De la foudre et des vents le terrible concert,
Ont d'un bruit effroyable assourdi le désert.

Le Grand-Esprit le sait ! A cette heure cruelle,
Mon cœur plein d'Atala ne frémit que pour elle.
Sous l'abri d'un bouleau je m'étais retiré.
Là, mon corps, seul rempart de son corps adoré,
Pour elle recevait les eaux de la tempête,
Ruisselant du feuillage incliné sur ma tête.
Contre le tronc de l'arbre assis dans un ravin,
Je faisais revenir sous ma brûlante main,
Dans ses membres glacés la chaleur de la vie,
Et j'étais plus heureux que l'épouse ravie
Dont le sein fécondé sent depuis quelques jours
Les doux tressaillements du fruit de ses amours.

C^t. Pieters.

LA PLUME ET LE CYGNE.

ALLÉGORIE SUR LES HONNEURS.

1851.

Sur l'haleine des vents légers,
Une plume flottant au lever de l'aurore,
S'élevait dans les airs, volait, volait encore,
Du chemin des grandeurs ignorant les dangers.

Déjà voisine de la nue,
Elle planait sur l'étendue
Voyant comme des nains les chênes du vallon ;
Et de tout ce vaste domaine,
Se croyant déjà souveraine,
Elle rêvait d'unir sa vie à l'aquilon.....

Quand tout-à-coup les vents suspendant leur puissance,
L'abandonnent au sein de l'espace éthéré,

D'où sans guide, elle tombe avec son espérance,
    Sur l'onde d'un lac azuré.

Près d'elle un jeune cygne agitait son plumage
    En son vol encore incertain,
Il n'osait s'égarer au-delà du rivage
    Craignant les chances du destin.

La plume l'aperçut : « Jeune impuissant, dit-elle,
» Ton ingrate nature, à tes désirs rebelle
    » Rend stériles tous tes efforts.
    » A chacun ici-bas sa place !
» Quand je puis m'élancer dans les champs de l'espace,
» Ton modeste destin t'enchaîne sur ces bords. »

Le cygne répondit : « Être plein d'arrogance,
» Tu n'es rien par toi-même !... Emprunter leur puissance,
    » Tel est le mérite des sots !....
» Lorsque j'aurai conquis la force de mes ailes,
» Et que j'irai plâner aux voûtes éternelles....
» Toi tu seras mêlée à l'écume des flots ! »

Combien de gens ainsi, sans vertus, sans mérite,
A qui tous les honneurs paraissent dévolus !....
Le prestige, en un jour, tombe et les précipite,
Dès que de sa faveur le vent ne souffle plus.

                                  Perot.

L'HYMEN DE LA VEUVE.

A MARIE DE B***.

—
1830.
—

I.

Infidèle au tombeau!....— Vous avez oublié
Le pacte nuptial et vos serments de femme;
Vous avez dans la cendre été chercher la flamme
Et profané l'amour à votre amour lié.
Parce que d'un époux l'âme s'est élancée
Pour vous attendre au ciel comme une fiancée,
Rieuse et trahissant le sommeil d'un ami,
Vous fuyez le passé dans vos bras endormi!

C'est pour vous aujourd'hui que l'église s'apprête,
Et la fleur de l'hymen sourit dans vos cheveux;
Vous allez rallumer les flambeaux et les vœux,
Pleurer l'anniversaire avec des chants de fête!!
Un autre, mieux aimé, vous conduit par la main
Au temple où l'on vous vit naguère agenouillée;

Et si de légers pleurs votre joue est mouillée,
C'est que la joie épand sa rosée en chemin.

A peine si l'année a fini sa carrière,
Depuis que le bon maître a quitté la maison ;
Déjà le souvenir, importune prison,
Par votre impatience est réduit en poussière.
Larmes que vous versiez au chevet de l'époux,
Larmes d'un noble amour, votre source est tarie ;
Et quand vous l'oubliez, fugitive Marie,
Son âme dans le Ciel est à prier pour vous !

Mais non, vous faites bien... le deuil aux robes noires
Attristait la blancheur de vos lys printanniers,
Hélas ! et la retraite aux sévères mémoires
Vous défendait le bal et ses plus chers lauriers.
Pouviez-vous vivre ainsi, douce enfant ?... La colombe
Livre-t-elle sa plume aux brises de la tombe ?...
Pour raviver l'éclat d'un visage pâli,
Hâtez-vous de cueillir les roses de l'oubli.

Oh ! soyez radieuse, et fière, et consolée,
A vous la soie et l'or, le luxueux satin !
L'époux mort ne doit pas accuser le destin...
Il dort bien richement sous un beau mausolée.
Qu'il dorme... et vous, veillant dans vos soyeux atours,
Répondez aux soupirs du bal qui vous implore ;
Le monde se dira : « Comme elle est belle encore...
» Plus belle !... elle a changé ses fleurs et ses amours ! »

Poète, ce n'est pas que je blâme la joie,

L'hymen au pur sourire et ses enivrements ;
Toujours, vous le savez, ma jeune lyre envoie
Un écho de bonheur au baiser des amants...
Mais c'est qu'en vous voyant si légère, ô Marie,
Je sens mourir en moi la foi la plus chérie ;
J'avais cru que l'amour, dont vous suivez les lois,
Ne pouvait dans l'hymen s'allumer qu'une fois !

Mais... il n'est que trop vrai... l'amante la plus pure
A bientôt renoué la chaîne des plaisirs ;
Tout passe, change ou meurt dans la frêle nature,
Le deuil, en expirant, se transforme en désirs.
Et la veuve d'un an peut sur une autre bouche,
Tremblante, recueillir un aveu qui la touche ;
Et les doux entretiens si vite revenus
Murmurent sans la voix de celui qui n'est plus !

Sitôt qu'il a fermé sa paupière mourante
L'époux qui s'en alla sur la foi d'un adieu,
On se croit libre... oh non ! — La tombe dévorante
Ne saisit pas l'esprit qui s'élance vers Dieu.
O poète insensé... je croyais que nos femmes
A l'autel du Seigneur n'épousent que les âmes,
Et que si l'ombre chère est envolée ailleurs,
On lui garde sa foi pour les mondes meilleurs !...

Pendant qu'en cette église une grave harmonie
Fait murmurer le cœur purement agité,
Et que l'humble prière à votre âme bénie
Apporte le pardon de l'infidélité,
Permettez que j'évoque en mon coin solitaire
Vos pauvres souvenirs enfouis dans la terre...

C'est que dans ma pensée exempte de remords
Voltige avec douceur la mémoire des morts.

II.

Je n'ai pas oublié les heures d'agonie ;
Moi, son ami, j'étais près de lui... près de vous...
Ses yeux ne renvoyaient qu'une lueur ternie,
Il tenait vos deux mains... je n'étais point jaloux.
On eût dit qu'il voulût de sa force épuisée
Soutenir jusqu'au bout sa compagne brisée ;
Même dans vos pâleurs il voulait entrevoir
Un suprême rayon d'existence et d'espoir.

Il nous fit ses adieux... et l'amitié si tendre
Ne glana que les mots superflus à l'amour :
Cet adieu, gros de pleurs, je crois toujours l'entendre....
Les adieux sont cruels, lorsqu'on part sans retour:
« Ce n'est rien de mourir !... mais à sa dernière heure,
» Disait-il, voir gémir une veuve qui pleure,
» Voir tous ceux que l'on aime étouffer de sanglots,
» Quitter pour d'autres mers son navire et ses flots...

» Lorsqu'on vivait heureux sur de calmes rivages,
» Quitter un horizon tout rempli de douceur ;
» Livrer sa jeune voile au hasard des orages
» Loin d'un amour plus cher que l'amour d'une sœur !
» Non, non, je ne veux pas sonder le grand mystère,
» Je ne veux pas des Cieux, lorsque l'ange est sur terre ;

» Mais la voix du Seigneur m'appelle loin d'ici,
» Je dois vous obéir, Seigneur Dieu ! me voici...

» Et la douce compagne, hélas ! que fera-t-elle
» Sans la joie et l'hymen pour égayer le sort ?
» On nous avait parlé d'une chaîne immortelle,
» Et déjà les anneaux sont rompus par la mort.
» Qui me rendra, Marie, à tes pures ivresses,
» Tu ne dormiras plus, le soir, dans mes caresses ;
» Pourrai-je, dépouillant les voiles du trépas,
» Écarter chaque pierre où se blessent tes pas ?

» Lorsque je dormirai sous les pâles feuillées,
» Ne laisse pas chômer ma mémoire de pleurs ;
» La tombe se nourrit de rosée et de fleurs...
» Oh ! ne fais pas languir mes mânes oubliées ;
» Et je m'éveillerai dans le feuillage noir,
» Jetant mes regards bleus sur la campagne sombre ;
» La nuit je quitterai mon lit pour te revoir ;
» Viens souvent ! viens toujours ! et ne crains pas mon ombre.

» Mais la voix du Seigneur me rappelle d'ici,
» Je dois vous obéir, Seigneur Dieu ! me voici... »

— Il dit, et s'éteignit dans un dernier sourire,
Et veuve, il vous laissa dans nos humbles séjours,
Et la grande douleur vous prit dans son empire,
Vous l'avez noblement pleuré... pendant huit jours !!!
Mais le cœur de la femme est pareil à la grève,
Un rêve survenant y chasse un autre rêve,

Ainsi le mot chéri sur le sable tracé
Par les ailes d'Eole est bien vite effacé !

Qui donc rajeunira les couronnes funèbres
Pendantes sans couleur sur le froid monument !
Qui s'en ira parler au milieu des ténèbres
Au fantôme éploré qui marche isolément ?
J'irai !... mais il dira : « Ce n'est pas vous, c'est elle
» Qui devait rafraîchir ma parure mortelle ;
» Ami, pour éclairer la nuit de mon tombeau,
» Ramenez-moi l'étoile au reflet jeune et beau ! »
Oh ! le malheureux mort... s'il avait une fille,
Une mère... une sœur pour le pieux devoir ;
Mais il n'avait que vous de tendresse et d'espoir,
Vous étiez tout l'amour et toute la famille,
Moi... que puis-je essayer, pour tromper ses douleurs ?
Que dirai-je le soir à ses mânes moroses ?...
Mes roses n'auront pas le parfum de vos roses,
Mes pleurs n'auront jamais l'essence de vos pleurs.

Je ne lui dirai pas qu'à cette heure suprême,
Joyeusement bercée aux murmures flatteurs,
Vous trônez dans le monde avec un diadème,
Déployant l'éventail de vos adorateurs !...
Non, je dirai tout bas : « Cette femme timide,
» Elle n'ose venir... elle craint l'herbe humide...
» Elle a peur du silence ou du cri des corbeaux,
» Bien peur de la nuit noire et de ces blancs tombeaux !...»

Je dirai ce mot vague à son ombre irritée,
Mais elle, dédaignant mes propos superflus,

Disparaîtra soudain sous la feuille agitée,
Et du fond de l'abîme elle ne viendra plus !
Qu'importe, n'est-ce pas, ces ombres importunes ?
Qu'elles dansent leur ronde à la pâleur des lunes !
Et laissent les vivants aux salons radieux
Ressusciter, la nuit, la lumière des cieux !

III.

Mais la cérémonie est déjà terminée,
Je n'irai pas attendre avec un air moqueur
L'heureuse qui descend du temple d'hyménée,
De bénédictions mollement couronnée,
Ni jeter mon reproche à la femme sans cœur.
Poëte, j'ai parlé sans fiel ; et si je prie,
C'est pour qu'un Dieu clément vous pardonne, ô Marie !
Adieu, madame, adieu, que l'amour vous soit doux,
Et donnez le bonheur à ce nouvel époux.

Benjamin Kien.

UN MOURANT ENCORE JEUNE.

DÉDIÉ A Mlles F.....

1840.

> S'il est des jours amers, il en est de si doux,
> Hélas ! Quel miel jamais n'a laissé de dégoûts,
> Quelle mer n'a point de tempête?
> André Chénier.

Pourquoi donc opposer à ce mal qui me ronge
D'inutiles efforts ?... Pourquoi donc tant gémir ?
Pourquoi ?... l'art, je le sens, est un cruel mensonge...
Et puis Dieu l'a voulu... Je dois déjà mourir !
Quatre lustres à peine ont passé sur ma tête,
Je n'ai point encor vu tout ce que je dus voir...
Je n'ai point admiré le calme ou la tempête,
Analysé la joie ou l'affreux désespoir...
Je suis jeune, grand Dieu ! mais la cruelle tombe,
Qui vient avec horreur s'entr'ouvrir sous mes pas
N'écoute point les cris de celui qui succombe
Dans l'abîme éternel d'un éternel trépas...

Je suis jeune !... et déjà sous la mortelle étreinte,
Sous les ciseaux sanglants, dont la Parque au hasard
Vient menacer mes jours, je dois tomber sans crainte
Pour suivre de la mort le cortége blafard !...
A des jours plus nombreux ai-je droit de prétendre ?
Le trépas n'est-il point la fin de tous nos maux ?
Le pâtre fatigué de gravir ou descendre
S'étend avec bonheur sur son lit de repos !
Mais je n'ai point souffert.. Près de mère chérie,
Loin du mondain cahos sans cesse j'ai vécu,
Et sous mes premiers pas dans cette belle vie,
La joie et le bonheur c'est tout ce que j'ai vu !
Les soucis de dégoût n'ont point empli mon âme,
Le calomniateur n'a point su la flétrir,
D'un tendre amour à peine ai-je connu la flamme ?
Et si tôt, ô mon Dieu ! si tôt je dois mourir !
Si tôt je dois mourir !... Je dois quitter ma mère,
Quitter le toit chéri, témoin de tous mes jeux,
Vous quitter, jeunes sœurs, te quitter, ô mon père !
En vous disant à tous mes éternels adieux !...
Mais non !... Non... Je ne puis... Loin d'ici mort sanglante !...
Ma mère ! arrache-moi ce lugubre linceul...
Ma mère... hélas ! des pleurs, à ma fièvre brûlante
Il n'est plus qu'un secours, c'est l'horrible cercueil...
. . . .

Il dit et la fatigue à sa pâle paupière
Amena lentement un bienfaisant repos.
D'une voix presque éteinte il répétait « MA MÈRE !...
JE NE VEUX PAS MOURIR !... JE NE SENS PLUS MES MAUX.

Un jour, long-temps après, sous un ciel sans nuage,
Une mère à son fils était le doux appui.

C'était l'adolescent arraché du naufrage...
Deux anges ici bas avaient prié pour lui.

Frédéric, est-ce vrai, tu veux, pauvre poète,
Rimailler quelques vers en dépit d'Apollon,
Et tu penses qu'après tu t'orneras la tête
Du beau laurier de l'Hélicon ?
Eh bien! détrompe-toi, sur ta route fleurie
Regarde un seul instant ces gens aux bras ouverts,
Ils te présenteront des grelots de folie...
Car eux aussi faisaient des vers...

Frédéric Beck.

LA JEUNE FILLE & L'HONNEUR.

ALLÉGORIE.

1850.

Une jeune fille s'embarquait pour un lointain voyage ; elle confiait sa destinée au vaisseau qui devait la conduire, par de là des flots de l'Océan, sous le ciel enchanté d'une autre patrie où elle allait rejoindre un vieil oncle, unique et dernier parent qui lui restât au monde, car elle était orpheline.

Elle voyageait escortée de trois dons que lui avait légués sa mère en mourant : *La Fortune, les Talents & l'Honneur.*

Pendant la route, elle dit à ses compagnons de voyage : « Si quelque terrible catastrophe, ou toute autre cause
» imprévue, nous séparait, et si je venais à vous perdre, où
» pourrais-je vous retrouver ? »

La Fortune répondit : « On me rencontre partout où l'on
» me cherche, par l'union du travail et de l'intelligence.
» Souvent aussi je suis le prix honteux de la bassesse et de
» l'intrigue. Quelquefois enfin je viens m'offrir de moi-
» même par voie d'héritage à ceux qui n'ont d'autre mérite
» que de m'accepter. »

Les Talents à leur tour répondirent : « Nous sommes le
» charme de la vie, et l'on nous trouve partout où la civi-
» lisation a porté une étincelle de génie, ou un rayon de la
» pensée humaine. »

Enfin l'*Honneur* prit la parole et dit : « Quand on m'a
» perdu on ne me retrouve plus ! »

PEROT.

VERS

A UNE DAME QUI AVAIT DÉFENDU A L'AUTEUR L'USAGE DU TABAC

COMME INUTILE.

1810.

   Vous dont l'arrêt impitoyable
   Aujourd'hui cause ma douleur,
   Sachez la perte irréparable
   Que je dois à votre rigueur.
J'avais privé mon nez de nourriture,
 (Que j'avais tort de croire à vos discours !)
Mon nez souffrait une diète assez dure,
Et la souffrait depuis deux ou trois jours.
Le quatrième il tombe en étisie,
Et le cinquième il est à l'agonie.
Quel désespoir ! que de pleurs répandus !
Des gens de l'art on mande une escouade.
Vous pensez bien qu'alors c'était fait du malade,
Et qu'on pouvait le mettre au rang des nez perdus.
Je fais donc ce qu'on fait en affaire pareille :
   J'appelle un gros nez confesseur ;

On se parle et vraiment c'était une merveille
Que de voir ces deux nez converser à l'oreille
   Et des péchés et du pêcheur.
Enfin, mon pauvre nez (Dieu veuille avoir son âme!)
Expira lentement par l'arrêt d'une dame.
   Il est vrai qu'à l'enterrement
Tous les nez du canton sont en cérémonie
Venus me témoigner leur triste étonnement
De voir si jeune encor mon pauvre nez sans vie ;
Il est vrai que plusieurs pleuraient très-chaudement ;
Qu'un d'entr'eux, bel esprit, chef d'une académie,
Débita sur sa tombe un éloge charmant
   Plein de finesse et de génie ;
Mais vivre sans son nez est-ce contentement ?
Aussi dès que je vois le lever de l'aurore,
Je demande mon nez aux échos d'alentour ;
Et quand l'ombre du soir vient remplacer le jour,
Ma voix, ma triste voix le leur demande encore.

   Ah ! si l'on pouvait à son gré
   Echanger son nez contre un autre,
Puisque par votre arrêt le mien est enterré,
   Je vous demanderais le vôtre.
Contre ce nez charmant, façonné par l'Amour,
J'en voudrais vainement donner un en retour ;
   Mais ce soin serait inutile :
   En vous voyant vous dessaisir
   De ce petit objet mobile,
   Chacun irait vous en offrir,
   Au lieu d'un vous en auriez mille.

        C. PIETERS.

A LA PATRIE.

HYMNE.

1841.

Autel que l'on dépouille et qu'il faudrait orner,
Autel d'où l'on écarte au lieu d'y ramener,
Patriotisme, hélas ! dont les flammes trop pâles
S'éteignent sous les mains des tremblantes Vestales,
Où l'âme des héros ne plane plus qu'en deuil,
Où le vieux glaive dort comme sur un cercueil,
Où des drapeaux penchés le vent tire une plainte,
Je t'embrasse aujourd'hui d'une plus vive étreinte.

Blanche statue, on dit que ton marbre insulté
Fait place au nouveau Dieu qu'on nomme humanité ;
On dit que ton saint culte était une hérésie,
Et qu'il nous faut rougir de cette idolâtrie.
— Proscrivez donc aussi le culte des tombeaux,
Des pieux souvenirs et des riants berceaux !

Vous aurez beau chanter, bardes socialistes ;

Vous aurez beau parler, avocats optimistes,
Et vous, comédiens fardés de dévoûment,
Derrière votre peur retranchés lâchement,
Qui du manteau troué d'un faux patriotisme
Voulez en vain cacher l'ulcère d'égoïsme :
Vous ne pourrez jamais rendre égaux à nos yeux
Le sol de l'étranger et le sol des aïeux ;
Vous ne verserez pas aux langues étrangères
Ce miel qu'a seul pour nous l'idiome de nos mères ;
Vous ne pourrez jamais détruire dans les cœurs
Ni le fiel des vaincus, ni l'orgueil des vainqueurs ;
Vous ne changerez pas l'instinct des vieilles races,
L'histoire fume encor de leurs sanglantes traces ;
Laissez les nations marcher dans leur chemin,
Ou, pour les réformer, changez le cœur humain.

Conservons, conservons les vertus anciennes,
L'ombrageuse fierté des âmes citoyennes,
Le respect des grands noms, trésor du souvenir,
Chaîne dont le passé nous lie à l'avenir.

N. Martin.

SONNET.

1842.

Abandonner la ville, et vivre au fond d'un bois,
Pour retremper mon âme à l'air pur du village ;
De mon passé bruyant déchirer chaque page ;
Sous le chaume, oublier nos fêtes d'autrefois ;

Pour tout plaisir prier le soir près d'une croix ;
Avec le vieux curé, causer à l'hermitage ;
Voir revivre pour moi les jours du premier âge :
Tels étaient les désirs que je formais parfois.

…Mais aujourd'hui qu'aux champs s'écoule, hélas ! ma vie,
Combien je te regrette, ô ma ville chérie !
Avec ta noire tour, ton église, ton port,

Et ton *Hôtel des Bains* qui, sur la mer, se penche,
Comme, pour se mirer, fait une mauve blanche,
Quand son aile, le soir, bat le flot qui s'endort.

EDOUARD ST-AMOUR.

PUISSANCE DE LA POÉSIE.

ODE.

—

1827.

Imposantes forêts dont les ombres paisibles
Ont des attraits si doux pour les âmes sensibles ;
Torrents, qui du poète inspirez les accords,
Et vous, de mes plaisirs secrets dépositaires,
      O vallons solitaires !
D'un ami des beaux-arts secondez les efforts.

Ainsi qu'un nautonnier qui, s'armant de courage,
Affronte le courroux des flots et de l'orage ;
Si, bravant du destin les caprices divers,
Du menaçant naufrage il a sauvé sa vie,
      S'il revoit sa patrie,
De mille cris de joie il frappe au loin les airs.

Ainsi, tout pénétré d'une audace divine,

Le poète se livre au feu qui le domine.
Si la palme des vers couronne ses travaux,
Il éprouve en son âme une extase mystique,
   Et son chant pindarique
Célèbre son triomphe en des concerts nouveaux.

O vous dont je chéris les fortunés bocages,
Laissez-moi m'égarer sous leurs sacrés ombrages,
Muses, je ne prétends qu'à vos douces faveurs ;
Trop heureux si mes vers, dictés par le génie,
   Avaient cette harmonie
Dont le touchant prestige entraîne tous les cœurs !

Ah ! le mortel admis dans votre sanctuaire,
Ne voit dans les grandeurs qu'un bien trop éphémère :
Fier d'être initié dans vos divins secrets,
Il fuit les vains plaisirs d'un vulgaire frivole ;
   La gloire est son idole,
Et sa lyre suffit pour combler ses souhaits.

S'il est parfois en butte à des peines cruelles,
Il chante, et, consolé par ses muses fidèles,
Il se sent enivré d'un délire brûlant.
Ce n'est point à prix d'or que son bonheur s'achète :
   Le laurier du poète,
Voilà l'unique prix qu'implore son talent !

De mourir tout entier le sentiment pénible
Excite les transports de son âme sensible ;
Et le mène au sentier de la célébrité.
En quittant cette vie, il espère renaître :

Il veut enfin transmettre
Un souvenir illustre à la postérité!

Son audace s'enflamme au milieu des obstacles.
Le génie a souvent enfanté des miracles
Sous le poids accablant d'un sort plein de rigueur.
Tel l'astre des saisons obscurci de nuages,
Dans le sein des orages
Accroît de ses rayons la force et la splendeur.

Admirateur constant de la simple nature,
Il célèbre les champs et leur volupté pure;
Aux yeux de l'avenir il peint la vérité:
Des tyrans couronnés il confond l'insolence,
Et bénit la puissance
Des princes généreux amis de l'équité!

Des Titus, des Trajans, la bonté paternelle
De l'éclat le plus pur à nos yeux étincelle;
Des sublimes vertus et des fameux exploits,
Grâce à l'homme inspiré la gloire ressuscite;
Il chante, et le mérite
Brille d'un nouveau lustre aux accents de sa voix!

Tout plaît dans la nature aux regards des poètes.
L'existence a pour eux des voluptés secrètes
Dont la foule volage ignore les douceurs.
L'aspect du firmament les charme et les inspire,
Le monde est leur empire,
Et rien ne peut briser leurs sceptres enchanteurs!....

Que j'aime à remonter à cette époque antique

Où la Grèce, à l'abri d'un pouvoir despotique,
Vit dans l'indépendance éclater sa splendeur!
Sur ces bords si chéris des filles de mémoire,
      Le génie et la gloire
S'unissaient à l'envi pour fonder sa grandeur!

Je crois la voir aux jours de ses fêtes brillantes,
Offrir aux vrais talents des palmes triomphantes
Et bénir les éclairs des sublimes écrits.
Ce touchant souvenir me sourit et m'enflamme;
      Il agrandit mon âme,
J'élève mon regard, et souvent je me dis :

O France! puisses-tu, de revers affranchie,
Des trésors les plus doux voir ta rive enrichie
A l'ombre de la gloire et de la liberté!
Dans ton sein qu'à jamais le flambeau salutaire
      D'un règne tutélaire
Verse sur tes enfants une auguste clarté!

Au mérite surtout, noble dispensatrice,
Révèle ta grandeur en lui rendant justice;
Seconde avec orgueil ses inspirations;
Allège-le toujours du poids de la misère;
      Le soleil qui t'éclaire
Au talent créateur doit ses plus doux rayons!

Ces monuments pompeux dont l'altière opulence
Eblouit nos regards d'une vaine apparence,
Sous le fardeau des ans doivent s'anéantir;
Le génie, ici-bas, seul bravant leurs outrages,

Debout devant les âges,
Oppose un front vainqueur aux siècles à venir!

Illustres écrivains dont les œuvres sublimes
Vous élèvent au rang des héros magnanimes,
Recevez mon encens au céleste séjour :
Devant vos noms sacrés, ô Virgile! ô Racine!
    Le monde entier s'incline,
Et votre souvenir s'agrandit chaque jour!

Les plus puissants Etats sous le soleil s'effacent;
Les générations se succèdent et passent;
Mais de votre flambeau le pouvoir immortel
De ce globe ébranlé traverse les orages,
    Et vos nobles ouvrages
Dans notre âme attendrie ont un culte éternel!

Tant que du haut des cieux l'astre de la lumière
Imprimera la vie à la nature entière,
Le chantre d'Ilion, à jamais respecté,
De l'éternel tombeau perçant la nuit profonde,
    Planera sur le monde,
Environné de gloire et d'immortalité!

Illustres écrivains! que dans ma solitude
Vos accords ravissants soient mon unique étude.
Ecartez loin de moi le mensonge et l'erreur,
Comme pendant la nuit, au bord du précipice,
    Une lueur propice
Eloigne du danger le tremblant voyageur.

Et toi dont le nom seul et m'enflamme et m'inspire,

Lorsque j'ai célébré tes attraits sur ma lyre,
L'illusion sans doute a trop su m'abuser :
J'immortaliserais ta mémoire chérie,
  O ma tendre Egérie!
Si mes feux suffisaient pour l'immortaliser!

     H.-A. GOUTTIÈRE.

ODE AU PRINTEMPS.

TRADUITE DE CLÉMENCE ISAURE, MAITRESSE EN GAIE SCIENCE,

FONDATRICE DES JEUX FLORAUX (15e SIÈCLE).

1825.

Printemps, ô doux Printemps, jeunesse de l'année,
Qui des combats des vers nous donnes le retour,

Tu brilles dans nos champs la tête couronnée
Des fleurs à conquérir par le gai troubadour. (1)

De la mère du Christ, reine et vierge adorable,
Chantons, dans ce beau mois (2), la pieuse douleur,
Quand son œil, révélant une angoisse ineffable,
Vit sur l'indigne croix expirer le Sauveur.

Toulouse! ô ma patrie! à toi-même fidèle,
Offre au poète expert la palme du savoir;
Mérite à tout jamais sa louange immortelle,
Conserve à tout jamais et noblesse et pouvoir.

Enivré du présent, souvent l'orgueilleux pense
Qu'il sera dans les vers toujours glorifié:
Pour moi, je le sais bien, le renom de Clémence
Des jeunes troubadours sera vite oublié.

Telle éclose au matin, la rose printanière,
Que tourmente bientôt l'aquilon de la nuit,
Meurt, et le souvenir de sa grâce éphémère
Sur la terre à l'instant avec elle est détruit.

C. PIETERS.

---

(1) Ces fleurs étaient l'amaranthe, l'églantine, la violette, le souci et le lys.

(2) Le mois de Marie.

EN PLEINE MER!...

CHANT D'AMOUR.

1850.

La nuit aux yeux d'argent pleure sur l'eau tranquille;
La vague a des soupirs comme une jeune fille
    Que berce un mot flatteur;
Dans le firmament bleu les étoiles fidèles
Brillent patiemment, comme des sentinelles
    Auprès du Créateur.

O nuit!... pour le penseur que de sources fécondes!
Heureux qui peut ainsi contempler tous les mondes
    Du sein de l'Océan;
Au-dessus de nos fronts se courbe un ciel immense,
Sous nos pieds agités murmure et se balance
    L'écume d'un géant!

Marche, mon fier vaisseau, sans craindre les tempêtes!

Après la douce nuit qui brille sous nos têtes,
  Espère un doux soleil ;
Le vent mélodieux qui gonfle la voilure,
C'est le souffle léger de la belle nature
  Qu'engourdit le sommeil.

Nochers, endormez-vous ; rameurs, laissez vos rames ;
Ne craignez plus l'auster, ni la fureur des lames
  Sources de votre émoi ;
Bercés dans vos hamacs, dormez jusqu'à l'aurore ;
Pour vivre de bonheur je dois veiller encore,
  Mon ange... viens à moi !

Viens, ma Stéfannia, mon ardente sultane,
Effleure de tes pieds le pont de ma tartane,
  Sans craindre un œil jaloux ;
Ici je suis le maître... et toi la souveraine !
Et mon amour est grand comme l'humide plaine
  Qui joue autour de nous.

Viens, fille de la Grèce, enfant des nobles rives
Où le soleil colore avec ses flammes vives
  La femme et l'oranger ;
Fille du sang d'Argos dont les généreux frères
Ont toujours secoué dans leurs mâles colères
  Le joug de l'étranger !

Parais, Stéfannia !... que j'admire en extase
Ta tunique aux plis d'or, et l'écharpe de gaze,
  Folâtre pavillon ;
Et le turban soyeux penché sur ton oreille,

Et ton poignard qui joue, ô ma piquante abeille,
Le rôle d'aiguillon.

Qu'à l'appel des amours ta parole réponde :
N'entends-tu pas frémir les déesses de l'onde
Dans leurs asiles frais ?
Avec moi qui te prie, avec moi qui t'adore,
La Naïade, ta sœur, va répéter encore :
« Stéfanula, parais ! »

Quand je t'admire ainsi dans la nuit vaporeuse
Blanche comme Gysèle et comme elle amoureuse,
Est ce un charme trompeur ?...
Es-tu cette danseuse au sourire perfide ?...
Dis, ô ma frêle amante, es-tu nymphe ou sylphide,
Es-tu femme ou vapeur ?...

Vois parmi les rochers cette masse pareille
Au géant de la mer qui sur les eaux sommeille,
Spectacle solennel !
La fière Liberté couvre son flanc qui saigne,
C'est la Grèce qui dort !... la Grèce qui se baigne
Les pieds dans l'Archipel.

Quoi ! la fatalité qu'en ce moment tu braves
Voulait faire languir au milieu des esclaves
L'ardeur de tes printemps.
Ta jeunesse au bonheur venait d'être enlevée,
Stamboul t'avait reçue, ô vierge réservée
Au harem des sultans.

Déjà fumait pour toi l'encens des cassolettes,

A toi le cachemire, et les fines toilettes,
  Et les riants loisirs;
Respirant l'air qui brûle aux frontières d'Asie,
Tu semblais t'enivrer avec cette ambroisie
  Que versent les plaisirs.

L'onde des bains ambrés jouait sur ta peau fine,
A te voir l'on eût dit cette houri divine
  Que le Coran promet;
Subissant du harem l'influence maudite,
La chrétienne voulait être la favorite
  Des fils de Mahomet!...

Mais l'éclat des palais cachait mal l'esclavage,
Et le plaisir n'était qu'un voile pour l'outrage
  Dont s'émut ta fierté;
De ta molle prison les hontes sont finies;
Tu suis, en me suivant, les deux meilleurs génies:
  Amour et Liberté!

Et nous fuyons Stamboul, la tiède capitale
Où l'Europe a déjà l'allure orientale,
  Ce luxe tant rêvé;
Où le maître royal qui loin de nous respire
Entre mille beautés veut partager l'empire
  De son cœur énervé.

Nous voguerons ainsi plus loin que ta patrie!
Jette aux vents un baiser pour la Grèce chérie,
  Jette un adieu là-bas;
Chez toi la Liberté n'est pas encore à l'aise,

De l'Ottoman vaincu la menace lui pèse :
   A nous d'autres climats !

Où sont-elles, hélas ! les cités colossales
Dont les murs ont servi de pierres sépulchrales
   Au Perse terrassé ?
Athènes l'amoureuse et Sparte la guerrière...
A peine on lit ces mots écrits dans la poussière,
   Au soleil du Passé.

Et Corinthe aux deux mers, et Thèbe, et Salamine,
Grands noms ! vous n'êtes plus qu'une grande ruine
   Aux superbes échos ;
Et la Grèce aujourd'hui, cette ombre d'elle-même,
Avec ses jeunes fils, que couvre un deuil suprême,
   Pleure ses vieux héros !

Ma patrie est à toi... je te l'ai destinée,
Quand nous aurons franchi la Méditerranée,
   Ce périlleux torrent,
Au bout des nappes d'eau qui couvent tant d'orages,
Tu verras mon soleil, mon toit, mes chers rivages :
   La France nous attend !

Ce n'est pas un pays d'éternelles verdures ;
Là point de pommiers d'or aux neigeuses parures
   Pour toujours embaumer ;
Les printemps y sont courts comme l'amour des femmes ;
Mais l'on n'y connaît pas d'esclavages infâmes
   Et l'on y peut s'aimer.

Ensemble on peut aller dans les bois solitaires

De la feuillée en pleurs écouter les mystères,
Les vagues bruits du soir ;
Sans voir poindre, au milieu des ombres diaphanes,
L'espionnage vil et les regards profanes
De l'eunuque au front noir.

Mais un autre péril nous guette au sol de France ;
Là règnent sur nos cœurs les lois de l'inconstance
Dont le sceptre est puissant ;
Trop de fois ce démon qui joue avec nos larmes,
Au concert des baisers mêlant le bruit des armes,
A pleuré dans le sang !

Parler de trahison près de toi... quel blasphême!
Le mot qui me console et m'enivre : « Je t'aime ! »
Chasse le doute amer ;
Laissons, Stéfannia, ma jalouse folie,
Et viens unir les sons de ton luth d'Eolie
Aux chansons de la mer.

Suivons à deux, suivons l'essor de nos pensées ;
Que nos âmes au ciel s'envolent fiancées ;
Le ciel est leur séjour ;
Notre temple est l'espace aux arches triomphales,
Les mondes ont pour nous des lampes nuptiales,
Les eaux, des chants d'amour.

Que le velours des airs enveloppant ta lyre
Vienne amollir encor l'accent qu'elle soupire
Sur les flots endormis ;
L'avenir est d'azur comme la nuit sereine,

Sois ainsi tour à tour ou l'esclave, ou la reine
De ton amant soumis.

Diamants de la nuit, étoiles, perles fines,
Versez un blanc reflet des parures divines
    Au front de ma beauté ;
Forme aux souples contours, silhouette d'amante,
N'es-tu pas, n'es-tu pas une image charmante
    De la divinité ?...

Ainsi, trompant l'ennui des longues traversées,
Par mille voluptés nos âmes sont bercées
    Dans cette douce nuit ;
Marche, mon fier vaisseau, sans craindre les tempêtes,
Un bon génie est là qui veille sur nos têtes...
    Et l'amour te conduit !

                        Benjamin Kien.

LES GAGES D'AMOUR.

—

1823.

—

M'AIMES-TU, cher Alphonse ?
— T'aimer toute ma vie est ma seule réponse.
— Les hommes sont, hélas! si changeants, que vraiment
   C'est peu de chose qu'un serment.
Tu m'aimes, je le crois, mais, cher Alphonse, un gage
Pourrait à notre amour donner plus de valeur.
Tiens, reçois cet anneau que m'a donné ma sœur;
Il servira le jour de notre mariage.
      Quant à moi je ne veux
      Qu'une mèche de tes cheveux.
— Coupe-la, chère amie. — Ah! quel bonheur suprême
« Je suis sûre, à présent, que mon Alphonse m'aime! »

   C'était ainsi que la jeune Aglaé
A son char espérait enchaîner un volage.
      Hélas! trop crédule beauté,
Dans ce siècle pervers, de la fidélité
      Tu te faisais une bien fausse image!

Quelques jours écoulés, une indiscrétion
  Apprend à l'amante alarmée
  Qu'une nouvelle passion
Dans le cœur de l'ingrat déjà s'est allumée.
  Chez sa rivale elle court au moment
   Où son perfide amant
   Jurait à cette belle
   Une ardeur éternelle.
 « O ciel ! n'en croyez rien, dit-elle,
Il m'en jurait, hier, autant qu'à vous....
Cruel, dis, qu'as-tu fait de ce gage si doux ?...
— Quel gage ? — Mon anneau. Rends-le-moi, je l'exige !
— Quel anneau ? — Mon anneau. — Je ne l'ai pas, vous dis-je.
— Tu rougis, je le vois, de faire des aveux ;
Mais je vais te confondre : A qui sont ces cheveux ?
— Ce ne sont pas les miens. — Tu peux nier ce gage ?
  Tu veux me faire un si sanglant affront !
   En vérité, j'enrage.
Quoi ! je n'ai pas coupé ces cheveux sur ton front ?
— A m'accuser ici votre esprit est trop prompt,
  (Répond Alphonse en découvrant sa nuque)
Depuis dix ans, voyez, je porte une perruque !

        Victor Simon.

MAUPERTUIS A DUNKERQUE.

1835.

Un de nos correspondants d'un département voisin nous a dernièrement adressé en communication une lettre écrite, il y a justement un siècle, à un de ses aïeux par un habitant de Dunkerque, et qui venait d'être trouvée parmi de vieux papiers de famille. Il nous laisse la faculté de la publier, et nous profitons d'autant plus volontiers de l'autorisation, que ce document fournit des détails sur un fait bien connu, bien réel, mais dont les circonstances sont aujourd'hui assez généralement effacées de la mémoire ou sont même tout-à-fait ignorées. Voici cette lettre :

« Dunkerque, le 3 mai 1736.

» Monsieur et ami, vous m'avez mandé par le dernier ordinaire que vous aviez ouï dire que les académiciens envoyés au Nord pour mesurer le degré le plus septentrional du méridien qu'il leur fût possible, devaient s'embarquer à Dunkerque, et que vous désiriez beaucoup savoir de moi quelques particularités de leur séjour et de leur départ d'ici.

Votre passion pour les sciences, qui vous a toujours fait prendre un si vif intérêt à tout ce qui touche leurs progrès, motive mieux sans doute votre demande que mon aptitude à y satisfaire; je tâcherai du moins de suppléer à mon insuffisance par de la bonne volonté.

» Ce n'est pas à vous, Monsieur et ami, que j'ai besoin de retracer la cause de l'expédition projetée. M. Newton, vous savez, a démontré que la terre est aplatie vers les pôles; les degrés mesurés en France par M. Cassini semblent prouver, au contraire, un alongement sensible. Pour résoudre une question qui agite si fort le monde savant, et divise même l'Académie des sciences, il faut mesurer deux degrés au méridien de la latitude la plus différente, parce que s'il y a croissance ou décroissance vers les régions polaires, la différence entre ces deux degrés en ressortira plus grande et plus saisissable, et prouvera mieux l'extension ou la dépression des pôles. M. de la Condamine est parti l'année dernière, avec d'illustres collègues, vers l'équateur pour faire des expériences au sommet des Cordillières. MM. de Maupertuis, Camus, Clairaut et Lemonnier, auxquels sont adjoints M. Celsius, de Suède, et M. l'abbé Outhier, devaient se rendre cette année-ci, par Dunkerque, au golfe de Bothnie, afin de s'y livrer aux opérations dont ils sont chargés de leur côté.

» Ces Messieurs étaient à Dunkerque vers la fin d'avril. M. Celsius, le fameux astronome d'Upsal, déjà connu par les voyages que lui a fait exécuter le roi de Suède, et que notre cour a commis pour accompagner les savants de France, est venu le 30 les rejoindre, apportant de Londres des instruments qu'il avait promis d'y faire construire. Nous avions de compte fait dans nos murs six grands mathématiciens, chargés de remplir une mission importante, objet de l'attention générale et de toutes les conversations, à cause de l'influence qu'elle doit exercer par ses résultats sur l'astronomie et sur la navigation, et ces mathématiciens, c'est l'envie d'être utiles qui les remplit du courage nécessaire pour terminer la plus difficile entreprise; c'est le dévoûment à la science qui leur donne la noble ardeur, mère du succès.

» Le magistrat n'est pas resté étranger à la sensation universellement causée par cet événement, et M. le grand-bailli Faulconnier a offert à ces messieurs toutes les facilités et tous les services qui étaient en son pouvoir. Il les a invités à dîner chez lui avant-hier mardi 1er mai, veille de leur départ. Ils tâchaient de s'en excuser en alléguant les occupations nombreuses que leur donnaient les derniers préparatifs; mais il a vaincu leur résistance avec ces manières pressantes et polies que vous lui connaissez, et ce digne parent m'ayant fait l'honneur de m'engager à profiter de cette occasion pour les voir et les entendre, je me suis trouvé avant-hier à midi dans son salon où ils étaient déjà réunis.

» Je n'oublierai jamais M. de Maupertuis, le chef et l'auteur de l'entreprise. Perruque tantôt à droite, tantôt à gauche, et toujours de travers; tête et regards continuellement agités; œil rond et petit; nez écrasé; air inquiet, distrait, précipité, tout cela constituait bien le savant le le plus singulier, le plus vif qu'il y eût, je crois, au monde. Il est membre de l'académie des sciences de Paris et de la société royale de Londres. On dit qu'il ira loin, mais que ce ne sera pas d'une marche paisible, ni pour son bonheur. M. Camus, aussi membre de l'académie des sciences, est à peu près de l'âge de M. de Maupertuis, c'est-à-dire qu'il a de 36 à 38 ans. M. l'abbé Outhier est fort recommandable, à ce qu'il paraît, par ses connaissances astronomiques; il est chargé de rédiger la relation du voyage. M. Celsius, leur sera à tous d'une grande assistance, étant du pays dont ils doivent atteindre la partie nord. MM. Clairaut et Lemonnier, le croiriez-vous? sont de tout jeunes gens dont l'un n'a guère plus de vingt ans, mais des jeunes gens de la trempe de feu M. Pascal. Ils ont déjà mis au jour des ouvrages qui feraient honneur à des vieillards, et leur extrême jeunesse retarde seule leur admission à l'académie, qui, en attendant, les associe à ses travaux. L'expédition roule en bonne partie sur eux. Il y avait encore chez M. le grand-bailli, M. de Sommereux, secrétaire, et M. d'Herbelot, dessinateur de l'expédition, en outre quelques honnêtes gens de notre ville.

» Le dîner a été amusant, mais trop court. M. de Maupertuis a eu beaucoup d'esprit; mais on ne saurait le lui envier. Il paraît trop malheureux quand il ne voit point ses saillies appréciées, ni l'auteur écouté avec la déférence due, dans son opinion, à son génie supérieur; c'est payer cher l'avantage d'en avoir. Mon digne parent a fait tomber successivement l'entretien sur les sujets qui devaient plaire à ses savants convives. Il a rappelé à M. de Maupertuis ses liaisons avec les frères Bernouilli; il a félicité M. Lemonnier sur la publication qui date déjà de ses *Observations sur Saturne*, et sur la publication récente de sa *Nouvelle figure de la lune avec la description de ses taches*. Il a fourni avec adresse à M. Clairaut l'occasion de parler des comètes. Pour celui-ci il est aussi doux que mesuré; il s'exprime avec grâce, et ne prend la parole qu'à propos. Rien d'étourdi, rien de léger dans cette tête forte mais calme, et s'il n'y eût été provoqué par les objections un peu tracassières de M. de

Maupertuis, il n'aurait pas sans doute soutenu avec quelque vivacité, quoique sans impatience, ce qu'il espérait, disait-il, prouver un jour par des calculs, que les comètes, nonobstant les opinions reçues, sont aussi anciennes que le monde, soumises, comme les autres corps célestes, à des lois universelles, et que, par exemple, d'après ses supputations, il en reparaîtra, en 1759, une qui se montrera de nouveau 75 ou 76 ans plus tard, c'est à savoir : en 1834 ou en 1835 ; ce qui nous a fort étonnés.

» Une personne assez considérable de notre réunion, touchée probablement de l'âge tendre de MM. Lemonnier et Clairaut, hasarda quelques remarques sur les fatigues et les dangers de cette lointaine excursion ; mais M. Lemonnier, qui semble avoir une âme de feu et un goût exclusif pour les sciences, l'interrompit en s'écriant que nul de ses associés ne se dissimulait les obstacles qui traverseraient leur mission, les privations qu'ils auraient à endurer, la lutte qu'ils devraient soutenir avec le climat, avec la nature, avec les êtres animés ou inanimés. « Je sais, continua-t-il, que M.
» le comte de Castéja, ambassadeur de France à Stockholm,
» se propose de nous présenter au roi de Suède, et que ce
» prince parle de nos projets de manière à prévoir qu'il
» essaiera de nous en dissuader. Nul de nous ne se fait illu-
» sion. Nous croyons pouvoir opérer sur les bords du golfe
» de Bothnie, et peut-être nous faudra-t-il nous enfoncer
» dans l'intérieur de la contrée, dépasser le cercle polaire,
» combattre ces terribles mouches de Laponie, qui, dit-on,
» tirent le sang à chaque coup qu'elles donnent, et feraient
» périr un homme sous leur nombre ; ces oiseaux de proie,
» qui enlèvent, comme les harpies d'Énée, les mets des
» voyageurs ; franchir des cataractes ; dénuder à coups de
» haches les sommets boisés des montagnes ; braver un froid

» assez meurtrier pour faire perdre un bras ou une jambe
» aux indigènes, un froid continu de 30 degrés ; mais qu'im-
» porte, pourvu que nos expériences réussissent ! La question
» à résoudre n'est point une de ces vaines recherches de
» philosophie, qui ne sont bonnes qu'à occuper des oisifs
» ou des ergoteurs ; l'astronomie et la marine en attendent
» la solution. Nous accomplirons, Dieu aidant et avec un
» peu de constance, la tâche acceptée. » Il discourait avec
tant de chaleur, que chacun admira cette noble résolution
dans un cœur aussi jeune. M. de Maupertuis a répandu son
vin sur la nappe, de dépit, apparemment, de voir le dé de
la conversation tenu trop long-temps à son gré par un autre
que lui.

» Au dessert, nous avons bu au succès de la glorieuse
entreprise, à la santé de Louis XV qui en avait ordonné
l'exécution, de M. le cardinal de Fleury qui en avait apprécié le but d'utilité publique, et de M. le comte de Maurepas
qui avait envoyé à l'académie les ordres de S. M. pour terminer par des voyages la discussion sur la figure de la terre.
Au moment où ces messieurs se retiraient, M. le grand-bailli
leur a dit qu'il regrettait que l'histoire de Dunkerque, par
son père, s'arrêtât vers 1718, et qu'elle fût publiée depuis
six ans, et que, sans nul doute, leur présence dans cette
ville eût été un évènement aussi intéressant et aussi notable
à y relater, que le passage des plus grands souverains. M. de
Maupertuis a paru agréer le compliment.

» Le lendemain même de leur dîner chez M. Faulconnier,
le mercredi deuxième jour de mai, les illustres voyageurs se
sont embarqués. Je n'ai pas manqué, comme vous le pensez
bien, de me trouver à leur départ. Une quantité considérable de curieux était par avance accourue sur le port, et l'on

remarquait dans leur nombre beaucoup d'étrangers, tant cette expédition occupe et intéresse tous les hommes qui, à quelques lumières, joignent la faculté d'apprécier un beau dévouement! MM. de Maupertuis, Camus, Clairaut, Lemonnier, l'abbé Outhier, Celsius, et les autres personnes qui en font partie, ont bientôt paru, accompagnés de plusieurs de messieurs du magistrat et d'autres fonctionnaires de tous les ordres. Le vaisseau, petit, mais fort sûr, et muni de toutes sortes de provisions, n'attendait plus qu'eux. Il se nomme le *Prudent*, est commandé par le capitaine François Bernard, et conduit par le pilote Adam Gueustelick. M. de la Haie d'Anglemont, commissaire de la marine, avait eu soin de le tenir prêt selon l'ordre de la cour. Au moment de la séparation et des derniers adieux, un respectable vieillard est sorti de la foule, a trois fois embrassé le jeune Clairaut, et semblait avoir la plus grande peine à se détacher de lui. On m'a dit que c'était son père, mathématicien très-distingué, auteur de mémoires publiés dans les *Miscellanea Berolinensia*, à qui le fils doit tant de connaissances, et qui était arrivé la veille, pour le voir encore une fois avant qu'il s'éloignât des côtes de France. Enfin le *Prudent* a démarré et s'est mis au milieu du port. Le plus grand silence régnait sur le quai et sur le vaisseau que les spectateurs n'ont cessé de suivre parallèlement tant que l'a permis le prolongement de la jetée. Arrivé à la passe, le *Prudent*, tout-à-coup, a fait entendre le cri de *vive le roi!* chacun y a répondu du rivage, les hommes en agitant leurs chapeaux, des dames leurs mouchoirs; car il en était venu jusque-là. Le vaisseau s'est insensiblement éloigné, et en deux heures et demie a été hors de vue avec les voyageurs qu'il portait.

» Que Dieu bénisse leur entreprise! Puissent-ils triompher de tous les obstacles, surmonter tous les périls, et revenir sains et saufs en France avec l'immortel honneur d'avoir heureusement terminé leurs opérations !

» Recevez, Monsieur et ami, etc. »

On sait que le vœu, qui termine la lettre de notre compatriote, et qui était celui de l'Europe savante et civilisée, fut exaucé complètement, mais au prix de toutes les misères que Lemonnier avait admises comme possibles chez M. le grand-bailli Faulconnier, au prix de plus de souffrances encore qu'il n'en avait prévu. Les chances les plus désavantageuses se réalisèrent. Les îles et les rives du golfe de Bothnie se trouvèrent trop basses pour que tous les signaux à établir restassent, à cause de la courbure de la terre, en vue les uns des autres à la distance qu'il fallait observer entr'eux pour la détermination des triangles nécessaires. Force fut aux voyageurs de remonter le fleuve de Tornéo, depuis la ville de ce nom, jusqu'à la montagne des Kittes, par-delà le cercle polaire, et d'établir une base de 7407 toises, la seule qui jusqu'à ce jour ait été établie sur un fleuve, la seule qu'on pût mesurer sur ce fleuve glacé et couvert de plusieurs pieds d'une neige très-fine et sèche, semblable à du sablon qui roulait sous les pieds, et qui dérobait aux yeux des précipices où l'on pouvait être enseveli sous elle. Le thermomètre descendit jusqu'à 37 degrés. Le soir les observateurs montaient sur des traînaux, tout en sueur de la fatigue du mesurage, faisaient ainsi deux lieues sans action, exposés à un froid atroce qui les pénétrait, malgré les habits de peau dont ils étaient couverts. Maupertuis eut les doigts de pied gelés ; Lemonnier était déjà tombé malade. Voici ce que nous lisons dans un mémoire de Maupertuis : « Qu'on s'imagine ce que
» c'est que de marcher chargés de perches pesantes, qu'il
» fallait continuellement poser et relever dans un air si rigoureux, que la langue et les lèvres se gelaient sur-le-champ

» contre la tasse, lorsqu'on voulait boire de l'eau-de-vie,
» seule liqueur qu'on pût tenir assez liquide pour la boire,
» et qu'elles ne s'en arrachaient que sanglantes. Nous étions
» glacés aux extrémités du corps, et le travail nous mettait
» en sueur. L'eau-de-vie ne put suffire à nous désaltérer :
» il fallait creuser dans la glace des puits profonds, qui
» étaient presqu'aussitôt refermés, et d'où l'eau pouvait à
» peine parvenir jusqu'à la bouche, enfin s'exposer aux dan-
» gereux contraste que cette eau glacée pouvait produire
» dans des corps échauffés jusqu'à transpirer. »

Chacun avait fait ses observations en particulier; toutes se rapportèrent avec exactitude. La société était ce que les latins appellent *compos voti*, lorsqu'un naufrage, comme si nulle épreuve n'avait dû manquer au courage des associés, faillit en faire périr quelques-uns, et détruire le fruit des plus pénibles labeurs. Nous en emprunterons le récit à la relation de l'abbé Outhier : il s'agissait de revenir de Tornéo à Stockholm; Lemonnier, Camus, Celsius et l'abbé Outhier avaient pris la voie de terre; Maupertuis, Clairaut, de Sommereux et d'Herbelot mirent à la voile du port de Purralakti, qui est à 2 ou 3 lieues de Tornéo.

« A peine le vaisseau était parti de Purralakti, que le vent
» ayant changé pendant la nuit, ils furent battus d'une grosse
» tempête, et tout le jour suivant. Le mardi au matin, M.
» de Sommereux vit le pilote dans une grande agitation ; il
» apprit de lui que le bâtiment faisait beaucoup d'eau. A
» cette nouvelle l'alarme se répandit, et tout le monde prêta
» la main au travail. On n'avait qu'une pompe, les uns y
» employaient continuellement leurs bras, pendant que d'au-
» tres s'efforçaient, avec des seaux, de vider l'eau par les
» écoutilles. Un instant de relâche lui faisait prendre le des-
» sus. Le vent changeait continuellement. Ceux qui mon-

» laient à la hune ne découvraient point les terres ; on re-
» marquait seulement au loin de grandes plages blanches,
» qu'on prit pour des glaces flottantes sur le golfe. Cepen-
» dant le vent étant devenu meilleur vers le soir, on fit
» route à toutes voiles, sans interrompre le travail de la
» pompe et des seaux. Enfin l'on découvrit la côte de Wes-
» trobothnie. Le pilote, homme d'expérience, reconnut un
» lieu qu'il crut favorable à la résolution qu'il avait prise
» de faire échouer son bâtiment, et prit des mesures si justes
» que le vaisseau n'en reçut aucun dommage. On avait jeté
» en mer une partie des planches qui faisaient sa charge.
» Lorsqu'on fut échoué, on se hâta de mettre tout le reste
» à terre, surtout les instruments et le bagage des acadé-
» miciens. On se trouvait près d'un bois : les domestiques y
» dressèrent les tentes, et s'y établirent, pendant que M. de
» Maupertuis et ses compagnons d'infortune se rendirent
» à Pithéa. »

Après seize mois d'absence, les associés furent de retour et réunis à Paris le 20 Août 1737. Leur arrivée mit en mouvement toute la capitale. Ils furent présentés au roi et devinrent l'objet de la curiosité et des félicitations de l'élite de la société ; c'était une sorte d'ovation décernée au savoir, au courage et au patriotisme. Le 28 août, Maupertuis rendit compte à l'académie des sciences de ce périlleux voyage, et de ses immortels résultats, qui, avec ceux de l'expédition de la Condamine, de Godin et de Bouguer au Pérou, amenèrent la constatation du fait, aujourd'hui formulé en axiome élémentaire, que la terre, sphéroïde renflé à l'équateur, est aplatie aux pôles.

La cour, comme on disait alors, récompensa tant de dévouement. Les hardis voyageurs, outre les pensions académiques, dont ils jouissaient déjà, eurent des pensions spéciales dont la moindre fut de 1,000 liv. On nous permettra d'ajouter quelques lignes pour faire connaître la destinée de chacun d'eux après cette mémorable campagne.

Maupertuis, qui était né à St-Malo en 1698, et qui, de bonne heure astronome et géomètre célèbre, avait été reçu à 25 ans membre de l'académie des sciences de Paris, et bientôt après membre de la société royale de Londres, retira de son voyage au Nord un accroissement immense de renommée. En 1740, il fut appelé en Prusse pour présider et diriger l'académie de Berlin ; il suivit le roi Frédéric à la guerre, le quitta pour repasser en France, revint encore en Prusse où il eut les plus vives querelles, surtout avec Voltaire à qui ses pamphlets contre Maupertuis valurent une disgrâce éclatante et des humiliations dont il est tant question dans les écrits de l'époque. Des maladies obligèrent Maupertuis à retourner de nouveau en France ; il n'y resta que deux ans pour aller ensuite mourir à Bâle, chez les frères Bernouilli, en 1759. S'il faut en croire les rapports de ses ennemis, il ressemblait assez au portrait qu'en trace notre compatriote dans la lettre que nous avons textuellement donnée plus haut. On le vit dans des réunions où il n'occupait pas assez, selon lui, l'attention de tout le monde, se cacher et s'obstiner à demeurer derrière un paravent comme un enfant boudeur. Son caractère, son amour-propre ne lui laissèrent ni repos, ni tranquillité, durant sa vie ; il se fatiguait à force d'ambition ; il haletait après l'extraordinaire. Au reste, il obtint ce qu'il semblait désirer, et il fit parler autant de lui que saurait y parvenir un homme à très-grands talents qui cabale, se bat et publie des ouvrages.

Camus, déjà membre de l'académie des sciences, devint

successivement membre de la société royale de Londres, examinateur des ingénieurs et du corps royal de l'artillerie de France, professeur et secrétaire perpétuel de l'académie royale d'architecture et membre honoraire de l'académie de marine. Il est auteur de plusieurs ouvrages, et principalement connu par son *Cours de mathématiques*. Il mourut en 1765, âgé de 58 ans.

Alexis Clairaut se vit réputé l'un des premiers géomètres de l'Europe, couvert des distinctions les plus honorables, admiré pour le mérite transcendant de ses productions autant qu'aimé pour ses qualités morales. Il mourut en 1765, entre les bras de son père qui avait déjà vu périr 19 de ses enfants, entre autres un cadet d'Alexis, qui aurait, selon toutes les apparences, égalé son frère, et qui à seize ans, avait été enlevé en deux jours par la petite vérole.

Lemonnier ne cessa de hâter par les travaux les plus savants les progrès de l'astronomie et le perfectionnement de la navigation maritime. Il mourut à Héril's, près Bayeux, en 1799, à l'âge de 84 ans, membre de l'académie des sciences, de celles de Londres et de Berlin et de l'Institut de France.

L'astronome suédois Andréas Celsius, de retour dans sa patrie, y fit construire un observatoire à ses frais, vit sa célébrité s'étendre dans l'Europe savante, et toutes les académies s'empresser de l'admettre au nombre de leurs membres. Il est auteur de mémoires écrits, quelques-uns en latin, d'autres en suédois. Il mourut en 1744, âgé de 43 ans.

Enfin, l'abbé Outhier, indépendamment de la pension de la cour, reçut de M. de Luynes, évêque de Bayeux, son protecteur, un canonicat qu'il résigna en 1767. Il se retira dans une maison qui lui appartenait à Bayeux ; et, libre de soins et d'embarras, il partagea son temps entre l'étude des sciences et les exercices de la religion, jusqu'en 1774, époque de sa mort. Il était aussi membre de plusieurs académies. Il avait donné au public, entr'autres ouvrages, la relation de son voyage sous ce titre : *Journal d'un voyage au Nord en 1736 et 1737, Paris, 1744, fig., in-4°.*

C. PIETERS.

HYMNE A LA DIVINITÉ.

1825.

> Confitebor tibi, Domine, in toto corde meo;
> Narrabo omnia mirabilia tua.
> DAVID. Ps. 9, v. 1.

Être inconnu que tout adore,
Dieu terrible et puissant, daigne lire en mon cœur.
Si ma faible raison t'ignore,
Fuyant un monde que j'abhorre,
En toi seul désormais je mettrai mon bonheur.

Tu règnes seul sur la nature,
Le temps est est à ton gré nébuleux ou serein :
Aux champs tu donnes la verdure,
La terre te doit sa parure :
L'univers reconnaît ton pouvoir souverain.

L'onde qui fuit de ce rivage,

Le pin majestueux, enfant de nos forêts,
    Des oiseaux le brillant ramage,
    L'indiscret écho du bocage,
Tout nous dit ta grandeur, ta gloire et tes bienfaits.

    Cet astre qui, dans sa carrière,
Par sa douce chaleur fait fondre les glaçons,
    Le soleil, ô source première !
    De toi seul tirant sa lumière,
Mûrit par ton secours et dore nos moissons.

    Parfois, surpris par la tempête,
Le nautonnier tremblant te supplie à genoux,
    L'orage gronde sur sa tête,
    Tu dis... et la foudre s'arrête ;
Et les vents et les flots supendent leur courroux.

    Tu vois s'éteindre tous les âges,
Succomber tour à tour les grandes nations,
    S'écrouler leurs plus grands ouvrages.
    Immobile au sein des orages,
Toi seul survis, Seigneur, aux révolutions.

    Héros chéris de la victoire,
Dont les noms admirés de la postérité
    Ornent les pages de l'histoire,
    Abaissez-vous : mille ans de gloire
Ne sont qu'un seul instant près de l'éternité.

    L'éternité !.. mais quoi ! ma lyre

Suspend ses doux accords ! j'ai retenu mes chants !
Qui pourra jamais te décrire,
O toi ! dont le nom seul inspire
La confiance aux bons, la terreur aux méchants ?

Voile mystérieux, sombre,
D'un avenir douteux tu caches les secrets ;
Et nos conjectures sans nombre
Ne peuvent dissiper ton ombre.
Soumettons notre orgueil aux célestes décrets.

Sous la bannière protectrice
De la philosophie et de la vérité,
Loin des sentiers fleuris du vice,
Que sur les pas de la justice,
La vertu nous conduise à l'immortalité !

Bernaert aîné.

OBSERVATIONS SUR LE THÉATRE

1824.

I

MOLIÈRE. — TARTUFE

Ce fut à cause du *Tartufe* que Molière fut traité de scélérat, d'athée à brûler, de bouffon, de mauvais poète incapable de finir ses ouvrages, lesquels n'étaient que des sottises. S'il eût, en style de Cotin, chanté les vertus des hypocrites et le talent des imbéciles, ç'aurait été un soleil et un honnête homme.

La sottise inspirée par la haine, a presque du génie. Lors de l'apparition du *Tartufe*, on injuria, on calomnia Molière ; mais des injures, des calomnies sont infructueuses quand elles ne sont que passagères. La cabale fut adroite : elle injuria, calomnia sans relâche, et, à la fin, ses éternelles criailleries firent impression sur les esprits les plus droits et les plus élevés. Bourdaloue (¹) et La Bruyère (²) attaquèrent

---

(¹) Bourdaloue, sermon du septième dimanche après Pâques.
(²) La Bruyère, chapitre de la Mode.

le *Tartufe*. Voilà, sans doute, de quoi confondre la vanité de ces juges ordinaires qui, tout gagnés qu'ils sont par les clameurs d'une coterie, ne laissent pas de se croire en garde contre cette séduction et parlent d'impartialité lors même qu'ils n'en sont plus capables. Bourdaloue et La Bruyère, ces deux observateurs pleins de sagacité et de logique, attaquèrent le *Tartufe*, et ne se doutèrent pas qu'ils n'étaient que les instruments d'une cabale.

Encore Molière se serait-il cru fort heureux dans ce déchaînement presque universel, s'il n'eût dû répondre que de ses propres ouvrages; mais la charité de ceux qu'il démasquait dans le *Tartufe*, lui prêta des écrits qu'il ne connaissait même pas. Ce moyen de perdre un ennemi, exploité par des gens habiles, offre des chances de succès; Molière aurait pu en devenir la victime, si la protection éclairée de Louis XIV ne l'eût soutenu contre les assauts de la méchanceté.

Aujourd'hui le protégé, le protecteur et la meute aboyante, tout a disparu de la terre. Il ne reste que le *Tartufe*, vainqueur du temps, de la critique et de la persécution; et le souvenir même de ses détracteurs ne subsiste encore qu'à la faveur de l'ouvrage impérissable qu'ils ont attaqué : comme l'Iliade, le Tartufe donne l'immortalité à ses critiques.

Nous avons peu de poèmes dont la gloire populaire balance celle des grands monuments et des grands exploits. Le *Tartufe* est de ce nombre. Il est connu et admiré des gens illettrés, et si les savants n'en parlent qu'avec admiration, si Piron tomba dans une sorte d'ivresse en le voyant pour la première fois, ses beautés ne sont pas moins senties de ceux de l'éducation desquels la nature seule a fait les frais; et c'est le plus grand éloge d'une production des beaux-arts.

Les critiques ont fait d'excellentes remarques sur ce chef-d'œuvre, mais leur zèle les a parfois entraînés au-delà des bornes d'une juste admiration : c'est le défaut des commentateurs. La Harpe, par exemple, à propos des libertés un peu fortes de Dorine avec Orgon, assure qu'elles sont fondées sur une longue habitude de dire son avis sur tout. Cependant aucun vers de la pièce ne prouve que cette habitude fût ancienne. M. Bret allègue la faiblesse d'Orgon, pour excuser l'audace de la suivante. Orgon est faible avec Tartufe ; mais il ne l'est pas avec les autres. Il brave sa famille en donnant son bien à l'hypocrite, en forçant sa fille à l'épouser, et il ne saurait réduire ou chasser une servante qui blâme sa manie ! Molière, qui prévoyait le reproche, a soin de faire dire par Mme Pernelle, que Dorine est

Un peu trop forte en gueule et fort impertinente.

Ce palliatif même condamne les commentateurs ; car Molière n'aurait pas tâché d'excuser un mal qui n'eût point existé.

La vérité est qu'il régnait au théâtre, du temps de Molière, une nature de convention dont on s'est beaucoup écarté depuis. L'emploi des valets scélérats, des soubrettes impertinentes, qui *jure suo* se moquaient impunément du maître qui les payait et les nourrissait, rompaient ou nouaient des mariages, avaient leur franc-parler, et faisaient rire à force d'insolence, est tombé en désuétude, comme offrant une contradiction trop grande avec nos mœurs et la vraisemblance. Je confesse qu'avec le secours de ces personnages un auteur semant à propos de la gaîté dans le dialogue, savait jusqu'au bout de la pièce échapper au drame, et que les comédies du jour sont presque toutes plus ou moins larmoyantes, surtout dans la péripétie. Reste à savoir qui doit être improuvé, les anciens sectateurs d'Aristote, qui, voulant qu'on rie toujours dans la comédie, torturaient un peu leur sujet pour le présenter constamment sous un point de vue ridicule, ou les novateurs qui prétendent qu'un caractère intéressant et dépeint des couleurs qui lui sont propres, est aussi admissible sur la scène comique, fût-il gai...., comme le *Tyran domestique*.

C'est avec raison que Molière ne fait paraître *Tartufe* qu'au troisième acte. Un homme d'un caractère fourbe, dissimulé, qui n'a pas même de confident, et qui ne se découvre pas dans des monologues, doit être annoncé et décrit par les autres : car il ne dira rien, lui, qui le trahisse ; et comment le spectateur saisira-t-il l'opposition de ses discours avec ses pensées, si des renseignements antérieurs ne lui font soupçonner toute sa noirceur ? C'était donc une nécessité du sujet, c'est aussi dans la nature. Un homme adroit et profond dont les machinations vont faire éclore des évènements importants, est ordinairement précédé d'une réputation sourde qui frémit autour de lui, comme le mugissement des vagues annonce la tempête. Je ne doute pas qu'un auteur, qui prendrait Cromwell pour le héros d'une pièce, ne l'amenât sur la scène et ne le fît parler qu'après avoir fait pressentir quel il est, et avoir mis l'auditoire en état de le comprendre.

Le dénouement du *Tartufe*, qui s'opère par un moyen pris hors du sujet, a été l'objet de plusieurs critiques jusqu'aujourd'hui restées sans réponse ; car on ne peut qualifier de réponse la défense de M. Bret, répétée par La Harpe. Boileau avait proposé un autre dénouement ; c'est que Boileau croyait utile de changer celui de Molière. Il est très-vrai que, si le spectateur applaudit d'abord à la punition de l'imposteur, il ne tarde pas à trouver cette punition invraisemblable. On eût désiré qu'elle vînt de l'une des parties offensées ; mais Louis XIV en est chargé ; il a vu de suite qu'un dénonciateur muni de preuves est un coupable ; et au lieu de s'assurer dans l'instant de sa personne, il charge un exempt de l'accompagner chez Orgon, et de l'arrêter là seulement, comme s'il s'était entendu avec Molière pour faire un coup de théâtre.

La Harpe dit que c'eût été peu pour *Tartufe* d'être démasqué, s'il n'eût été puni; mais un hypocrite n'est jamais mieux puni que lorsqu'il est démasqué; ce supplice pour lui est aussi cruel que la perte des biens pour un avare, et celle des emplois pour un ambitieux. En vain se serait-il réfugié chez ses pareils en attestant Dieu et la religion; un hypocrite ne vise pas à briller chez les siens, ou à les tromper; ce serait trop difficile; ils ont tout le secret l'un de l'autre, et sans se l'être jamais communiqué. C'est au monde qu'ils veulent en imposer; et si le monde les apprécie une fois, tout est détruit pour eux, leurs espérances, leur avenir et leurs projets. Tartufe, *déplâtré* et retombant dans son indigence première, aurait-il trouvé des dédommagements dans de stériles attestations? Je conviens que le prince faisait un usage honorable du pouvoir en l'employant au châtiment d'un aussi *abominable homme;* mais cet usage est-il amené régulièrement dans la pièce? Non, de l'aveu même de La Harpe. Ce n'est donc là qu'une considération qu'il tâche de faire valoir, mais que le jugement doit apprécier. Molière, dit-on, satisfait sa reconnaissance pour Louis XIV dans ce dénouement; mais Virgile a bien trouvé moyen de satisfaire la sienne pour Auguste sans vicier l'action de l'Enéide. Molière, ajoute-t-on, contente aussi l'indignation des spectateurs, mais c'est pour blesser leur jugement après un instant de réflexion. Enfin La Harpe insinue que dans un ouvrage où le talent de Molière lui avait appris à agrandir la sphère de la comédie, *l'art* pouvait lui apprendre à franchir *les limites de l'art.* Et voilà comme on abuse d'un axiome général de littérature; car s'il trouvait ici son application, il en résulterait qu'après avoir été divin, inimitable pendant quatre actes et demi, on aurait acquis le droit d'être plus qu'ordinaire à la fin. Sans doute *l'art apprend à franchir les limites de l'art*, mais c'est pour s'élever à des beautés nouvelles. Autrement le bien autoriserait le mal, et le talent protégerait les défauts.

Loin de moi le projet insensé de faire le procès à Molière; je ne veux que signaler l'engouement mal adroit des commentateurs, qui, trop empressés de tout justifier, appellent l'attention sur des points auxquels le silence profite plus que l'apologie.

C. PIETERS.

L'HOMME ET LA NATURE.

MÉDITATION.

1840.

I

Toi qui m'as cru donner une existence amie,
Toi qui, brisant les fers de mon âme endormie,
Me fais suivre captif les chemins d'ici-bas ;
Mon Dieu, tu m'as placé dans un désert aride
Où mon cœur plein de soif est toujours sec et vide,
    Où le bonheur n'est pas !...

L'homme y perd chaque jour un rayon d'innocence,
Un souris de bonheur, un parfum d'espérance ;
Vainement il y cherche un avenir plus doux ;
Le plaisir n'est pour lui qu'un éclair, une image
Tourbillonnant dans l'air, comme un léger nuage
    Au gré des vents jaloux.

Tout ce qui nous séduit n'est qu'ivresse et mensonge...

Puis l'horizon des jours où notre regard plonge
Est si court, si borné qu'il arrive un instant
Où toute illusion s'est éteinte, où la vie
N'est plus qu'un lourd regret, une rauque agonie,
    Un spectre haletant !

— Devais-tu me lancer au sein de la carrière,
Sans m'envoyer aussi quelque peu de lumière
Qui dans l'ombre guidât mes pas mal affermis ?...
Devais-tu, j'en appelle à ta grande justice,
Faire asseoir près de moi les vertus et le vice,
    En me disant : Choisis !

Mais la pâle vertu, plaintive et tourmentée,
Par de longues douleurs languit persécutée,
Sans trouver sur la terre un bras consolateur ;
Et le vice adoré, levant au ciel la tête,
Va toujours préparant d'une nouvelle fête
    Le charme séducteur...

Est-ce ma faute après si mon âme candide
Se ternit aux vapeurs de ce monde perfide,
Si mon cœur, emporté dans ses noirs tourbillons,
Roule dans l'Océan des viles passions ?...
Ainsi le frêle esquif que bat l'onde fougueuse
Lutte contre les flots d'une mer orageuse,
Puis se laisse engloutir découragé, vaincu,
Dans l'abîme de mort vainement combattu ;
Ainsi, lorsque du soir souffle la brise impure,
La rose d'un matin voit tomber sa parure,
Et sa beauté s'effeuille, et son front pâlissant
Vers le sol refroidi se penche languissant ;

Tel le cœur des mortels se fane au vent du monde ;
Tel l'esquif de nos jours sur cette mer profonde
Lutte en vain, assailli par la vague en fureur.
Mais, dans un soir brumeux, lorsque sévit l'orage,
Pourrait-on accuser l'esquif de son naufrage
      Et la rose de sa pâleur ?...

II

Homme, si je suis roi de tout ce qui respire,
Si, me cédant l'honneur de ce terrestre empire,
Dieu m'a comblé de biens comme un enfant chéri,
Pourquoi, trompant l'espoir de ma haute naissance,
M'a-t-il si peu donné de force et de puissance,
      Pourquoi m'a-t-il fait si petit ?...

Lorsque, dans la forêt, je vois un chêne antique
Elever, noble et beau, sa tête de cent ans,
J'incline avec respect devant l'arbre gothique,
Comme pour un vieillard, mon front de vingt printemps !
Je crois entendre alors son verdoyant feuillage
Orgueilleux et moqueur murmurer : « O mon roi,
Roi mortel, roi d'un jour dont je reçois l'hommage,
Tu n'es rien, pauvre fou ; je suis plus grand que toi !
Tu rampes à mes pieds, quand ma tête chenue
Se lève audacieuse et menace la nue ;
Tu rampes à mes pieds, vil atôme, et tu veux
Que ce Dieu juste et bon qui nous a donné l'être
T'ait fait mon souverain, t'ait fait mon roi, mon maître !
Arrière, faible insecte ; arrière, ambitieux ;

Je brave ton orgueil et me ris de tes vœux... »
Ainsi parle avec lui l'oiseau qui dans l'espace,
Comme le vif éclair, libre et prenant son vol,
Suit du zéphyr léger la murmurante trace,
Quand des liens de fer me retiennent au sol ;
Ainsi parlent les monts, aux entrailles profondes,
Le tigre au fond des bois, le poisson dans les ondes,
Et les astres planant dans l'azur, et la nuit
Avec son voile noir qui nous ensevelit,
Et l'aurore nouvelle avec ses jeunes flammes,
Plus sereine à nos yeux que le souris des femmes ;
Tous les êtres enfin me disent: « O mon roi,
Roi mortel, roi d'un jour, nous sommes plus que toi ! »
Mon Dieu !... je viens ici, plaintive créature,
Te répéter les voix de toute ta Nature ;
Je viens humilié, moi, ton enfant chéri,
Verser mes pleurs amers dans ton sein et te dire:
Père, si je suis roi de tout ce qui respire,
  Pourquoi m'as-tu fait si petit?...

Que ne m'as-tu donné la stature des chênes,
Pour que je puisse aussi me dresser dans les plaines,
Beau géant sans rival, monarque sans regret ;
Que ne m'as-tu donné l'allure noble et fière
Du lion qui bondit, secouant sa crinière
  Au sein de la forêt?...

Que n'ai-je des oiseaux l'aile souple et solide,
Pour que j'aille, fendant les airs d'un vol rapide,
Saluer du matin les naissantes couleurs ;
Que ne m'as-tu donné l'essence vaporeuse

Du zéphir qui frémit sur la tête amoureuse
　　　　Et le velours des fleurs?...

Que ne m'as-tu donné la parole puissante
De la mer, aux longs bruits, qui hurle menaçante
Comme le vaste écho d'une immortelle voix;
Roi, que n'ai-je pour sceptre un flamboyant tonnerre
Pour que le monde aussi m'adore, et que la terre
　　　　Obéisse à mes lois?...

III

Telle ma plainte au ciel s'envola douloureuse
Et mon âme un instant dormit silencieuse;
Puis je fus agité d'un transport inconnu,
Comme si, m'envolant dans les airs, j'avais vu
Quelque rayon divin glisser sur mon visage;
Et Dieu me répondit dans son puissant langage:
« Homme, que ma tendresse a comblé de bienfaits,
Oh! pourquoi te plains-tu des dons que je t'ai faits?...
Si l'azur est joyeux, si la nature est belle,
Si le printemps lui donne une grâce nouvelle,
Si tout respire enfin la gaîté, les amours,
J'ai fait ce gai printemps pour embellir tes jours :
C'est pour toi que, chassant l'ombre de la nuit pâle,
L'Aurore dans les cieux conduit son char d'opale
Et que chaque matin les rayons du soleil
Viennent, riants et doux, sourire à ton réveil;
C'est pour toi que l'oiseau sur la branche ravie
Fait couler dans les bois sa fraîche mélodie;
C'est pour charmer ton âme et bannir tes douleurs

Que je fis les bosquets, tout riches de parure,
Les ruisseaux exalant leur gracieux murmure
Et les jolis zéphirs se jouant sur les fleurs.
C'est pour jeter en toi quelque mâle pensée
Que je dressai le front du noble peuplier,
Du chêne centenaire, à la cime élancée,
Faisant parler le bruit de son feuillage altier ;
Que je fis le lion si fort et si superbe
Avec son port de roi, son long rugissement,
Et le taureau fougueux qui s'élance dans l'herbe,
Etouffant le gazon sous son trépignement !
Oh ! pourquoi te plains-tu ?... N'es-tu pas fier et libre,
Tandis que la Nature, en son vaste équilibre,
Doit écouter mon ordre, obéir à ma loi,
Se courber toute entière au signe de mon doigt !
Le soleil disparaît, faisant place aux étoiles,
Quand j'appelle la nuit, ses ombres et ses voiles;
J'ordonne : tout se tait dans l'espace, et les mers
De leurs vagues en feu rentrant les mille têtes
Coulent docilement, étouffent leurs tempêtes,
N'osant plus que gémir sourdement dans les airs.

» Et toi !... tu me connais, tu penses, tu t'élèves
Dans le vol infini de tes célestes rêves ;
L'aile de ta raison est plus rapide encor
Que le vol orgueilleux de l'aigle au large essor.
Tu déchires l'espace et me vois dans ma gloire ;
Et quand je t'ai comblé de si hautes faveurs,
Quand je t'ai fait si noble, homme ingrat, peux-tu croire
Que tu ne fus créé que pour verser des pleurs ?...
A mes ordres jaloux la Nature asservie
Ne saurait exciter ta ridicule envie ;
Lève, lève ton front brillant de liberté !

Qu'importe à ta grandeur si le robuste chêne
Dresse un siècle de plus sa tête dans la plaine?
Qu'est-ce un siècle pour toi, fils de l'éternité?...

» Va! tu peux maintenant répondre à la nature :
» Je brave ton orgueil, inerte créature ;
» Je suis plus grand que toi, char brûlant du soleil,
» A qui Dieu fit sa route à l'horizon vermeil ;
» Je suis plus grand que vous, astres, cieux, terre et mondes,
» Montagnes au front vaste, aux cavernes profondes,
» Arbres vieux et touffus, lions qui dans les bois
» Elevez en grondant votre terrible voix ;
» Aigles qui, regardant l'astre du jour en face,
» Voyez notre univers comme un point dans l'espace ;
» Flots rugissants des mers qui tonnez en courroux,
» Je brave votre orgueil, je suis plus grand que vous !...
» Dieu créant mon esprit l'a créé sans entraves :
» Je suis libre, immortel !... et vous êtes esclaves !... »

— Ainsi la voix de Dieu s'éteignit dans mon cœur,
Après m'avoir touché de son accent vainqueur :
J'en cherchai vainement quelque dernière trace,
Comme lorsque, le soir, un sylphe de l'espace
Nous jette un mot d'amour, nous désirons en vain
Suivre le frôlement de son vol incertain ;
Et la douce parole en notre cœur pressée
Nous embaume l'esprit d'une tendre pensée.
Puis mon front s'inclina tout pensif, animé
D'un repentir sincère et d'une douleur sainte ;
Car Dieu m'avait fait voir qu'injuste était ma plainte,
Et je sentis alors que j'avais blasphémé !

Benjamin Kien.

ÉLÉGIE SUR UN SERIN MORT

EN RÉPÉTANT UN AIR DE SA JEUNE MAITRESSE.

1825.

  C'en est donc fait, oiseau sensible,
  Oiseau si digne de mes pleurs;
  O du sort rigueur inflexible !
  Tu chantes, hélas ! et tu meurs.
Que ne puis-je à mes vers prêter les mêmes charmes
Dont Catulle jadis embellissait ses larmes,
  Quand de Lesbie il pleurait le moineau
  Et que de fleurs il parait son tombeau !
   Vous qui formiez son doux ramage,
   Grâces, Amours, troupe volage,
Venez gémir autour de ses cyprès;
  La mort a détruit votre ouvrage :
  Si vous ne pouvez davantage,
  Donnez-lui du moins vos regrets.
  Dans les bosquets de l'Elysée
  Menez ce moderne Linus ;
  Que parmi les oiseaux connus

Sa gloire soit éternisée.
Et toi, chantre chéri, va sous leurs verts rameaux
Recueillir les honneurs réservés aux héros ;
Et du vain peuple des oiseaux
De tout sexe et de tout plumage
Y recevoir le doux hommage,
Et briller parmi tes rivaux ;
Tandis que, dévoré d'envie,
Le moineau folâtre et charmant
Qui fut tout l'amour de Lesbie,
Ira, sous une ombre chérie,
Cacher sa honte et son tourment.
Sous le beau ciel qui le vit naître
Il fut long-temps amoureux :
Il vécut plus que toi, peut-être ;
Mais comme toi fut-il heureux ?
Tu vivais libre dans ta cage,
Où jamais tu n'eus en partage
Que doux instants et doux loisirs :
Là, tes jours purs et sans nuage
Coulaient dans le sein des plaisirs :
Tes beaux vases de porcelaine
Étaient remplis de la même eau
Dont tu goûtais dans le ruisseau
Qui va fertilisant la plaine.
Lorsque Thémire à ton esprit lutin
Abandonnait sa blonde chevelure,
Tes ailes t'y portaient soudain :
Tu folâtrais dans sa coiffure,
Et c'était dans sa belle main
Que tu prenais ta nourriture.
Mais un jour, ô moment fatal !
De la douce voix de Thémire

Tu brûles d'être le rival :
Les dieux punissent ton délire,
Tu chantes et meurs sur ta lyre.
Venez gémir autour de ses cyprès,
Grâces, Amours, troupe volage,
La mort a détruit votre ouvrage :
Si vous ne pouvez davantage,
Donnez-lui du moins vos regrets.

Victor Simon.

HYMNE A JEAN-BART,

A L'OCCASION DE L'INAUGURATION DE SA STATUE,
LE 7 SEPTEMBRE 1845.

Nous léguons ton image à la postérité,
Héros que tant de fois couronna la victoire,
  Et dont l'auréole de gloire,
  Resplendit sur notre cité !

 Salut, Jean-Bart, gloire de ta patrie !
 Dans l'univers vivra ton souvenir !
 Ta noble audace et ton mâle génie
 Inspireront les siècles à venir !
 Bravant l'Europe et sa rage impuissante,
 En cent combats tu fus victorieux,
 Et ta valeur, qui semait l'épouvante,
 Conquit des mers le sceptre glorieux.

Nous léguons ton image à la postérité,
Héros que tant de fois couronna la victoire,

Et dont l'auréole de gloire,
Resplendit sur notre cité !

Une moisson, salut de notre plage,
Par le Batave est ravie à nos vœux ;
Soudain, tu cours, sublime de courage,
La disputer à ses vaisseaux nombreux.
Ta voix commande, au combat tout s'élance,
Rien ne résiste à ta bouillante ardeur,
Et ton pays, qui te dut l'abondance,
Ceignit ton front des palmes du vainqueur.

Nous léguons ton image à la postérité,
Héros que tant de fois couronna la victoire,
  Et dont l'auréole de gloire
  Resplendit sur notre cité !

Du peuple issu, mais grand par ton génie,
Tu triomphas de ton siècle orgueilleux ;
Par tes exploits tu désarmas l'envie
Des courtisans, si vains de leurs aïeux.
Ils t'ont fait noble, ils t'ont comblé d'hommages,
Mais tes hauts-faits t'ont bien mieux anobli :
Ton nom vainqueur traversera les âges
Quand leur noblesse est déjà dans l'oubli.

Nous léguons ton image à la postérité,
Héros que tant de fois couronna la victoire,
  Et dont l'auréole de gloire
  Resplendit sur notre cité !

Lorsque pour toi s'exalte ta patrie,

Viens parmi nous, de la mort fuis le seuil ;
Viens, viens, Jean-Bart, où tu reçus la vie,
Vois ces apprêts et tressaille d'orgueil.
Tout en ce lieu célèbre ta vaillance :
Entends l'airain à la vibrante voix,
Et les transports de cette foule immense,
Vivant écho qui redit tes exploits.

Nous léguons ton image à la postérité,
Héros que tant de fois couronna la victoire,
  Et dont l'auréole de gloire
  Resplendit sur notre cité !

      A DASENBERGH.

UN LEGS.

1849.

I

Dans ce siècle d'argent, comme disent nos Juvénals, il y a plus d'un cœur encore qui, voué en apparence aux soins de l'ambition et de la fortune, garde dans son sanctuaire intime, à l'abri des regards profanes, quelque idole chérie et divinisée, par le malheur ou par la mort.

Le feu de l'amour idéal est la vie même de l'âme. Sa flamme peut être comprimée, des cendres peuvent le recouvrir; mais il ne peut jamais périr. Quand la société lui jette de la glace et de l'ironie, alors il se retire dans les profondeurs de notre être, dans les replis secrets du cœur.

Soit par confidence, soit par sympathie, j'ai plongé quelquefois dans ces arcanes du sentiment, et j'en ai rapporté des perles délicates que je voudrais avoir le talent d'enchâsser... En voici une sans ornements et que je livre telle, car il me semble qu'elle peut plaire à de fins connaisseurs sans le secours de l'entourage.

Je vais donc simplement vous raconter cette simple histoire.

Valentin d'Aubercourt est un homme remarquable et intéressant, jeté comme beaucoup d'autres, à cette époque de confusion, dans une carrière en désaccord avec ses penchants naturels. Amant des doux loisirs, fait pour les arts et la poésie, il dirige à Paris... une maison de banque !

Lorsque je le connus, il y a dix ans, il était, hélas !... commis voyageur ! Je tremblais d'écrire ces deux mots, synonymes pour beaucoup d'oreilles de quelque chose comme Béotien ; mais je tiens avant tout à la vérité historique. De grâce, mes lecteurs, gardez-vous de toute prévention. Vous avez trop d'esprit pour recevoir et appliquer des jugements tout faits, pour proscrire toute une classe sur un préjugé. Valentin, je vous le répète, est un homme charmant, et de plus, aujourd'hui, un Crésus fashionable de la Chaussée-d'Antin. Vous courez à ses fêtes, célèbres par leur élégance, et plus d'une d'entre vous, qui l'aurait dédaigné naguère, trouve assez gracieux le sort de sa femme.

Si, toutefois, malgré ces explications, vous ne pouviez prendre sur vous d'accepter Valentin comme héros de roman, il y aurait encore moyen de s'accommoder ; car, à la rigueur, il n'est pas le vrai héros de cette histoire... Mais... vous verrez bien.

Quelle que fût la carrière qu'il eût entreprise, Valentin était fait pour les rangs supérieurs ; aussi monta-t-il rapidement. Bientôt il quitta le commerce pour la finance, et fut, dès son début, chargé de missions importantes pour une des maisons les plus considérables de l'Europe. Je le voyais continuellement arrivant de Londres, Vienne ou Saint-Pétersbourg, et repartant pour Rome, Francfort ou Berlin. Ainsi qu'Ahasvérus, condamné à marcher sans cesse, jamais il ne lui fut donné de pouvoir se livrer une heure à la contemplation des lieux qu'il parcourait.

Pendant un des rares intervalles de ses nombreux messages, Valentin se trouvait un jour assis auprès de moi, sous les lilas fleuris de mon petit jardin de la rue de Sèvres; et comme il se plaignait de l'arrangement de sa vie, toujours active, sans but et sans aliment pour le cœur et pour la pensée, il me vint à l'esprit de lui demander si jamais il avait pu trouver le temps d'être amoureux.

— Mon Dieu! non, dit-il vivement. Si ce n'est cependant, reprit-il avec un sourire mêlé de tristesse, si ce n'est d'une ombre.

— Comment?

— Oui, il y a quatre ans, je traversais la France avec une jeune femme, un être vraiment angélique, mais qui s'est envolé du monde au terme du voyage.

— Voilà, dis-je, un bonheur bien court pour un si long regret.

— Mais il n'y eut pas de bonheur; la femme dont je vous parle ne m'a point aimé.

Valentin et moi nous restâmes un instant silencieux. Mais j'avais senti un parfum de poésie et d'amour sous le peu de paroles qui venaient de lui échapper, et, avide de le respirer, je le pressai de me confier le rêve de son cœur.

Ce jour-là, par hasard, il avait du loisir, et il put me dire ce qui suit:

» Il faut que je compte bien sur votre sympathie, car

c'est la première fois que ce souvenir qui, pourtant, domine toutes mes pensées, va sortir de mon sein... Jusqu'ici j'ai craint de le profaner en l'exposant au plat sourire d'un vulgaire qui ne comprend pas un sentiment, un culte désintéressé ; sans doute il est des âmes qui comprennent cela ; mais elles vivent comme vous loin du monde ; le ciel ne les a pas placées sur ma route, parmi ces hommes de chiffres, ces femmes à la mode... Les femmes ! je n'en ai rencontré qu'une seule dont j'eusse ambitionné l'amour, et ce type adorable, gravé dans mon âme, me fait trouver insignifiantes toutes celles que je vois.

» Vous savez qu'orphelin, élevé par un oncle, je fus placé jeune en province pour y apprendre le commerce. Malgré l'ennui que j'éprouvai, durant les premiers temps de mon noviciat, et quelques élégies dont je me rendis coupable dans les feuilles du département, j'obtins la confiance de mes chefs, si bien qu'après quelques années j'étais à la tête des affaires et voyageais *pour la maison*, comme fondé de pouvoirs.

» Me rendant à Marseille à la fin de septembre, en 1833, je me trouvais tout seul, un soir, dans la diligence qui conduit de N.-sur-Seine à P... Cette route est délicieuse et la soirée l'était aussi ; du moins elle me paraissait telle. Après un triste hiver passé au fond des magasins, je revoyais, depuis deux jours, la nature avec enthousiasme. Émerveillé et étonné de la trouver si belle, il me semblait que jusqu'alors je n'avais pas su la sentir. Les bords de la Seine, que je côtoyais depuis mon départ, parsemés de prairies, de bois d'or et de pourpre, de vignes penchées sur les coteaux... tout me charmait, m'enchantait. Mon cœur bondissait dans mon sein de se sentir poète encore, et je me trouvais riche de ces émotions que la mauvaise fortune ne pouvait me ravir.

» Le soleil se couchait derrière la forêt de S... qui semblait nager dans une mer de feu. Penché sur la portière, dans une délicieuse expansion, je laissais mon âme s'envoler, se mêler à la brise du soir, aux parfums, aux rayons du jour expirant, s'absorber et se perdre au sein de la nature.

» Tout-à-coup trois personnes qui venaient du village de S... parurent sur la lisière du bois qui longe le chemin ; elles firent signe et le conducteur arrêta pour les recevoir.

» C'était un Monsieur et une dame âgés que précédait une jeune personne qui paraissait arrêtée pour attendre ses compagnons, elle demeura quelques instants immobile et la tête penchée. Le vent agitait sur son cou ses cheveux blonds bouclés et les rubans dénoués de son chapeau de paille ; toute sa figure se détachait sur le ciel embrâsé... Je crus voir une apparition ! Cette forme séraphyque s'harmoniait si bien avec les émotions qui m'agitaient tumultueusement qu'il semblait qu'elles se fussent personnifiées en elle.

» Ce fut avec trouble et ravissement que je lui présentai la main pour venir occuper une place dans cet étroit espace où nous allions vivre de la même vie. Elle s'assit vis-à-vis de moi, et j'eus devant les yeux le type le plus parfait de grace et de beauté. Je n'exagère point en parlant ainsi. Le temps et la mort ont mis cette figure dans son jour véritable, et elle m'apparaît telle aujourd'hui qu'alors. Fasciné, mon regard s'attachait au sien et ne pouvait le soutenir, tant malgré sa douceur et sa pureté, il avait une flamme pénétrante. Que vous dirai-je, enfin ? je fus, dès cet instant, sous un charme indicible.

» La soirée s'écoula, et je ne savais d'*elle* encore que son nom de jeune fille ; sa mère et celui que, dans ma pensée, je nommais son père, l'appelaient Nelly.

» Pendant la nuit je me créai tout un avenir enchanté. Je croyais voir dans cette rencontre une prédestination : la femme que je rêvais, qui m'était destinée, je venais de la reconnaître ! Je renversais tous les obstacles que sa famille et la fortune me pouvaient opposer, je disais : Je l'aimerai tant qu'ils me la donneront...

» Le lendemain matin j'appris que Nelly s'appelait aussi *Madame Delobel* et qu'elle se rendait à Marseille avec son mari et sa mère.

» Ainsi ce n'était pas une vie d'amour et de délices que nous devions passer ensemble, mais une semaine en diligence !

» Ancien entrepreneur de travaux publics, M. Delobel était un homme rude, commun dans ses manières; non dépourvu, toutefois, d'une sorte de bonhomie, on sentait un cœur sous sa dure enveloppe. Quant à son esprit, c'était une terre vierge de toute culture, il n'y était jamais entré que des toises et des chiffres; maintenant elle était tout à fait en jachère. Il se reposait, disait-il, de ses longs travaux après avoir payé amplement sa dette à la société; car il avait fait une jolie fortune et n'avait plus à désirer qu'un ou deux enfants à qui la laisser. C'était en partie pour cela qu'il s'était marié et qu'il avait pris une jeune femme, etc., etc., etc. Sa belle-mère, Mme Valencier, était complètement à la hauteur de ses idées et de son langage, et l'on se demandait, en les voyant ensemble, pourquoi c'était sa fille qu'il avait épousée.

» Et Nelly était un être éthéré ! Ses formes déliées, presque transparentes, les nuances délicates de son teint et de ses cheveux avaient quelque chose d'aérien et de fugitif... Son regard, le son de sa voix, ses rares et suaves paroles, tout en elle révélait une de ces âmes formées pour une de ces fleurs du ciel détachées de leur tige et tombées dans ce monde grossier qui les foule et les broie à son dur contact sans même s'en douter.

» Quel rapport pouvait exister entre une semblable femme et ceux auxquels son sort était attaché ? Elle avait beau vouloir s'assimiler à eux, à force de bonté et d'abnégation, elle était condamnée à l'isolement. La nuit elle veillait, tandis qu'ils dormaient, le jour elle lisait ou elle observait les pays que nous traversions, pendant qu'ils discouraient sur les prix des auberges, ou sur le mérite du dernier dîner. Cependant elle avait toujours un sourire prêt pour eux, mais d'affection et non de joie. Elle ne sortait guère du monde intérieur, où elle ne semblait vivre que pour leur donner quelque témoignage de sollicitude en s'occupant principalement de leur bien-être matériel, qu'elle savait trop sans doute être une grande part de leur bonheur.

» Quant au sien, je reconnus vite que c'était une autre question...

» Je pus observer toutes ces choses en fort peu de temps, car les jours valent des mois, pour l'intimité, dans un voyage fait en commun. Nul étranger d'ailleurs ne troublait cette intimité : M. Delobel ayant pris les cinq places d'intérieur restantes pour ces deux dames et lui.

» Un petit volume de poésies que Nelly portait dans son sac, et qu'elle en retirait souvent, paraissait l'occuper beaucoup. Un jour qu'elle s'était endormie, il glissa à ses pieds dans la diligence ; je le relevai, je l'ouvris, et je vis en tête le nom d'Alfred N., auteur parfaitement ignoré. Toutefois, je lus quelques pièces dont je fus ravi. J'ignorais alors combien de jeunes voix chantent dans le désert, et quand

Nelly se réveilla, je lui exprimai mon étonnement de ce qu'un pareil talent fût si peu connu.

» — Oh! monsieur, dit-elle avec émotion, n'est-ce pas qu'il devrait l'être et que c'est un grand poète ! »

» — Monsieur, ce garçon-là, fit M. Delobel, ce rimail-
» leur, c'est mon neveu. Moi, je n'ai jamais lu de vers, et
» n'ai pas envie, à mon âge, d'apprendre ce jargon; mais
» je ne crains pas d'affirmer que c'est de la fadaise, bonne
» pour des enfants comme Nelly, ajouta-t-il espièglement,
» en passant sa grosse main sur le visage de la jeune femme.
» Mon neveu est bien avancé d'avoir écrit ce livre qui coûte
» cinquante louis d'impression et que personne n'achète !
» Tandis que s'il m'eût écouté il faisait sa fortune, Monsieur;
» je voulais le lancer dans les entreprises, mais il n'y a pas
» eu moyen de l'arracher à ses chimères. Et où l'ont-elles
» conduit ? au découragement, à une mélancolie profonde..
» Le voilà maintenant qui arrive d'un voyage en Grèce !
» Nous allons le voir à Marseille, où il débarquera peut-être
» avant notre arrivée; Dieu veuille que l'expérience l'ait
» rendu plus sage, mais je n'y compte guère... »

» Pendant cette éloquente tirade, Nelly resta les yeux baissés.

» — Tenez, voyez, monsieur, reprit son mari, voyez si
» ce n'est pas dommage avec une figure comme celle-là
» d'avoir gâté son avenir ! »

» Et, en disant ces mots, il me mit sous les yeux un portrait recouvrant une tabatière en or, et qui m'offrit une tête ravissante de jeune homme, mélancolique et passionnée, mélange de Byron et de Lamartine.

» — Ce portrait est peint par ma fille, dit Mme Valencier; au moins, cela *c'est un talent dont il reste quelque chose.* »

» Nous fûmes interrompus par le conducteur qui nous invita à descendre pour gravir à pied une petite montagne. Comme Mme Valencier marchait difficilement, je lui offris mon bras et je ramenai avec intention, l'entretien sur Alfred, empressé que j'étais d'éclaircir mes doutes.

» La bonne dame ne sut guère d'abord que me répéter, et dans le même sens, tout ce qu'avait dit M. Delobel sur la fausse direction, prise selon eux, par ce jeune homme. Je désespérais d'en apprendre davantage par elle quand tout-à-coup elle s'écria :

» — Les jeunes filles sont-elles folles ! si j'avais laissé faire Nelly, elle l'aurait pourtant épousé !

— » Mais, dis-je, par l'âge et par les goûts ils se convenaient.

— » Bah, Monsieur, deux enfants, un jeune homme sans
» état, qui n'avait rien à lui ; tandis que M. Delobel a fait la
» fortune de ma fille. Savez-vous bien, Monsieur, qu'il lui
» a reconnu quinze mille livres de rentes par contrat de
» mariage? Mais elle lui doit bien plus encore ; elle lui doit
» l'honneur de son père. Mon mari était attaqué d'une ma-
» ladie mortelle, suite de chagrins causés par des revers
» dans le commerce ; il se voyait réduit à dresser son bilan,
» quand M. Delobel, qui est notre parent, s'est fait notre
» sauveur. Il a comblé le déficit et n'y a mis qu'une condi-
» tion, celle d'épouser Nelly, c'est-à-dire de faire son bon-
» heur en lui assurant une belle existence.

— « Et Mme Delobel a consenti sans peine?...

— » Je le crois bien, Monsieur ; pouvait-elle hésiter
» à sauver l'honneur de son père?

— » Mais n'avez-vous pas craint que ce sacrifice lui
» coûtât bien cher, qu'un premier amour immolé ainsi?...

— » Bah, bon, l'amour, *c'est une bêtise,* un enfantillage
qui passe en six mois. Mais ce qui ne passe pas, ce sont les
procédés, et des procédés comme ceux de mon gendre !

— » Toutefois un jeune cœur peut regretter ses illusions ; Mme votre fille me paraît souffrante et mélancolique...

— » Du tout, du tout, Monsieur, elle est très-contente
de son sort. Si Nelly n'était pas la plus heureuse des femmes
elle en serait la plus ingrate... Mais je n'ai pas cette
crainte, ajouta la bonne dame d'un air de suffisance tant
soit peu risible, ma fille a été trop bien élevée. »

» Malgré cette assertion je demeurai persuadé que Nelly
ressentait une passion partagée, profonde, pour le neveu
de son mari, et je m'en convainquis avant la fin de la journée en interrogeant le petit volume qui avait donné lieu à
cette conversation et à mes conjectures.

» Oui, c'était bien elle que le poète avait peinte dans ses
vers ; c'était Nelly telle qu'elle était, telle qu'elle avait dû
être dans tous les instants de sa vie ; séraphyque enfant
couronnée de bluets et de roses sauvages, suivant, dans les
prairies, dans les vergers en fleurs, le vol des papillons
avec le compagnon de ses jeux et de son enfance ; se mirant
appuyée sur lui, dans l'onde paisible des étangs, sous les
saules pleureurs. Puis, à quinze ans, âme sensitive, ouvrant
timidement son calice... et, bientôt, amante adorée, sévère
et tendre cependant, mais fille plus tendre encore, exilant

son amant sous un autre ciel… Je la regardais dans cette belle poésie, comme dans un miroir à facettes, qui, eût réfléchi son image sous mille aspects divers ; je m'enivrais de ces tableaux ; puis je contemplais leur touchant modèle que consumait, hélas ! la flamme inspiratrice qui les avait fait naître… Bizarrerie du cœur ! le mien s'embrasa à ce feu qui brûlait pour un autre !

« Nous arrivâmes à Lyon où des affaires devaient m'arrêter quelques jours. Mme Delobel étant fatiguée, sa mère et son mari voulurent séjourner aussi dans cette ville pour lui faire prendre du repos, et il fut convenu que nous repartirions ensemble pour Marseille.

» Nous logions dans le même hôtel. Mme Valencier et son gendre sortirent plusieurs fois, tous les deux *pour voir le pays*, et plusieurs fois j'eus occasion de rester auprès de Nelly trop souffrante pour les suivre.

» Un lien existait entre nous ; c'était l'amour inné du beau, sous quelque forme qu'il apparaisse, dans la nature ou dans les arts. Elle semblait trouver quelque charme dans nos entretiens ; c'est que, sans doute, ils lui donnaient le plaisir si rare de se voir comprise.

» Mais, pour moi, c'était une jouissance toute nouvelle et inespérée. Aussi fût-ce un délire, un enchantement. Quelle gloire de retrouver mes chères pensées proscrites, par ceux qui se disaient mes supérieurs, mes guides ; de les retrouver, dis-je, sanctifiées dans cette âme d'élite ! Jusque-là, sur la foi de mon entourage, j'avais pris mes rêves de poésie pour l'exaltation d'un cerveau malade, et, par l'effort d'une fausse vertu, je travaillais à étouffer cette meilleure partie de moi-même. Mais, soudain, quand je m'efforçais d'accomplir cet affreux suicide, un ange de lumière, sous les traits d'une femme, apparaissait dans mes ténèbres, faisait succéder une suave harmonie aux voix grondeuses et discordantes qui m'avaient poursuivi sans cesse, et me rendait mon noble enthousiasme vengé de leurs outrages! Ah! comme je l'adorai, et quel beau printemps se fit dans mon âme aux rayons de ce doux soleil! comme il fit fondre les gelées qui avaient comprimé la sève de mon intelligence! Toutes mes idées se développèrent, toutes mes pensées grandirent, tout mon cœur fleurit, s'embauma! J'eus vraiment du génie dans ces heures rapides; l'amour m'avait tout révélé... »

L'exaltation de ce discours fit naître un sourire sur mes lèvres, mais Valentin put en même temps voir une larme dans mon regard; je lui tendis la main en signe d'intelligence et de sympathie, et il continua:

— » Oui, ce fut un bel enthousiasme, car il fut pur et sans mélange; nul espoir, nul vœu personnel n'en altéra la sainteté. J'aimais pour aimer, sans attendre rien, sans prétendre rien...

— » Cette situation, dis-je à Valentin, me rappelle des vers de Chaulieu qui, médiocres d'ailleurs, peignent d'une touche délicate, une nuance exquise de sentiment:

> » Je ne voulus jamais devenir ton vainqueur,
> Et, ne comptant pour rien, dans l'ardeur de te plaire,
> Du bonheur d'être aimé la douceur étrangère,
> Au seul plaisir d'aimer j'abandonnai mon cœur,
> . . . .
> Heureux à qui le ciel donne une âme assez tendre
>   Pour pouvoir aisément comprendre,
> D'un amour malheureux quel était le bonheur,

Tel que je crois qu'il pouvait rendre
Les plus heureux amants jaloux de mon erreur. »

» C'est ainsi, reprit-il, que j'aimais Nelly ; et, cet amour étrange, elle ne pouvait le soupçonner puisqu'il s'oubliait entièrement lui-même pour s'absorber en elle. Liée d'ailleurs d'une double chaîne, ayant d'une part à se défendre d'une passion fatale, de l'autre, à remplir un devoir pieusement accepté, il ne lui restait pas le loisir puéril d'observer quel effet elle produisait sur moi.

» Elle ne me montrait donc que cette sympathie des pensées qui forme un lien entre les âmes sans engager les cœurs. Et encore avec quelle réserve ! sous quelle forme pudique ses idées se faisaient-elles jour ! L'art à ses yeux, n'était que l'expression du beau ; elle n'en admettait point le côté satanique, trivial ou burlesque ; elle récusait don Juan, s'attristait de Gil Blas, ne voulait point comprendre Faust.... Cette conception de l'art peut-être est incomplète, mais elle est angélique. Ah ! précieuse et sainte ignorance, ou plutôt science infuse du beau et du vrai, lueur splendide qui efface tout ce qui n'est pas eux, tu ne brilles sur nous qu'un instant, à l'âge divin de l'âme, et trop tôt la réalité répand sur toi ses ombres !....

» Rien ne ternit le prisme à travers lequel je voyais Nelly. Le même voile virginal qui s'étendait sur ses pensées revêtait ses actions et ses sentiments ; et si j'eus d'abord le secret de cette flamme qui la consuma, c'est qu'elle l'entourait comme une auréole, c'est qu'elle était écrite en lettres transparentes dans ce livre charmant qu'elle avait inspiré, œuvre de génie et d'amour ; mais jamais, jusqu'à l'heure suprême, ses lèvres ne rompirent le sceau de la pudeur et du devoir.

II

» Nous partîmes de Lyon pour Marseille, à l'époque où devait débarquer Alfred dans cette dernière ville. A mesure que nous approchions, l'esprit de Nelly devenait moins libre; elle ne se prêtait qu'avec peine aux faits journaliers de la vie ; elle semblait regarder sans voir, écouter sans entendre... Moi seul je regardais cela.

» Ah ! s'écria un soir M. Delobel, qui avait ouvert un
» journal sur une table d'auberge, Alfred est à Marseille ;
» le navire sur lequel il devait revenir est entré dans le
» port il y a trois jours. Je suis fâché qu'il soit arrivé avant
» nous, mais il aura trouvé une lettre de moi. Ainsi, Mme
» Nelly, il sait à présent que vous êtes sa tante. Je le vois
» d'ici accourir au-devant de nous pour vous présenter ses
» humbles devoirs ; ah ! ça, tâchez de prendre un air res-
» pectable, pour imposer à ce jeune drôle qui vous traitait
» en camarade. »

» Et, toute troublée, Nelly s'efforçait de sourire.

» Mais cependant nous approchions et Alfred ne paraissait pas... En vain, en entrant dans Marseille, dans la cour des messageries, en vain nos regards demandèrent Alfred...

» Mme Valencier et son gendre descendirent les premiers de la diligence. Nelly y rassemblait pour eux quelques objets épars et je l'aidais dans cette recherche, lorsqu'un étranger prononça le nom de M. Delobel. Celui-ci s'avança, quelques mots s'échangèrent... puis M. Delobel, soudain, s'écria :
« Mon Dieu ! mon Dieu, Nelly ! notre pauvre Alfred ! il
» est mort, il s'est tué en arrivant ici. Je ne conçois rien à
» cela ; on dit qu'il a reçu ma lettre. Elle aurait dû lui

» faire plaisir : je lui annonçais mon voyage et lui envoyais
» de l'argent. »

» Dès les premiers mots, Nelly était tombée sur la banquette de la voiture, immobile et les traits couverts d'une pâleur mortelle ; sa poitrine se gonflait..... Voyant que des cris douloureux allaient s'en échapper, j'osai l'implorer du regard contre son désespoir. Tout cela fut aussi rapide, plus rapide que la pensée même. Je ne sais si ma muette prière y eut quelque part, mais elle recouvra soudainement une force sublime ; elle s'élança de la voiture, entoura son mari de soins affectueux, et, pendant le reste du jour, elle s'occupa de recueillir les détails relatifs à la mort d'Alfred et son pauvre héritage de poète, s'emparant, pour son propre compte, des manuscrits et des dessins.

» Mon cœur la suivit jusqu'au soir dans cette tâche mortelle ; il me semblait à chaque instant, que sa frêle enveloppe allait se briser dans un tel effort. C'est ce qui arriva vers la fin du jour ; lorsqu'on eut servi un repas auquel nous l'engagions à venir prendre part, elle tomba tout-à-coup, raide et inanimée, sans avoir proféré une plainte. Quand on l'eut relevée et mise dans un lit, elle avait le délire et une fièvre ardente.

» Ce n'est pas étonnant, dit Mme Valencier, après les
» fatigues du voyage, et puis cette nouvelle !... »

» Le lendemain Nelly était à la mort. Sa maladie, que les médecins appelèrent une fièvre cérébrale, fut douloureuse et longue ; à la fin elle parut céder, et ils déclarèrent la malade en convalescence. Moi seul je ne pus me réjouir, car je sentais, par intuition, que les ressorts étaient brisés dans cette frêle existence. En effet, les forces ne revinrent pas, et le dépérissement marcha d'un pas rapide. Son mari et sa mère se flattaient encore, que déjà je la savais morte.

» Notre long voyage en commun et les événements qui en marquaient le terme motivaient mon intimité avec cette famille, mais j'ignore quelle puissance aurait dû m'arracher du lit d'agonie de cette femme, objet d'une passion d'autant plus maîtresse de ma volonté qu'elle n'avait de son existence d'autre raison qu'elle-même ; passion sans but et sans espoir, incompréhensible sans doute, pour le cœur humain comme nous l'expliquons, mais passion toute puissante. Je voyais avec désespoir Nelly se consumer de regrets pour un autre, et j'eusse donné ma vie pour lui rendre celui sans lequel elle ne pouvait vivre.

» Languissamment couchée sur une ottomane, elle passait chaque jour, de longues heures devant une fenêtre donnant sur le quai. Sa tête pâle et charmante se détachait aérienne, sur le bleu foncé du ciel de Provence. A l'heure où les formes deviennent indécises, elle paraissait, semblable aux figures d'Ossian, flotter sur les nuages et fuir avec eux... Quelquefois son œil s'arrêtait sur la mer profonde, de ce regard d'une âme qui plonge dans l'infini ; il semblait qu'une espèce de fascination l'attirât vers l'abîme de l'immensité.

» Et tout cela sans une seule plainte, dans une muette et sainte douleur. Douce envers le sort et les hommes, elle subissait, sans s'irriter, la dure loi de sa destinée ; elle ne s'isolait point dans la contemplation d'elle-même et de son malheur ; elle oubliait de se pleurer, pour pleurer sur l'espoir trompé de ceux qui avaient mis leur bonheur en elle.

» Un jour... le dernier jour, une caisse remplie d'étoffes

de soie et d'un écrin de pierres précieuses, que M. Delobel avait commandés en passant à Lyon, parvint à Marseille. On étala ces riches présents avec empressement devant la malade, comptant beaucoup sur leur effet pour opérer sur son esprit une favorable diversion.

» Cet espoir parut un moment se réaliser : Nelly émue et attendrie de cette attention généreuse, parut prendre plaisir à admirer les beaux tissus et les jolis bijoux, et exprima le vœu de pouvoir bientôt s'en parer.

» Son émotion était si vrai qu'un instant mes idées en furent déconcertées. Etait-ce bien là cette femme, d'une nature toute céleste, que la vue de brillantes parures pouvait transporter de la sorte ?

» La réponse à ce doute ne se fit pas attendre. M. Delobel s'étant éloigné, Nelly, après l'avoir suivi du regard jusqu'au seuil de l'appartement, se mit à pleurer en joignant les mains.

« Digne et excellent homme, dit-elle, il veut me couvrir
» de diamants, m'envelopper de tissus roses quand c'est
» un linceuil qu'il me faut !

» Toujours ce fut ainsi qu'aveugle en sa bonté il s'occupa
» de mon bonheur ; et, moi, impuissante à jouir de ses
» dons, je meurs de tous les biens dont il m'a comblée !...
» C'est qu'il ne me fallait, à moi comme à celui qui m'at-
» tend là-haut, qu'un peu de soleil et de liberté. Enfants
» de la nature, nous ne pûmes goûter les leçons de la
» sagesse humaine. On nous parlait fortune, position dans
» le monde, et nous nous échappions pour aller respirer l'air
» libre des champs, saisir un effet de lumière, une harmonie
» des sons répandus dans l'espace. Pendant que l'on for-

» mait pour nous des plans de direction sur la route battue,
» nous suivions ensemble, à l'écart, les sentiers couverts
» d'églantines et d'aubépines en fleurs, rêvant de poésie,
» d'amour et de gloire, nous transportant par la pensée
» en Italie, en Grèce, dans cette Grèce où il alla seul
» pleurer sur des ruines. Que ne m'a-t-on laissé le suivre,
» un bâton à la main ! Il nous fallait si peu des richesses
» de la terre pour vivre et nous trouver heureux. Lui
» vivait d'art et de génie, moi je vivais de son génie et de son
» amour, car mon âme réflétait la sienne, et jamais je n'ai
» pu comprendre une autre existence. En vain l'on m'a
» faite riche, en vain l'on m'a créé de nouveaux devoirs,
» je n'ai pu parvenir à changer mon cœur. Je dépose dans
» le vôtre, ami compâtissant, ce secret de deux âmes qui
» n'ont pu vivre séparées. Soyez mon légataire, poursuivit-
» elle en retirant de dessous son chevet le volume des
» poésies d'Alfred et un paquet de lettres qu'elle me pré-
» senta, conservez ces pauvres reliques, empêchez qu'on
» ne les jette au vent.

» Je reçus à genoux le dépôt sacré, et je n'eus que le temps de le dérober aux regards de M. Delobel qui rentrait dans la chambre.

» Retiré dans la mienne, je ne pus prendre de repos ; le jour avait paru lorsque, cédant à la fatigue, je tombai sur mon lit. Mes yeux s'appesantirent, et je me retrouvai en songe auprès de Nelly. Etendue devant sa fenêtre, dans la même attitude où je l'avais laissée, ses yeux cherchaient, à l'horison, un navire qui devait l'emmener loin, bien loin, dans un autre monde. A genoux devant elle, je la conjurais, en pleurant, de ne point partir ; j'implorais un regard que je n'obtenais pas, tant son âme était attachée à l'objet invisible de son attente. Désolé, éperdu, j'ouvris les bras pour la saisir, mais elle m'échappa comme une ombre, s'éleva dans les airs, s'éloignant et montant toujours... sa beauté resplendit d'un éclat divin dans l'azur du ciel ; elle se tourna vers moi, comme pour me dire adieu par un geste ineffable. Puis, une autre forme aérienne vint se joindre à elle, et toutes deux glissaient dans l'espace, semblables à ces deux âmes du Dante.

Che'nsieme vanno
Et pajon si al vento esser leggieri.

« Elles allaient disparaître, je m'écriais vers elle, en leur tendant les mains, quand je fus réveillé par des coups redoublés frappés à ma porte...

» La voix d'un domestique prononça ces paroles que bien souvent depuis j'ai cru entendre retentir pendant mon sommeil :

» Mme Valencier et M. Delobel vous prient de descendre auprès d'eux, la jeune dame vient de mourir. »

» Que vous dirai-je de plus ? J'eus à consoler la douleur vulgaire de cette mère et de ce mari qui demandaient quel vent avait fait courber la douce fleur... C'est moi qui fus chargé de leur épargner les cruels détails qui suivent un tel événement. Je fis creuser la tombe de Nelly à côté d'Alfred et je l'y déposai, scellant ainsi moi-même leur éternel hymen.

» Quelques jours après, je quittai Marseille et j'allai, en partant, dire adieu à ces tombes. Le soleil mourant dorait le cimetière d'une teinte mélancolique et douce, harmoniée à l'air tiède du soir ; un soleil placide semblait couvrir d'un bienveillant regard ce sol parsemé de croix et de fleurs. Je sentis qu'on était bien là; que ces ombres d'amants, de poëtes, devaient se complaire au milieu de ces saintes harmonies ; qu'égarées sur la terre, pendant quelques jours, elles avaient retrouvé leur place dans l'ordre général...

» Et moi, je restai isolé, étranger au milieu du monde !

» Depuis ce temps, plus que jamais, j'ai pratiqué la vie sans goût et sans plaisir, poursuivant la fortune sans la désirer et la possédant sans en jouir. Cet homme que l'on croit avide d'or, sauverait, en cas d'incendie, les gages d'amour de deux enfants : quelques lettres, des vers, purs symboles d'un amour virginal ; un bouquet desséché, un ruban, un crayon brisé et quelques dessins... »

Ici Valentin fut interrompu par des visites qu'on m'annonçait et il me quitta.

Depuis, comme il arrive souvent dans les grandes villes aux plus intimes amis, nous fûmes six mois sans nous revoir.

Un jour, rentrant chez moi, je trouvai une lettre et un petit coffre que, pendant mon absence, Valentin avait apportés lui-même. La lettre, écrite en cas qu'il ne me trouvât pas, était pour m'annoncer son prochain mariage et pour me prier d'accepter, en raison de cette circonstance, le dépôt du legs de Nelly.

Quelques jours après, je reçus une invitation pour le bal de noce et je m'y rendis. La fête était belle et nombreuse, la mariée charmante ; Valentin paraissait heureux... Il ne dansait pas, mais l'orchestre venant à jouer une valse nouvelle, on entoura les jeunes époux en les engageant à valser ensemble. Ils accédèrent tous deux de bonne grâce à ce vœu et, pendant dix minutes, ils concentrèrent sur eux l'attention générale.

Après que Valentin eut ramené sa femme, comme il était encore ou du moins comme il me semblait palpitant de plaisir, je lui demandai (mauvaise plaisanterie dont j'eus du regret), je lui demandai s'il pensait encore au voyage de Marseille.

— Tout un monde de pensées parut se réveiller en lui. Il attacha sur moi un inexprimable regard, et me dit en pressant ma main d'une manière un peu convulsive :

» J'y penserai toujours ! »

CAROLINE ANGEBERT.

AMOUR PUR.

A ISAURE.

1850.

> Le véritable bonheur prend sa source dans
> les sentiments, et non dans les passions.

L'essence de mes jours s'épuisait goutte à goutte,
Et, pauvre voyageur expirant sur la route,
   Rien n'avait pu me ranimer....
Mais tu m'es apparue, et ton âme en la mienne
A versé son parfum, comme une douce haleine...
   J'ai voulu vivre pour aimer.

Un instant ébloui des vains plaisirs du monde,
Je me plongeai, crédule, en cette mer profonde,
   Croyant y trouver le bonheur ;
Mais quand, las d'explorer et l'onde et le rivage,

Je voulus approcher mes lèvres du breuvage,
    Il était amer et trompeur....

Partout l'homme a changé sa noble destinée;
Partout, à ses désirs sa raison enchaînée
    A méconnu le créateur;
Partout rebelle aux lois de sa propre nature,
Il a fermé l'oreille à la voix sainte et pure
    Qui lui parlait au fond du cœur.

Tout lui disait amour, mais amour pur et tendre,
Amour mystérieux que seul pouvait comprendre
    Un être protégé des cieux.
Quand il pouvait atteindre à la divine essence,
Brute, il a préféré l'instinctive influence
    Dont la voix parlait à ses yeux.

Or, la fièvre des sens, ces étreintes frivoles,
Ces déchirants transports, ces brûlantes paroles,
    Ce fol énivrement d'un jour,
Ne sont qu'aveugle instinct, que sensuel délire,
Loi physique et commune à tout ce qui respire...
    Mais ce n'est point là de l'amour.

L'amour tel que le ciel l'a versé dans notre âme,
Est un souffle divin, une céleste flamme
    Naissant d'un mutuel aveu,
Qui mettant en rapport deux âmes fiancées,
Les fond dans un accord de vie et de pensées,
    Et les élève jusqu'à Dieu.

Voilà comment je t'aime, ô chaîne de ma vie,

Le reflet de tes yeux est tout un ciel pour moi,
Des choses de la terre il n'est rien que j'envie
   Comme un regard de toi.

Soulève de tes yeux ta paupière abaissée
Sur leur cristal humide, où brille un rayon d'or!
Je veux lire en toi-même, et sonder ta pensée
   Avant qu'elle ait pris son essor.

L'amour est un Eden dont notre âme est la voie;
Là l'homme heureux découvre une félicité,
Un rêve de délire, un océan de joie,
   Un rayon d'immortalité.

Oh! laisse-moi la main qui tremble dans la mienne!
Mon cœur troublé frémit au trouble de ton cœur,
Et ta suave haleine épanche en mon haleine
   L'arôme du plus pur bonheur.

Vois pendre sur nos fronts les branches balancées
De l'aubépine unie à ces lilas en fleur ;
   Vois ces lianes enlacées
Se suspendre aux rameaux par un charme enchanteur.

L'insecte sur les eaux, sur les fleurs, la verdure,
Le lion dans les bois et l'oiseau dans son nid ;
Tout cède aveuglément à la loi de nature ;
L'homme seul en aimant pénètre l'infini.

O vous, hommes d'un jour qui comptez par les heures,
   Vos instants de félicité;

De notre âme écoutez du fond de vos demeures
    La voix qui dit: Eternité.

Et vous qui, rejetant un pouvoir invisible,
Condamnez au néant les choses d'ici bas,
Goûtez d'un amour pur le bonheur indicible...
    Puis, dites-moi si Dieu n'est pas?

Hommes ne cherchez point dans les plaisirs du monde,
Ni dans l'isolement d'une grotte profonde
Ce rêve indéfini qu'on appelle bonheur;
Il est là, près de vous, dans la sainte harmonie,
Dans le lien si doux d'une famille unie,
    Dans l'amour pur qui vient du cœur.

                        PEROT.

LE SOLLICITEUR.

1820.

AIR *de la ronde de la garde nationale.*

La nuit devant le jour qui luit
A peine cesse et fuit,
Que plein d'ardeur je quitte
Le triste et modeste réduit
Qu'à choisir est réduit
Gascon qui sollicite.

Courant, je coudoie, en jurant,
Maint plaideur, maint parent,
Que la chicane éveille;
L'importun créancier
Escorté d'un huissier,
Et le jeune écolier
Qui dut rentrer la veille.

C'est en vain que contre la boue
Mon pied cherche un abri sûr;

D'un sapin la pesante roue
  M'écrase contre le mur.
      Je m'arrête,
      M'inquiète,
      Ma toilette
      Se flétrit,
      Je m'essuie
      Quand la pluie
      Ennemie
      M'assaillit.

Il faut arriver au plus tôt,
    Le ministre bientôt
    Doit donner audience ;
Pour moi le moment est urgent,
    Car le plus diligent
    Aura la préférence.
Ardent à suivre mon dessein,
    J'achève mon chemin
    En maudissant l'orage :
    Et, quoique tout trempé,
    Quoique tout écloppé,
    Je me trouve échappé
    Aux retards du voyage.

Le concierge, d'un air sinistre,
  Tout-à-coup retient mes pas,
Et me dit que chez le ministre
  Si matin l'on n'entre pas.
      Je persiste,
      Il résiste,
      Mais j'insiste

Fermement ;
Il menace,
Plein d'audace,
Moi je passe
Fièrement.

D'un saut je franchis l'escalier,
J'arrive le premier
Quand un huissier s'avise
De m'entraver en si bon train
Et me dit qu'à demain
L'audience est remise.
Au lieu de me décourager,
Ailleurs, d'un pied léger,
Je porte mes courbettes ;
Car les mille commis
Des bureaux de Paris
Ont des cartons remplis
De mes justes requêtes.

Assiégeant chaque ministère,
Mes armes sont un placet,
Et quoique Gascon, à la *Guerre*
Dès long-temps on me connaît.
Plein d'adresse,
De finesse,
De souplesse,
Chaque jour
Je demande,
Redemande,

Recommande
Tour à tour.

Enfin, par un triste destin
Toujours je sollicite ;
Malgré mon mérite,
Je crois qu'éternel aspirant,
Un placet en mourant
Sera mon testament.

C. DEMEYER.

LETTRES A LOUISE,

SUR L'HISTOIRE DE DUNKERQUE.

Lettre première.

1839.

    Salut à toi, ma Louise chérie,
    Salut à toi, compagne de mes jours,
A toi dont les doux soins embellissent leur cours,
Et sèment sous mes pas au sentier de la vie
    Les riantes fleurs des amours ;
    A toi dont l'âme confiante,
La douce affection, l'indulgente bonté
Me consolent des maux que chaque jour enfante,
Comme de ses rayons l'aurore bienfaisante
Dissipe de la nuit la triste obscurité.

Combien, ô ma Louise, je trouverai de bonheur à l'écrire, à m'entretenir sans cesse avec toi ! Tu voudrais une série de lettres suivies ; tu me demandes même, pour joindre l'utile à l'agréable, que je varie mes entretiens de

notions sur l'histoire ou sur les sciences; c'est exiger un
travail au-dessus de mes forces, et qui serait d'ailleurs
superflu, puisqu'il existe une foule d'ouvrages qui déve-
loppent, mieux que je ne saurais le faire, tout ce qui se
rattache aux sciences et aux annales des peuples; mais
ton désir m'a fait concevoir un projet qui s'accorde davantage avec mes goûts; un projet qui me séduit et que je
veux tenter de réaliser.

Qu'un autre, admirateur des vertus du vieil âge,
Célèbre dans ses vers Athènes ou Carthage !
S'exhalte au souvenir de ces héros fameux,
Dévastateurs du monde et mis au rang des Dieux !
Et, de l'antique Rome adorant la puissance,
Pleure sur les débris de ce colosse immense !
Je n'irai pas le suivre en des climats lointains,
Ni gémir sur le sort des Grecs et des Romains.
Une cité moins fière et m'inspire et m'enflamme :
Dunkerque ! ô mon pays ! tu plais mieux à mon âme !
Tu n'offres point à l'œil des palais somptueux,
Des cirques, des jardins, des temples orgueilleux ;
Tu ne fus point des rois le séjour ordinaire,
Où la foule des grands traîne une pompe altière ;
Mais combien cependant mes curieux désirs
Découvrent dans ton sein d'illustres souvenirs !
Combien ton simple aspect, ton fertile rivage,
Ton port jadis fameux, tes revers, ton courage,
Et ton charme natal, si puissant sur mon cœur,
Le séduisent bien plus qu'une vaine splendeur !
L'esprit seul est touché d'une pompe étrangère ;
On admire l'éclat des maîtres de la terre ;
Les monuments pompeux, les merveilles des arts
Etonnent la raison, captivent les regards ;
Mais l'âme reste froide et n'est point attendrie.
Il faut, pour l'émouvoir, cette cité chérie,

Ces pénates, ces lieux où l'on reçut le jour,
Et qui, jusqu'au tombeau, possèdent notre amour !

C'est sur Dunkerque, sur la cité qui nous a vus naître l'un et l'autre, que je veux t'adresser mes remarques. C'est son histoire, plus intéressante que généralement on ne le croit, que je veux essayer de tracer. Je n'emploierai pas le style sévère de l'historien qui approfondit les événements pour y attacher le jugement de la postérité ; je n'imiterai pas non plus la régularité monotone du chronologiste qui rapporte les faits dans l'ordre de leur succession. Mes lettres ne seront que de simples esquisses, de légers tableaux de tout ce que la tradition et les annales de notre localité présentent de plus digne d'attention ; et, par la variété de mes narrations, je tâcherai d'en rendre la lecture moins fatigante et moins aride.

J'ai pensé que le mélange de la poésie avec la prose ajouterait un agrément au récit. Nous en avons un exemple dans ces lettres qui ont fait aimer Desmoutier et son aimable Emilie, dans ces lettres que mainte fois nous avons lues et toujours avec un plaisir nouveau ;

> Lettres charmantes où l'esprit
> Se couvre du voile des Grâces ;
> Où l'amour, marchant sur leurs traces,
> Semble lui-même avoir écrit ;
> Où, dans un badinage aimable,
> La gaîté jamais ne tarit ;
> Où tout, enfin, par un art admirable,
> En nous amusant nous instruit.

Ne crois pas cependant que j'aie la prétention de comparer mes faibles essais à l'œuvre de Desmoutier ; je sais trop la distance infinie qui les sépare.

Revenons, ma Louise, au sujet que je me propose de traiter. Dunkerque est peut-être la première ville du département qui ait eu son histoire, et la seule sans doute qui depuis n'en ait pas eu d'autre. C'est en 1718 que s'arrête l'ouvrage de Faulconnier, imprimé en 1730, et nulle part on ne trouve la trace des événements qui, depuis, se sont succédé pendant plus d'un siècle. Ils sont ignorés pour ainsi dire de la génération actuelle qui, en général, ne songe guère plus à l'œuvre de Faulconnier. Il est vrai qu'il faut un véritable courage pour aborder

> Ces immenses in-folios,
> Qu'escorte l'ennuyeux cortége
> De maint édit, maint privilége,
> Archives des temps féodaux.

Ils ne sont pas moins très-précieux sous le rapport historique, et l'on doit regretter qu'ils n'aient pas trouvé de continuateur. Mon dessein n'est pas de suppléer à cette lacune, ni de reproduire l'ouvrage de l'historien dunkerquois, mais seulement de t'offrir, sous une forme légère et succincte, ce qu'il est essentiel de connaître des annales de notre contrée.

> Heureux si je sais parvenir
> A mériter ton indulgent suffrage ;
> Et si, quelques instants, parcourant mon ouvrage,
> Ton cœur me donne un souvenir !

A. DASENBERGH.

OBSERVATIONS SUR LE THÉATRE.

1821.

II.

CASIMIR DELAVIGNE. — L'ÉCOLE DES VIEILLARDS.

Si quelqu'un disait à ceux qui n'ont pas lu ou vu représenter l'*Ecole des Vieillards*: « Voici le sujet de cette pièce:
» Hortense est une femme impudente et coquette, qui, dans
» un rendez-vous avec un duc d'Elmar, se moque des
» ridicules de son époux. Le vieux Danville (c'est le nom
» de l'époux), instruit de cette intrigue criminelle, va s'en
» plaindre à l'aïeule d'Hortense. Hortense a le talent de se
» disculper, et l'aïeule sait contraindre Danville à faire des
» excuses à l'amant de sa femme. Ce n'est pas tout : Danville, outragé et avili, demande au ciel la grâce de pouvoir prouver qu'on le déshonore, afin de motiver sa
» vengeance; mais pour combler son infortune, il doit
» encore implorer d'Hortense un pardon qu'on lui dicte
» après l'avoir mis à genoux une chandelle à la main. Dans
» cette pièce, il nomme sa femme une pendarde, une
» coquine, une carogne; dans cette pièce, une servante

» déclare qu'elle n'aime pas les *patineurs;* » si, dis-je, quelqu'un faisait une telle analyse, on s'écrierait à l'instant: « Quelle dépravation dans les mœurs! Quel cynisme dans » le langage! M. Casimir Delavigne blesse le goût par son » style et la morale par ses tableaux. Ce n'est pas Molière » qui lui a montré à faire ainsi triompher le vice sur la » scène. » Mais que ce quelqu'un ajoute de suite: « J'ai » voulu vous éprouver. Ce n'est pas là la pièce de M. » Delavigne: c'est *Georges Dandin* que je vous ai raconté » en empruntant les noms des personnages de l'*Ecole des* » *Vieillards*, et l'auteur immoral et cynique, c'est Molière;» vous verriez les juges s'embarrasser, rougir et se fâcher peut-être du piége tendu à leurs préventions.

Je dis *préventions*, et ce mot n'est pas hasardé; car n'est-ce pas avoir l'esprit préoccupé en faveur de quelqu'un que d'autoriser en lui, par un silence indulgent, ce qu'on réprimerait dans un autre par un blâme sévère, et de faire que la supériorité du talent, qui ne devrait défendre que les beautés d'un auteur contre les attaques jalouses du bel-esprit, protége aussi ses écarts contre l'utile censure du moraliste? Le seul Jean-Jacques s'est élevé jusqu'à ce jour contre *Georges Dandin*, et La Harpe se borne à croire qu'il doit convenir de l'immoralité du sujet; La Harpe n'en est pas persuadé.

Quoi qu'il en soit, cette immoralité existe, et qu'on ne vienne donc plus étourdir les jeunes auteurs de ce précepte banal: « Faites-nous du Molière. » Les jeunes auteurs répondraient avec raison: « Devenez pour nous l'auditoire » de Molière. Mais non, vous exigez les mêmes résultats, » en défendant l'emploi des mêmes moyens. Molière a fait » usage d'une nature franche et crue, qui est un élément » si puissant pour forcer le comique, animer le dialogue

» et marquer les caractères, et vous voulez sur la scène
» cette élégance dans les manières, cette urbanité dans le
» langage, qui font de nos jours une seule coterie de pres-
» que toutes les classes de la nation. Molière offrait des fils
» rebelles, des épouses adultères, des pères imbécilles, des
» domestiques éhontés, et vous êtes choqués de la moindre
» atteinte portée aux convenances. Y pensez-vous quand
» vous demandez du Molière ? Ce que vous demandez, ce
» que vous désirez, ce sont des pièces de pensionnat, rem-
» plies d'une morale bien pure, pour vous donner l'occa-
» sion d'en afficher l'indispensable amour, de beautés et
» de comique pour instruire et amuser votre esprit, d'in-
» térêt pour émouvoir votre cœur, et de vraisemblance
» pour ne point blesser l'excessive délicatesse de votre
» jugement ; mais de telles pièces seraient difficiles, impos-
» sibles pour Molière lui-même. »

Pour appuyer cette réponse d'autres preuves encore que de la preuve qui nous a été fournie par *Georges Dandin*, supposons que les pièces de Molière viennent d'être composées par les auteurs du jour et représentées sur nos théâtres. Voici, ce me semble, le jugement que, dans nos idées, nous porterions sur le *Misanthrope* : « A-t-on voulu ridicu-
» liser dans Alceste la droiture, la franchise, la probité, ou
» seulement l'excès de ces vertus ? Dans le premier cas,
» l'auteur est inexcusable ; dans le second, pourquoi n'avoir
» pas toujours fait extravaguer Alceste, et par conséquent
» n'avoir joué que l'extravagance ? Mais en le rendant par-
» fois raisonnable, on a, dans sa personne, atteint la
» sagesse du même ridicule que la folie, et l'auteur est
» encore inexcusable. (1) En effet, Alceste a-t-il bien tort,

---

(1) On verra avec un peu d'attention que cette observation n'est pas la même que celle de J.-J. Rousseau.

» quand il désapprouve la médisance de Célimène et de ses
» amis, quand il ne veut pas visiter ses juges, (¹) quand il

---

(1) Voici comment La Harpe raisonne pour prouver qu'Alceste devrait visiter ses juges :
« Il est très-possible qu'on ait montré l'affaire aux juges sous
» un faux jour, que votre rapporteur n'ait pas fait assez atten-
» tion à des pièces probantes, et dès-lors une visite est néces-
» saire pour prévenir un arrêt injuste, qui est un scandale, un
» mal réel. »

D'abord je réponds qu'une affaire est plaidée contradictoirement à l'audience par deux avocats dont l'un rétablit les faits qui seraient dénaturés par l'autre, et qu'ensuite les pièces du procès sont remises aux juges, dont elles servent à asseoir l'opinion plus que les plaidoyers mêmes. Qui leur montrerait donc l'affaire sous un faux jour? La partie adverse dans un entretien secret? Mais des juges, équitables comme le suppose La Harpe, s'ils sont en garde contre les subtilités des avocats, le sont encore plus contre les explications toujours intéressées de l'une des parties, et s'il est *très-possible* que cette *partie* leur fasse un faux exposé, il est très-douteux qu'ils consentent à y croire. Quant à la négligence du rapporteur, on ne peut la présumer après que les avocats ont long-temps fatigué ses oreilles de la mention répétée des titres de leurs clients. Autrement il faudrait se défier des rapports faits et des jugements rendus dans toutes les affaires où il n'y a pas eu de visites, et c'est ce qui arrive très-souvent aujourd'hui.

La justice ne peut tout faire par elle-même, j'en conviens ; mais la besogne à faire par les autres est tracée par la loi : ce sont les enquêtes, les défenses publiques, l'exhibition des titres. La loi n'a pas consacré de chapitre aux visites, lesquelles seraient même désavouées à l'audience. Aurait-elle négligé ce moyen d'éclairer les tribunaux, si les plaideurs n'avaient pu en abuser pour corrompre ou tromper? L'usage les autorise, dit La Harpe, et l'on ne peut défendre à Alceste ce qui est permis à son adversaire ; mais de ce qu'une chose n'est point défendue, il ne suit point qu'elle soit prescrite ; et l'honnête homme, s'il veut être d'accord avec lui-même, n'aura garde de faire une démarche qui, pour être fructueuse, doit être blâmable. C'est la catégorie où se trouve Alceste, que La Harpe s'efforce de mettre sur un autre terrain que celui où il est placé par Molière. En effet, que lui conseille Philinte? Non pas de hasarder seulement une visite pour *faire parler la vérité*, comme le dit ingénûment La Harpe, mais aussi de *solliciter*, de contrecarrer la *brigue*, de déjouer la *cabale*, de neutraliser, enfin, l'influence de l'adversaire. Alceste a donc affaire à des juges que les manœuvres de l'adver-

» reproche à Philinte d'embrasser des gens dont celui-ci sait
» à peine dire les noms? et si on livrait au ridicule un la-
» dre, qui, par moments ne fût que d'une épargne ordinaire
» et irrépréhensible, ne serait-ce pas censurer l'économie
» non moins que l'avarice? Mais quand l'auteur n'en aurait
» voulu qu'au travers d'une vertu trop rigide, la leçon s'a-
» dresse à bien peu de monde par le temps qui court ; elle
» eût été d'une utilité plus générale, si, au lieu de fronder
» un rare excès de droiture qui ne fait tort qu'au *Misanthrope*
» il en eût blâmé le manque si commun parmi les hommes,
» et qui nuit à la société entière. »

Dans le *Tartufe*, nous taxerions d'indécence la singulière

---

saire *peuvent entraîner*, pour me servir des propres expressions de Philinte. Or, quelle est l'unique ressource d'Alceste avec de tels juges? D'user aussi de crédit, de brigue et de cabale. Mais lui, qui, je le répète, est la droiture personnifiée, ne doit-il pas préférer la perte de son procès à l'emploi de ces moyens illicites, et prévenir un scandale plus grand que celui d'un arrêt injuste, le scandale que donnerait le spectacle de l'astuce luttant avec l'astuce, en présence de la justice immobile et muette, pour une victoire qui demeurerait au plus intrigant? Alceste n'est donc pas dans l'excès en répondant à Philinte que son bon droit et l'équité solliciteront seuls pour lui.

Je ne puis nier la bonne foi que La Harpe apporte habituellement dans la discussion, son talent pour renverser les sophismes, et la sûreté de son goût dans l'examen des ouvrages; mais, quand il a entrepris la tâche de tout justifier, rien de plus insidieux que sa logique, logique toujours appuyée, d'ailleurs, de ce ton de conviction, qui fait plus d'effet sur le commun des hommes que les arguments mêmes. Tantôt il dénature les faits pour les ajuster à l'application des principes qui favorisent son opinion; tantôt, en distinguant ou en interprétant les principes qui la contrarient, il les rend inapplicables aux faits, pour l'apologie desquels il crée alors des règles de circonstance. Quelquefois, d'une maxime vague et générale d'un ouvrage qui fait autorité, il tire parti pour défendre ce qui a été particulièrement condamné par l'auteur de cet ouvrage. C'est ce que j'ai prouvé dans mon article sur le *Tartufe*. Cette maxime que *l'art apprend à franchir les limites de l'art*, est, comme on sait, de Boileau, Art poétique, livre 4, et La Harpe l'invoque pour excuser un dénoûment que Boileau voulait changer.

épreuve d'Elmire pour convaincre Orgon de toute la scélératesse de l'imposteur, et ce serait une bonne fortune pour notre hypocrisie de morale, que de pouvoir nous formaliser de deux ou trois vers libres jetés dans la pièce. D'autres vers de même nature nous choqueraient d'autant plus dans les *Femmes savantes*, qu'ils sont mis dans la bouche d'une jeune fille ; et pour une autre cause, nous rejetterions l'excellente scène de Trissotin et de Vadius. Nous dirions que nos auteurs sont plus fins et plus polis, et que le tableau manque de ressemblance. Maintenant, il est vrai, la politesse est la première vertu dans le monde, et sur la scène le premier signe d'une imitation fidèle ; et si un Gorgibus criait de nouveau à ses filles : « Quoi ! tant de dépense pour vous graisser le museau ! » la bonne compagnie se croirait au *Coin de rue*, pièce que les lettrés d'un certain numéro sont obligés d'avoir en horreur.

Nous tonnerions contre le fils qui répond à son père qui lui a donné sa malédiction : *Je n'ai que faire de vos dons* ; et cette fois nous n'aurions pas tort ; car une malédiction arrachée à une juste indignation, et une malédiction lancée par une humeur déraisonnable, doivent être également hors du mépris des enfants, parce que s'ils étaient appelés à exposer les motifs pour décider s'ils doivent s'en affliger, ou s'ils peuvent s'en moquer, ils ne manqueraient pas de trouver chaque fois qu'elle est injuste ; outre que la morale de toutes les religions ordonne aux enfants de révérer leurs pères même dans leurs injustices : principe que le pieux La Harpe, s'il avait été conséquent avec lui-même, n'aurait pas méconnu en cette occasion, mais qu'au moyen d'une distinction subtile il a mieux aimé sacrifier ici au besoin plus impérieux de rendre Molière infaillible, et de mettre la comédie de l'*Avare* à l'abri de la censure.

Qui pourrait ne pas bâiller devant une foule de portraits

méconnaissables, souvent chargés des couleurs les plus communes ? Où sont, en effet, les médecins pédants, les précieuses ridicules, les marquis avantageux ? Ici l'on m'interrompra pour me demander si ces originaux n'ont point des successeurs qui pourraient fournir au théâtre des copies aussi plaisantes. Des copies, soit ; mais aussi plaisantes, non ; car on ne saurait nier que la crainte du ridicule et le savoir-vivre tiennent aujourd'hui la plupart des travers cachés dans les hommes, et en rendent les signes presque imperceptibles. On chercherait en vain ces risibles manies qui étaient jadis inhérentes à certaines professions : nos médecins, nos apothicaires parlent et écrivent avec élégance, et, s'il faut en croire M. Delavigne, les facultés même, *mirabile visu*, échangent facilement dans un bal les grâces du rudiment contre le ton de la bonne société ; et le romantisme qui, plus est, sait échapper aux sifflets du goût.

Enfin, et pour achever de prouver par un fait positif ce que je n'ai établi jusqu'à présent que par une supposition, je rappellerai le cruel désappointement d'un homme de talent qui tâcha de nous donner du Molière, il y a à peu près quinze mois. Après avoir composé une pièce en cinq actes et en vers, tout-à-fait dans le genre ancien pour les mœurs, le style et l'intrigue ; après en avoir obtenu la représentation sur le Théâtre-Français, il la vit tomber de la chûte la moins équivoque. Malgré le mérite intrinsèque de l'ouvrage, on trouva sa gothique nouveauté aussi bizarre qu'un jeune homme qui aurait été habillé comme un antique portrait de famille. Annoncée comme une vieille pièce remise au répertoire, elle aurait été peut-être aux nues.

L'auteur comique n'est donc pas plus dispensé que d'autres de se mettre en harmonie avec son siècle, comme ses devanciers se sont accordés avec le leur. Pour intéresser, il

peindra les mœurs du jour ; pour plaire, il fera sa peinture dans le goût du jour. « Molière, se dira-t-il, a montré dans
» Georges Dandin les dangers pour un manant, d'épouser
» une *demoiselle*; je ferai sentir les inconvénients, pour un
» vieillard, d'épouser une jeune personne. Mais ce que la cour
» de Louis XIV applaudissait en Molière, le peuple du 19e
» siècle l'improuverait en moi. Je respecterai donc les
» mœurs; j'observerai les convenances dans les actions et
» les paroles. Mes caractères seront réellement puisés dans
» la société telle qu'elle se comporte sous mes yeux, et dès
» lors je puis être tranquille sur leur vérité. Leur ton sera
» celui du monde d'à-présent, et par conséquent il ne rap-
» pellera ni la grossièreté de Lysimon, ni la bêtise de Tur-
» caret, ni l'effronterie de Dorine, ni l'insolence de Crispin.
» Mais, comme ce ton serait trop uniforme au théâtre, j'au-
» rai soin de le varier par les rapports différents que j'éta-
» blirai entre les personnages. Ces personnages seront une
» jeune épouse, un vieux époux, son ami de collège, un
» séducteur du grand monde, l'aïeule de l'épouse et un
» vieux domestique. Aujourd'hui que le style est l'objet d'un
» examen sévère, je m'efforcerai d'unir dans le mien le nerf
» à la pureté, le naturel à l'éclat. Ma fable sera intéressante,
» aussi intéressante que je le pourrai, parce que les romans
» ont un peu gâté ce redoutable public, et qu'il m'importe
» de ne pas voir ma comédie désertée pour un mélodrame.
» Un vieux armateur du Hâvre sollicitera un emploi à
» Paris, et sa femme l'obtiendra, mais elle l'obtiendra en
» troublant la sécurité et le bonheur de son mari. Je pein-
» drai la jalousie, je ferai crier l'honneur blessé ; je serai
» pathétique sans mélange, sans distraction, et je ne me croi-
» rai point assez de talent pour tenter d'exciter les bravos
» en ridiculisant l'honnête homme qui se croit outragé, et
» en imposant à sa douleur les grimaces d'une gaîté forcée :

» je me rappellerai qu'ordinairement le soleil ne luit point
» au milieu des orages. Le classique dira que je suis hardi;
» le novateur, que je suis timide ; les journalistes prendront
» leur compas pour s'assurer de combien de pieds, de
» pouces, de lignes ma taille diffère de celle de Gresset, de
» Piron, de Destouches, etc. Chacun, enfin, se donnera
» du plaisir selon ses goûts, et le mien ne sera pas le moins
» vif, si j'entends dire par quelque juge impartial que ma
» manière est fondée sur la nature, et que pour cela elle
» n'est peut-être d'aucune école.

» Mais si je ne veux pas frustrer le cœur des émotions
» dont mes confrères lui ont fait un besoin, je n'entends pas
» non plus sevrer l'esprit des jouissances auxquelles mes
» prédécesseurs l'ont habitué ; et ma pièce, dans sa marche
» aisée, s'égaiera, mais sans contrainte, de tout le comique
» et de toutes les saillies qu'autorisent le personnage et la
» situation. Si des instants d'attendrissement bannissent les
» ris, je ne tarderai pas à les rappeler aussi vite que la
» vraisemblance le permettra; mais jamais, admettant l'in-
» souciance dans les revers, je n'offrirai au moral ce
» qu'Horace dans son monstre nous offre au physique. La
» leçon sera développée sous trois aspects différents. Dan-
» ville, vieillard remarié à une jeune personne, passera par
» toutes les tribulations qui seront la conséquence de sa
» folie. Son ami Bonnard, resté célibataire, sera isolé, un
» peu embarrassé de l'emploi de son temps; il lira le *Moni-*
» *teur* avec délectation, et changera le jour d'un dîner pour
» complaire à sa gouvernante. Le vieux Valentin dira qu'il
» faut se marier jeune et conserver sa femme pour être
» entièrement heureux dans sa vieillesse. En un mot, par
» des concessions mesurées à toutes les exigences qui me
» sembleront raisonnables, par une fusion bien calculée de

» plusieurs genres dans un seul ouvrage, je tâcherai de me
» rencontrer avec l'esprit du temps, et de satisfaire le
» goût difficile de nos modernes Athéniens. »

Je viens, je crois, d'analyser et de justifier l'*Ecole des vieillards*.

C. PIETERS.

LE ROSSIGNOL ET LES GRENOUILLES.

FABLE.

1890.

Le chantre du printemps, près d'un marais fangeux,
Réveillait les échos par son brillant ramage.
      De leurs croassements affreux
Les grenouilles faisaient retentir le rivage,
      Et se plaignaient du voisinage
      Du rossignol, dont les accents
Venaient mal à propos se mêler à leurs chants.

      Ainsi toujours les vrais talents
      A l'ignorance font ombrage.

                      A. DUFLO.

SONNET.

1845.

Naguère on s'étonnait, visitant nos remparts ;
Nous laissions sans honneurs des vertus héroïques,
Et ce bronze géant, orgueil de nos regards,
Toujours rêvé, manquait à nos places publiques.

Oui, le héros absent, on le cherchait partout,
Et l'on croyait, Dunkerque, à ton indifférence ;
Mais le trésor pieux de ta reconnaissance
S'amassait lentement..... — Et Jean-Bart est debout.

C'est lui ! — levant au ciel cette tête hardie ;
— Lui qui découvre au loin une voile ennemie,
Et dont la voix terrible a crié : — Branle-bas !

— Lui, ranimé pour nous par un puissant génie ;
— Sur sa frégate en feu beau comme l'incendie,
Et calme, à l'abordage excitant ses soldats.

Adolphe Alisse.

LE SOLEIL DES SACHEMS.

1819.

Aux plaines d'Aboukir, un officier français,
Affrontant des dangers dignes de son courage,
Tombe, dans la mêlée, au pouvoir des Anglais.
De l'Egypte bientôt il voit fuir le rivage,
Il est, sur un vaisseau, dans l'Inde transporté.
Mais quand ta voix sacrée, ô douce Liberté,
Fait palpiter le cœur d'un enfant de la France,
  Pour conquérir sa noble indépendance,
D'aucuns périls jamais il n'est épouvanté!

De ses gardiens jaloux il a trompé le zèle.
Il est libre.... Il reprend une force nouvelle,
Il s'élance à travers les bois silencieux;
   Des montagnes gravit la cîme,
   Et des torrents, bravant l'abîme,
   Il fend leurs cours impétueux.

Au sommet d'un rocher il parvient hors d'haleine.

Soudain à ses regards se déroule une plaine
 Où des berceaux d'accacias fleuris
Tombent, sur le gazon, avec grâce arrondis.
Ces beaux lieux sont ornés de cabanes charmantes ;
A leur aspect, l'espoir a ranimé son cœur !
Ses maux sont oubliés !... mille images riantes,
A cet infortuné, présentent le bonheur.

Il s'approche. Bientôt, près d'un palmier sauvage,
 Il aperçoit, en cercle réunis,
De graves Indiens discutant sous l'ombrage
 Les intérêts de leur pays.

Du peuple Kangaroux, à la guerre indomptable,
C'était, des vieux Sachems, le conseil vénérable.
Un homme, jeune encor, siégeait au milieu d'eux,
Son maintien était noble et son air belliqueux.
Un turban surmonté d'une plume légère,
Du Soleil des Sachems ceignait la tête altière.
Son visage était peint de diverses couleurs.
Aux rameaux verdoyants d'un bananier en fleurs,
Pend son brillant carquois et son arc homicide.
Au conseil des Sachems avec calme il préside.
Devant lui, le Français s'incline en l'abordant :
« D'un peuple hospitalier, souverain bienfaisant,
Dit-il, d'un voyageur accueille la misère.
Tends à son infortune une main tutélaire,
 Et permets-lui, sous cet ombrage épais,
De fumer avec toi le calumet de paix !
 La faim l'accable et la soif le dévore... »

« Les enfants du désert ne repoussent jamais

Le malheureux qui les implore,
Lui répond attendri le guerrier généreux ;
Goûte ces fruits, et qu'un sommeil heureux
Calme tes sens jusqu'à l'aurore.
A travers les déserts, demain, suivant nos pas,
Tu chasseras le daim et la biche légère.
Tu vivras parmi nous, ce climat doit te plaire.
Le sort t'a jeté dans nos bras,
Nous te chérirons comme un frère. »

A ces mots, le Français, laissant couler ses pleurs :
« De l'infortune, augustes protecteurs,
Ah ! que Brama vous récompense !
Nobles Sachems, croyez à ma reconnaissance....
Mais, par-delà les mers, objet de mon amour,
Existe une contrée où j'ai reçu le jour.
Je suis Européen, *la France* est ma patrie.
Là, je possède un père, une mère chérie.
De leurs vieux ans, je suis l'unique espoir.
Je ne puis renoncer au bonheur de les voir....
Si je reste avec vous, à leur heure dernière
Leur fils ne pourra pas leur fermer la paupière !
Hélas ! traînant des jours flétris par la douleur,
D'un ingrat abandon ils m'accusent peut-être !...
Ah ! laissez-moi les presser sur mon cœur,
Je veux mourir aux lieux qui m'ont vu naître ! »

Le Soleil des Sachems, à ce discours touchant,
Rempli d'un trouble involontaire,
Arrache avec fureur son panache éclatant,
Et le foule sous la poussière.
Au milieu de l'enceinte il s'élance soudain :

« Que cet homme, dit-il, vienne occuper mon trône !
Il est bien plus que moi digne de la couronne !
Sur ce peuple guerrier qu'il règne en souverain. »

D'un affreux désespoir son âme est déchirée,
Son geste est convulsif, sa tête est égarée ;
Du Français, en pleurant, il détourne les yeux,
Et fuit dans le désert d'un pas impétueux.

Immobiles, surpris, dans un profond silence,
   Les Kangaroux sont frappés de stupeur.
   Tout-à-coup un vieillard, transporté de fureur,
      Se lève et demande vengeance ;
Il s'écrie : « Etranger, c'est toi dont l'influence,
Du Soleil des Sachems a causé le malheur.
Attendri par tes pleurs, sensible à la prière,
Bienfaisant, il daignait soulager ta misère !
Ingrat... d'un art perfide évoquant le pouvoir,
Tu déchires son cœur d'un affreux désespoir !
Dans ses sens égarés tu portes le délire !...
C'en est fait de tes jours, cruel, tu périras.
Autour de ton bûcher, témoin de ton trépas,
Tout un peuple en courroux viendra pour te maudire. »

On l'entraîne à ces mots dans un réduit affreux,
Séjour impénétrable à la clarté des cieux.
Il ne reverra plus son père, sa patrie...
La mort dans peu d'instants va terminer sa vie ;
Il l'attend, et, chrétien soumis aux coups du ciel,
Sa fervente prière invoque l'Eternel.

Mais le peuple, qu'égare une aveugle injustice,

Fanatiqu , à grands cris, demande son supplice,
Il s'apprête : déjà, roulant en tourbillon,
La flamme du bûcher éclaire l'horizon...
Un enfant se présente : il remet au grand-prêtre
    Ces mots tracés sur l'écorce d'un hêtre :

« Gardez-vous d'attenter aux jours de l'étranger,
Car un Dieu le protège et saurait le venger !
O Kangaroux ! Brama connaît son innocence.
Qu'un vaisseau le conduise aux rives de la France,
Et qu'avant de mourir, d'un père à cheveux blancs,
Il reçoive, heureux fils, les doux embrassements !...
Du Soleil des Sachems ne pleurez plus l'absence :
Impie ! il a des Dieux mérité la vengeance ;
Pour la dernière fois si vous voulez le voir,
Près du Pic du combat, guerriers, venez ce soir. »

Redoutant de Brama la céleste justice,
Le pontife, étonné, suspend le sacrifice :
A ses ordres sacrés le peuple, obéissant,
Eteint la flamme ardente et s'éloigne à l'instant.

Cependant le jour fuit, et la nuit qui s'avance,
Par degrés dans les airs étend son voile immense.

Marchant à la lueur des torches, des flambeaux,
Les guerriers ont franchi les vallons, les côteaux,
Le Français les précède... Une sombre tristesse
Trahit, dans ses regards, le trouble qui l'oppresse.
Son cœur est agité d'un noir pressentiment.

Près du Pic du combat, le peuple impatient

Arrive, et par des cris que trois fois il répète,
Fait retentir le nom du Sachem qu'il regrette.
L'écho seul lui répond... Mais quel spectacle affreux,
Des Kangaroux surpris épouvante les yeux !
Ils ont vu leur Sachem gisant sur la poussière ;
Le sommeil de la mort a fermé sa paupière,
Ils ont vu son cadavre, entre deux rocs pressé,
Et livide et sanglant, sous la pierre écrasé.
Un casque européen couvre de sa visière
Ce front qu'on vit paré d'une plume légère...
Une croix, où l'or pur s'unit au diamant,
Brille au cou du guerrier, signe du Dieu vivant !
Non loin sur le gazon, on voit sa riche armure.

Ah ! qui peut résister au cri de la nature !
Le Français, dans ses bras, s'élance avec ardeur,
Et cet affreux cadavre est bientôt sur son cœur,
Il le baigne de pleurs, l'embrasse avec ivresse,
Il s'écrie : « O mon frère ! ami de ma jeunesse,
Cher Adolphe, est-ce toi que nos tristes parents,
Accusant les destins, ont pleuré si long-temps ?
Victime du remords qui te coûte la vie,
Tu meurs à ton printemps et loin de ta patrie.
Est-ce ainsi que pour moi depuis long-temps perdu,
Un frère, à mes regards, devait être rendu !
O compagnon chéri des jeux de mon enfance,
Nous ne reverrons plus le beau ciel de la France !
Elevés tous les deux dans le même berceau,
La mort nous unira dans le même tombeau... »

Il dit. Dans ses regards règne un affreux délire...
Il veut encor parler... sa faible voix expire.

Il regarde son frère : ô douloureux moment !
Il pâlit, il chancelle et meurt en l'embrassant.

Un riche mausolée honora leur mémoire :
Le peuple y fit graver cette touchante histoire.
On peut, en lettres d'or, y lire encor ces mots :

Un Sachem dort ici d'un éternel repos.
D'héroïques exploits illustrèrent sa vie...
Mais l'ingrat oublia son père et sa patrie !
Son crime a mérité la colère des Dieux.
O Kangaroux ! mourez où sont morts vos aïeux !

J. Fontemoing.

Août 1834.

Enfant, j'aime à te voir, et rieuse, et légère ;
La vie, à la goûter, devient si vite amère,
Et l'on regrette alors ce temps déjà passé,
Ce temps d'insouciance en jouant traversé ;
Il a fui pour toujours. — De tes fraîches années,
Fleurs écloses à peine, et dans un jour fanées,
Respire les parfums soudain évanouis ;
Le soir vient ; — et l'hiver. — O jeune enfant, jouis ;
Et tandis que la vie à tes yeux se déroule,
Comme un gai carrefour où se croise la foule ;
Tandis que tu ne vois que riantes couleurs,
Ciel bleu, jaunes moissons, prés émaillés de fleurs ;
Que d'objets en objets ta main court, incertaine ;
Que ta pensée en toi jamais ne se ramène ;
Que le ruisseau serpente à flots joyeux et clairs,
Si loin encor d'aller se perdre aux vastes mers ;
N'aperçois pas, enfant, qu'un père te contemple,
Que son visage est grave, et, comme en un saint temple,
Qu'il adore et qu'il prie, en silence implorant
Pour toi, pour ton bonheur, le Dieu, seul vrai, seul grand.
Qu'y pourrais-je en effet, à moins que Dieu ne veuille ?
Que suis-je devant lui ? — L'atôme sur la feuille
Que roule dans les airs l'ouragan qui mugit.

Mais il aime, ce maître, un front pur qui rougit,
Un cœur selon sa loi, dont les chastes pensées,
Loin du monde et du bruit saintement élancées,
Comme la fleur grimpante autour de son soutien,
Toujours montent vers lui. — Que ce cœur soit le tien !

Adolphe Alisse.

ÉPITAPHE DE ROYER.

1798.

Sous ce marbre immobile est le brave Royer ;
Il a reçu la mort des mains de la Victoire :
Aujourd'hui le cyprès croît auprès du laurier,
Et ne fait qu'ajouter au progrès de sa gloire.
Il est, et pour jamais, dans le sein du repos ;
Mais s'il vécut assez pour maîtriser l'envie
Et mériter la palme et le prix des héros,
Il a vécu trop peu pour servir sa patrie.

P.-L. Faulconnier.

TRADUCTION DU PSAUME II:

Quarè fremuerunt gentes, et populi meditati
sunt inania ? (1)

1830.

Pourquoi les peuples de la terre
Ont-ils bouillonné de fureur ?
Pourquoi de vains projets de guerre
Ont-ils nourri leur sombre ardeur ?
Les rois, ivres de leurs couronnes,
Se sont élancés de leurs trônes
Pour se liguer contre le ciel,
Et de leur cohorte insolente
La rage impie et turbulente
Ose défier l'Eternel.

« De Dieu secouons l'esclavage,
» Et loin de nous jetons ses fers. »

---

(1) Le psaume *Quarè fremuerunt gentes,* etc., est historique. Dans les guerres de religion, l'un ou l'autre camp l'entonnait presque toujours avant le combat.

Mais Dieu rira de cet outrage,
Se moquera des rois pervers.
Le bruit vengeur de sa menace
Bientôt aura troublé l'audace
De ces insectes révoltés,
Et sur les ailes de la foudre
Aura refoulé dans la poudre
Leurs bataillons épouvantés. (2)

Et moi, de ce Dieu redoutable
Je tiens le sceptre d'Israël ;
Je publierai l'ordre immuable
Que j'ai reçu de l'Eternel.
Il m'a dit : « Mon fils, ta naissance
» Est un témoin de ma puissance,
» Est un bienfait de mon amour.
» Parle et j'étendrai ton empire
» Du rivage où le jour expire
» Jusqu'au rivage où naît le jour.

» De ma faveur demande un gage,
» Et tous ces peuples agresseurs
» Soudain seront ton héritage,
» Leurs chefs seront tes serviteurs.
» Malheur aux serviteurs rebelles !

---

(2) Ce passage a fourni à Racine ces vers si connus :

Que peuvent contre lui tous les rois de la terre ?
En vain ils s'uniraient pour lui faire la guerre :
Pour dissiper leur ligue il n'a qu'à se montrer ;
Il parle et dans la poudre il les fait tous rentrer.
Esther.

» Dans leurs demeures criminelles,
» Ta main de fer mettra le deuil ;
» Comme on brise un vaisseau d'argile,
» Comme on brise un roseau fragile,
» Tu briseras leur fol orgueil. »

Et maintenant de votre maître
Comprenez bien l'arrêt fatal,
Vous rois qui voyez comparaître
La terre à votre tribunal.
Que votre majesté sacrée,
Par tous vos sujets révérée,
Révère à son tour le Seigneur ;
Et devant sa grandeur première,
Le front couché dans la poussière,
Humiliez votre grandeur.

Servez son fils qu'il vous envoie,
Ou de Dieu craignez le courroux;
Vous qui suivez l'injuste voie,
Craignez d'y périr sous ses coups.
Lorsque le feu de sa colère
D'une royauté passagère
Viendra dévorer le pouvoir,
Heureux qui, déserteurs du vice,
Dans son infaillible justice
Auront placé tout leur espoir !

C. PIETERS.

LA TULIPE ET LA VIOLETTE.

FABLE.

1818.

   Sous un ciel pur et sans nuage,
L'orgueilleuse Tulipe étalait sa fierté,
Parlait avec mépris des fleurs du voisinage,
    Et toujours vantait sa beauté.
    Elle dit à la Violette,
    Qui, non loin de là, sous l'herbette,
Semblait se dérober aux regards curieux :
« Admire donc, ma sœur, ma brillante parure :
 » Vois mes couleurs, leur éclat radieux;
   » Jamais, je crois, les dieux
   » N'ont rien produit dans la nature
» Qui m'égale en beauté. J'attire tous les yeux.
   » Vois, ma sœur, cet essaim volage,
   » Ces papillons légers, brillants,
   » Afin d'obtenir mon suffrage,
» A l'envi l'un de l'autre exercer leurs talents...
   » Ah! quel plaisir d'être si belle!

» D'avoir mon incarnat, ma superbe fraîcheur !
» Voilà, voilà le vrai bonheur.
» La nature pour toi, ma chère, est bien cruelle
» De ne point t'accorder une telle faveur.
» Vivre sous l'herbe ! oh ! la triste existence !
» Non, non, j'aime bien mieux briller. »

Long-temps encore elle allait babiller,
Quand l'autre interrompit sa verbeuse arrogance,
« Sans te valoir, dit-elle, en vérité,
» Autant que toi je suis contente.
» Tu séduis, j'en conviens, on te trouve charmante,
» On vante tes couleurs et leur vivacité ;
» Mais tu serais la beauté même,
» Qu'à tort tu montrerais cet insolent mépris.
» Du roi talent heureux emblême,
» Je me cache, il est vrai ; mais j'en ai plus de prix
» Aux yeux de ces sages esprits
» Qui trouvent le bonheur suprême
» Dans une douce obscurité,
» Qui, fuyant l'un et l'autre extrême,
» Au rigorisme outré préfèrent la bonté
» Et les talents à la beauté. »

« Ta morale, ma chère, est par trop ennuyeuse,
Répond la Tulipe orgueilleuse ;
» Pour être sage il suffit de jouir,
» Quand on est belle, on est heureuse.
» Nous vivons peu... vivons pour le plaisir.
— » La beauté n'est que passagère,
» Quand elle fuit, c'est sans retour ;

» Mais le talent sait toujours plaire,
» Triomphe, j'y consens, bientôt j'aurai mon tour. »

Ainsi parla la Violette.
Soudain un vent impétueux
Se fait sentir. La superbe coquette
Voit ternir ses couleurs, sent recourber sa tête,
Se penche et cède à l'aquilon fougueux;
Elle périt enfin. Sa voisine plus sage,
D'Eole, en se cachant, évita le ravage.

Vous à qui la nature accorda la beauté,
Qui faites naître la tendresse,
En régnant sur les cœurs, craignez la vanité,
Surtout souvenez-vous sans cesse
Qu'amour, attraits, tout fuit quand passe le printemps;
Mais que l'aimable modestie,
Aux vertus, aux talents unie,
Survit à la jeunesse et plaît dans tous les temps.

BERNAERT AINÉ.

STANCES.

1817.

Hôtes légers de ce riant bocage,
Témoins discrets de mes brûlants désirs,
Plus ne chantez : votre innocent ramage
Redouble encor mes regrets, mes soupirs.

Aimais hier, aimais à vous entendre,
Ouvrais mon cœur à vos justes accents.
Ah ! c'est qu'hier étais loin de m'attendre
Que Lise aurait changé de sentiments.

Si revoyez l'ingrate qui m'oublie,
Peignez-lui bien ma profonde douleur,
Le désespoir et la mélancolie
Qui chaque jour empoisonnent mon cœur.

Non, gardez-vous d'apprendre à l'inhumaine
Tous les tourments que m'avez vu souffrir ;
Veux qu'elle dise : « Il brave donc sa peine ! »
Lorsque pour elle, hélas ! je vais mourir !...

Pierre Simon.

TRADUCTION D'HORACE.

ODE: Donce gratus eram tibi. Lib. III.

—
1830.
—

HORACE.

Tant que je régnais sur ton cœur,
Et qu'épris des beautés dont j'étais idolâtre,
Nul autre ne voyait préférer son ardeur,
Et n'osait dans ses bras presser ton cou d'albâtre ;
L'Amour, de tous mes maux ordinaire artisan,
L'Amour était pour moi sans trouble et sans alarmes,
Et le bonheur nouveau dont m'enivraient tes charmes
Surpassait le bonheur du monarque persan.

LYDIE.

Tant qu'à tes yeux je savais plaire,
Que nulle autre n'était avant moi dans ton cœur,
Et que ce cœur volage, épris d'une étrangère,
Ne sentait point pour elle une plus vive ardeur ;

Alors je triomphais, alors de ma victoire
Le bruit sur moi de Rome attirait les regards ;
J'effaçais en renom, je surpassais en gloire
La mère du héros qui bâtit nos remparts.

HORACE.

Mais Chloé maintenant seule obtient mon hommage :
Aux sons brillants du luth qu'interrogent ses doigts,
Elle unit avec art les doux sons de sa voix,
Et de mes noirs transports sait apaiser l'orage.
O mort, brise à l'instant la trame de mes jours ;
Mais respecte à ce prix l'objet de mes amours.

LYDIE.

C'est d'un feu partagé qu'il brûle pour Lydie,
Ce jeune Calaïs, lui qui peut, sans rougir,
Avouer de quel sang les dieux l'ont fait sortir :
Ornithus est son père, et Thure est sa patrie.
O mort, brise deux fois la trame de mes jours ;
Mais respecte à ce prix mes plus chères amours.

HORACE.

Mais si Vénus allait dans nos cœurs infidèles
Rallumer tous les feux qui les ont dévorés ;
Si Vénus cette fois de chaînes immortelles,
L'un à l'autre liait deux amants séparés ;
 Si pour toujours Chloé fuyait bannie

Des mêmes lieux d'où j'ai pu te bannir ;
Si de la main qui rejeta Lydie
Je lui rouvrais l'asile du plaisir...

LYDIE.

Quoiqu'il prime en beauté l'astre qui suit l'aurore,
Que tu sois plus léger que la feuille des bois,
Et plus impétueux que les flots du Bosphore,
Ah ! pourrais-je un instant hésiter dans mon choix ?
    Dans cet asile où j'appris à te suivre
    Je reviendrais pour ne plus en sortir :
    C'est avec toi que j'aimerais à vivre,
    C'est avec toi que je voudrais mourir.

C. Pieters.

VIRGINIA.

ÉPISODE DE L'HISTOIRE ROMAINE. (¹)

1851.

I.

Rome, au nom glorieux, Rome jadis si fière,
Pleurait sa liberté dispersée en poussière ;
Rome, e sein gonflé de déchirants soupirs,
O honte ! se courbait sous un joug tyrannique ;
Le malheur écrasait la morne République
     Avec la main des décemvirs.

La terreur déployait ses ailes sur la ville,

---

(1) Le touchant épisode qui fait le sujet de cette poésie est suffisamment connu. Vers l'an 450, sous le décemvirat romain, Applus, l'un des décemvirs, s'éprit d'amour pour une jeune plébéienne, nommée Virginia, fille du centurion Virginius. Il la fit revendiquer comme esclave par Claudius, l'un de ses affidés ; et lui-même, juge et partie, décida que Virginia n'était que l'esclave de ce Claudius. Alors le malheureux père, préférant la mort de sa fille à son déshonneur, lui plongea un couteau dans le sein. A cette vue, le peuple et l'armée se soulèvent et les décemvirs sont renversés.

Et buvait plus de sang que la guerre civile,
Partout planaient le deuil et la proscription ;
Appius et les siens, le front ceint de colères,
Pétrissaient sous leurs doigts les douleurs populaires :
  Les tigres bravaient le lion !

Nul n'ose stimuler ce peuple qui recule :
Il n'est plus de tribuns, ni de chaise curule,
Le pouvoir tutélaire, hélas ! s'est écroulé ;
Le forum reste vide à ce moment suprême,
Tous les héros sont morts... et le sénat lui-même
  Sur son noble siége a tremblé.

Les décemvirs régnaient. — Sous l'apparence auguste
De raffermir les lois, l'équilibre du juste,
On les avait créés maîtres, législateurs :
Ils gravèrent le droit sur l'airain des *dix tables*,
Puis se firent bourreaux de leurs lois équitables,
  Magistrats et profanateurs.

Un surtout...Appius, tyran à face humaine,
Vampire en son amour, et serpent dans sa haine,
Il enroulait la ville en ses hideux replis ;
Dans son cœur bouillonnait l'ambition sauvage,
Déjà, par lui, le peuple aux fers de l'esclavage
  Tendait ses deux bras assouplis.

Non !...ce n'est plus l'orgueil qui règle sa pensée,
La fièvre des grandeurs pour une heure est passée.
Appius ! Appius ! tu veux des jeux nouveaux ;
Assez long-temps pour toi Rome, oubliant sa gloire,

A par des lâchetés souffleté son histoire
    Et renié ses fiers travaux.

Assez de longs soupirs ont réjoui ton âme :
Une autre passion te dévore et t'enflamme,
Une plus douce proie allèche le vautour ;
Il faut pour ta rudesse une molle litière,
Il faut, pour délasser l'ambition altière,
    La couche où repose l'amour !

Tel, le roc escarpé qui domine les ondes,
Fatigué de la nuit, des ténèbres profondes,
Reflète, avec le jour, les cieux au front vermeil ;
Tel le fier décemvir, las des sombres orages,
Veut, sitôt que l'aurore a percé les nuages,
    Le plus chaud baiser du soleil....

II.

    A peine elle avait quinze années
La vierge que paraient les grâces, les vertus ;
Quand partout se courbaient les rameaux abattus,
Elle croyait de fleurs ses routes couronnées :
L'illusion versait les fraîches destinées
    Sur l'enfant de Virginius.

    Elle était belle ! elle était pure
Comme l'eau qui se plisse en roulant son murmure,
Comme l'arbuste en fleurs, l'ornement du chemin :
    Et dans sa prunelle azurée,

D'une vive ardeur colorée
Brillait le feu du sang romain.

Dans son sein palpitait son âme
Que gonflaient de chastes désirs ;
Ses blonds cheveux, jouets des folâtres zéphirs,
Semblaient la couronner d'une légère flamme ;
Son corps était flexible ainsi que le roseau,
Et dans sa voix de jeune femme
Gazouillait le chant de l'oiseau.

C'était Virginia, la beauté radieuse,
Que la sainte pudeur voilait comme un trésor :
Son âme s'adonnait encor
Aux purs enivrements de l'enfance rieuse.
Elle aimait son vieux père et son beau fiancé,
Le noble Icilius, l'appui de sa faiblesse ;
Puis dans cette double tendresse
Elle puisait la joie et l'espoir insensé !

Joie, amours !...folle rêverie,
Quand près de nos plaisirs sanglotte la patrie,
Quand de communs malheurs empoisonnent les airs !...
Ainsi meurt la rose exilée
Qui loin du ciel natal se fane étiolée
Et s'effeuille au vent des déserts.

Vainement sur la jeune fille
Reposent le bonheur, la vertu, la famille ;
Vainement si pudique elle est bien chère aux dieux ;
Trop tôt de ses quinze ans l'allégresse est finie,

Un sombre et malfaisant génie
A couvé ses appas d'un regard odieux.

Un regard d'Appius!...il vous pèse, il vous broie ;
C'est l'œil de la vipère enchaîné sur la proie :
Oui, ce tyran debout sur un char triomphant,
Apercevant sous lui Rome lâche et fragile,
  Songe qu'il sera bien facile
  D'asservir l'amour d'une enfant !

III.

Le jour funeste a lui. — Sur la place publique
S'étalent les faisceaux du pouvoir despotique,
La multitude accourt comme au bruit d'un signal :
Virginia, de crainte et d'horreur agitée,
Marche en habits de deuil ; elle est déjà citée
  Devant le hideux tribunal.

Claudius, le suppôt du décemvir infâme,
Courtisan d'Appius, et bourreau d'une femme,
Accable la vertu qu'il devrait protéger ;
Il réclame la vierge, il la dit son esclave ;
Sans redouter les dieux et les Romains qu'il brave,
  C'est Appius qui doit juger.

Appius est le juge !...et bouillonnant de fièvre,
Il rêve à ces baisers que va cueillir sa lèvre.
Et sur son tribunal planent d'impurs amours.
Il va, foulant aux pieds la majesté de l'homme,

Violer la famille, envenimer pour Rome
>> La honte de ses mauvais jours.

Pâle de ses douleurs, mais encore plus belle,
Virginia s'avance où le tyran l'appelle;
Là se sont réunis tous les siens éplorés...
Elle a pour défenseur Virginius son père,
Qui naguère admirait dans sa maison prospère
>> L'arbuste aux rameaux adorés!

Ce père est un soldat, brave entre les plus braves,
Est-ce d'un pareil sang que naissent les esclaves?...
Devant ce front rigide Appius a pâli;
Puis, au sein des parents dont la foule se presse,
Icilius domine; et sa verte rudesse
>> Flagelle un vulgaire amolli.

En ce jour malheureux, la vierge désolée
N'ira pas à l'autel en victime isolée.
Elle a pour compagnons un père, un noble amant,
Ces frères, ces amis dont s'agite le zèle:
Et pour rempart suprême elle entend derrière elle
>> Rome qui mugit sourdement.

. . . .
Mais un cri de fureur a vibré dans la place,
La colère en ses flancs fait germer la menace:
Appius a rendu son exécrable arrêt.
Et chacun sur ce front que ride l'infamie,
Voit s'allumer soudain la luxure endormie:
>> Chacun lit son affreux secret.

Appius a parlé : c'en est fait, Virginie
Du sol de la famille est pour jamais bannie ;
Son sang et son honneur tombent au dernier rang :
Virginia n'est plus fille ni fiancée ;
Loin du toit paternel elle mourra glacée
   Par l'ardent baiser d'un tyran !

« — Dieux vengeurs ! dormez-vous ? Et toi, fier Capitole,
» De la splendeur romaine immaculé symbole,
» Ne crouleras-tu pas devant de tels forfaits ?
» Peuple ! qui des Tarquins brisas la race impie,
» N'as-tu pour Appius qu'une rage assoupie,
   » Des cris, des larmes sans effets ?...

» Ne punirons-nous plus d'aussi lâches mesures ?
» N'est-ce donc rien pour moi de montrer mes blessures,
» Ma face de soldat, mes cheveux déjà blancs ?...
» Parce qu'ils ont volé l'appareil consulaire,
» O rage ! ils ont changé la masse populaire
   » En un troupeau d'agneaux tremblants.

» Souffrirez-vous ainsi, Romains, qu'on nous ravisse
» Filles, femmes ou sœurs, les dîmes de leur vice ?
» Laisserons-nous rugir ces tigres parmi nous ?
» Debout, debout, Romains, ô citoyens sans âmes !
» Ou livrez aujourd'hui vos vierges et vos femmes,
   » Acceptez l'opprobre à genoux. »

Ainsi Virginius exhalait sa furie,
Evoquant du cercueil l'ombre de la patrie ;
Mais le tyran aveugle appelait ses licteurs.

Le tyran défiait l'océan de la foule
Dont le flot débordé sur les villes se roule
      Comme les torrents destructeurs.

Non!... changement subit!... ce père qu'on opprime,
Virginius n'a plus de foudres pour ce crime;
Il parle avec douceur : est-ce qu'il va plier?
Avant d'abandonner son enfant, faible proie,
D'un entretien suprême il implore la joie,
      Appius l'entend supplier :

« Une dernière fois ma fille, mon idole.
» La voir... lui dire un mot devant le Capitole.
» Appius! laisse-moi ce bonheur, par les dieux! »
— Le décemvir sourit d'une telle prière :
Il jette avec dédain cette faveur dernière,
      L'amère faveur des adieux.

IV

Les voilà réunis, la fille avec le père,
Réunis, enlacés... mais sous l'œil du vautour;
Il faut ne plus se voir, et se fuir sans retour.
Vierge! tu vas languir dans l'infâme repaire.
« C'en est donc fait, dit-il, ma fille, oh! c'est pour lui,
» Pour le vil Appius que mon trésor a lui!
» Plus heureuse est ta mère au sein de l'Elysée :
» Elle ne verra pas sa chaste enfant brisée,
» Elle ne verra pas le sceau du déshonneur
» Comme d'un fer brûlant marquer notre bonheur!...

— » Mon père, défends-moi, disait l'enfant mourante,
» J'aimais Icilius et non le décemvir,
» J'aimais la liberté, moi qu'on veut asservir,
» Je me voue avec joie à la mort dévorante !
— » Oh ! fit Virginius, dans un effroi nouveau,
» Tu veux te racheter.. même au prix du tombeau ?
» — Oui ! dit-elle avec force.. » — Et le vieillard s'égare,
Horrible excès d'honneur ! sublimité barbare :
Dans sa main frémissante il saisit le couteau !

Voilons, voilons l'horreur de ce noble homicide :
Déjà Virginius a frappé son enfant ;
L'enfer est dans son cœur ; mais d'un bras triomphant
Il jette un froid cadavre au tyran parricide..
La victime n'est plus : déjà loin de ces lieux,
Son ombre avec l'HONNEUR vole au séjour des dieux.

    Elle refleurit dans l'histoire
La vierge qui tomba sous le fer paternel ;
Le laurier des martyrs rajeunit sa mémoire.
    Tant d'héroïsme nous fait croire
A l'honneur pour qui Rome eut un culte éternel !
Mais le sang précieux ne fut pas inutile :
    L'offrande en fut pure et fertile.
Appius, à son tour du piédestal jeté,
Exhala sous le fer une âme méprisée ;
Et sur le sol rougi par la vive rosée
Reparut la vengeance avec la liberté.

                       BENJAMIN KIEN.

LA DERNIÈRE HEURE D'UN ENFANT.

IMITÉ DE L'ITALIEN.

1838.

« — Oh ! Dieu, quel parfum d'ambroisie,
» Dit, près de mourir, un enfant,
» S'élève en mon âme ravie !
» Ah ! quel pur et céleste chant
» Vient soudain frapper mon oreille !...
» D'un ange la lèvre vermeille
» Effleure mon front sans couleur !....
» — Pauvre enfant ! il dort, dit sa mère,
» Un songe, une vaine chimère,
» Sans doute tourmente son cœur ! »

Mais non, une ombre mensongère,
N'avait point fasciné ses yeux,
Car un rayon de lumière,
Un ange descendu des cieux,
Entourant sa tête enfantine

De son auréole divine,
Lui disait : « Toi dont le cœur pur,
» Dont l'âme pleine d'innocence,
» Du Seigneur obtint la clémence,
» Contemple ce beau ciel d'azur !

» Vois cette demeure immortelle,
» C'est là que la félicité,
» C'est là qu'une paix éternelle
» Récompense la piété.
» Candide enfant, quitte ce monde,
» Cette terre où le mal abonde
» Souillerait ton cœur sans détour :
» Rejette la terrestre fange,
» Comme moi tu seras un ange
» Habitant de l'heureux séjour !

» Ah ! viens, car c'est là la patrie,
» Viens vers le trône radieux
» De la bonne et chaste Marie,
» Elle sera ta mère aux cieux. »
— Il dit : Vers la voute éthérée
Prend soudain sa course azurée.
L'enfant disait : « Ma mère, adieu ! »
Mais elle, ô mère infortunée !
Est là sur la pierre inclinée,
R demandant son fils à Dieu !

EDOUARD SAINT-AMOUR.

PEU ET BEAUCOUP.

CHANSON.

1817.

AIR: *Du partage de la richesse.*

Si l'on veut me verser à table
Des vins sans bouquet et sans feu,
D'un goût dur ou désagréable,
Je réponds qu'il m'en faut très-peu.
Mais si le pétillant Champagne
Vient m'échauffer au premier coup,
Aussitôt la gaîté me gagne,
Je tends mon verre et bois beaucoup.

J'aime beaucoup la chansonnette,
J'aime très-peu les noirs soucis;
J'aime beaucoup jeune fillette,
J'aime peu les appas rassis.
Les honneurs, le rang, la richesse,
Les grandeurs sont peu de mon goût;

Mais des amis, une maîtresse...
Ah! mon cœur les aime beaucoup.

La vieille Alix aux jouvencelles
Dit : « D'Amour redoutez le jeu, »
Et cette leçon à nos belles
A le talent de plaire peu.
Mais qu'un amant bien téméraire
Leur apprenne à rire du loup,
Sa leçon, à mainte bergère,
J'en suis certain, plaira beaucoup.

Il est peu de femmes discrètes,
Je le crois, soit dit entre nous.
Il en est beaucoup de coquettes ;
A votre tour, qu'en pensez-vous ?
A quoi sert-il qu'on se désole
De trouver peu d'amis partout ?
Le vin est là qui nous console...
Par bonheur, il en est beaucoup.

J'ai fait, rimailleur téméraire,
Des vers sans sel, sans goût, sans feu ;
Mais, si j'ai le talent de plaire,
Cinq couplets me paraîtront peu.
Fort heureux, si mon auditoire
Ne dit pas d'un air de dégoût :
« L'on n'entend rien à ce grimoire,
» Cinq mauvais couplets, c'est beaucoup. »

Bernaert aîné.

DENYS-MONTFORT.

—
1851.
—

Pierre-Marie-Joseph Denys, naturaliste et littérateur, plus généralement connu sous le nom de Denys-Montfort, et par beaucoup d'écrivains sous celui, tout simplement, de Montfort, est né à Dunkerque, le 17 Juin 1766. Son père y était négociant.

Avant que la tradition ne s'en perde entièrement, nous allons essayer d'esquisser quelques traits de cet homme, le plus singulier, le plus bizarre, le plus original, dit-on, qu'on pût rencontrer, et qui ne fut pas sans jeter quelqu'éclat sur notre cité.

Denys-Montfort reçut une excellente éducation. Passionnément épris de l'étude, voulant savoir, approfondir, se rendre compte de tout ce qu'il voyait, de tout ce qu'il lisait, il se distinguait, parmi tous ses condisciples, par une aptitude peu commune à tout ce qui se rattache aux sciences et aux arts. Tout jeune encore, c'était déjà un savant dans toute l'acception du mot.

D'une imagination ardente, active, exaltée, ce qui l'entoure ne suffit plus bientôt à son esprit toujours avide de nouveau. Le désir de voyager, de voir et d'étudier de près les merveilles de la nature, ne tarde pas à s'emparer de lui. Doué d'une force physique peu commune, hardi, entreprenant, aventureux, ne redoutant aucun péril, aucun danger, c'est par les Grandes-Indes qu'il débute. Il s'embarque sur un navire, commandé par le capitaine Deens, en partance, dans notre port, pour la Chine.

Parcourant successivement l'Asie, l'Afrique, l'Amérique, étudiant, écrivant beaucoup, il rassemble dans ses voyages, et des notes précieuses, et de nombreuses collections. Les mollusques, les coquilles y entrent pour la plus large part; ce sont des matériaux qu'il prépare pour l'avenir.

De retour chez son père, après une assez longue absence, celui-ci l'associe à ses affaires. Le 13 Janvier 1789, il épouse Mlle Jeanne-Sophie-Julie-Issaurat De Montfort, jeune personne de 22 ans. Quelques années s'écoulent, heureuses pour lui dans son jeune ménage. Lorsque survint la guerre de 92, appelant sous les drapeaux tous les Français de 19 à 25 ans, Denys-Montfort, quoique père de famille, quoiqu'ayant rigoureusement dépassé l'âge qui le pouvait faire comprendre dans cette grande levée, cède à son humeur bouillante, impétueuse, et, constamment avide d'ailleurs d'émotions nouvelles, il renonce, pour se faire soldat, au bonheur tranquille du foyer domestique. Il choisit l'arme de l'artillerie et parvient rapidement à mériter l'épaulette de capitaine. C'est en cette qualité, que pendant la campagne de Hollande, il remplit près l'adjudant-général Quatremère Disjonval, les fonctions d'aide-de-camp.

Un trait saillant, particulier à son caractère toujours prompt, fougueux parfois, c'est que chez lui une résolution était accomplie en même temps qu'elle était prise. D'une nature indépendante et volontaire, se sentant à l'étroit dans la sévérité de la discipline, ne pouvant consacrer le moindre loisir à ses études favorites, et précisément alors que, par les connaissances militaires, qu'il a promptement acquises, que, par sa bravoure encore, poussée souvent jusqu'à la témérité, il fût devenu officier supérieur, il donne subitement sa démission, quitte le service et revient à Dunkerque.

Le commerce y était à cette époque complètement anéanti, mais, rien n'étant étranger à cet homme, de marin, de voyageur, de négociant, de militaire qu'il a été, il se fait imprimeur. Ses loisirs alors, et Dieu sait combien il en prend, il les donne tous à l'horticulture qui maintenant l'occupe essentiellement. Il crée à cet effet, dans les environs du Jeu-de-Mail, un jardin botanique où bientôt viennent se grouper, au prix de grands sacrifices, des arbres, des fleurs de tous les pays. Son nom commence à être connu, ses relations s'établissent et deviennent suivies avec les conservateurs du Jardin des Plantes de Paris. Il fait de fréquents voyages à la capitale, mais ce ne sont pas les plaisirs qui l'y attirent; l'histoire naturelle est le seul motif, le seul but de ses excursions. Dessinateur habile (*), ce que ne contiennent ni ses vitrines, ni ses serres, ni ses plates-bandes, il l'enferme dans ses albums. C'est au Jardin des Plantes que, dessinant des fleurs, il est surpris un jour par le premier consul. Bonaparte, qui se connaît en mérite, apprécie à l'instant celui de cet homme bizarre, brusque, original, dont les réponses sèches, brèves, conservent toute leur rudesse même envers le chef de l'État.

(*) Les planches que renferment les œuvres de Denys-Montfort sont dessinées et gravées par lui-même.

Il est placé, sur l'heure même, dans le grand établissement où lui est faite une belle position;

C'est là dès lors qu'il est surtout à même de développer la variété de ses connaissances, l'étendue de son savoir. Il y acquiert bien vite l'estime et la considération de ses collègues qui sont en ce temps-là Lamarck, Lesage, Lucas, Fourcroy, etc., etc. Au milieu d'incessants voyages, de missions scientifiques que le gouvernement lui confie, il trouve le temps de publier divers ouvrages. L'*Histoire naturelle des Mollusques*, quatre volumes in-4°, faisant suite aux œuvres de *Buffon*, ne tarde pas à paraître; elle est suivie quelques années après de la *Conchyliologie systématique*, deux volumes in-8°, et de quelques opuscules parmi lesquels on cite la *Ruche à trois récoltes*, la *Vie et les aventures politiques d'un prince de Perse*.

En 1804 et 1805, explorant les côtes de la Hollande, il s'arrête pendant l'hiver, à Rotterdam, où sous les auspices du bourgmestre de cette ville, il ouvre un cours d'histoire naturelle qui bientôt est très-suivi. Parmi ses amis et auditeurs les plus empressés, les plus zélés, Denys-Montfort a l'honneur de compter le naturaliste néerlandais Vanspandonck et le docteur Kesteloot, professeur, aujourd'hui, à l'université de Gand. A Rotterdam encore, il devient le collaborateur assidu d'une revue scientifique, qui s'y imprime, et dans laquelle il publie d'abord un mémoire très-remarquable sur l'*Actinie;* un autre ensuite sur le *Cérite gigantesque vivant* que, de tous les auteurs, il est le premier à décrire. En 1807, Louis, roi de Hollande, désireux de doter sa capitale d'un établissement qui y manque, confère à Denys-Montfort le titre et l'emploi de *Naturaliste du Roi*, au musée de La Haye. Il remplit ces fonctions jusqu'en 1810, année dans laquelle il reprend, au Jardin des Plantes, celles qu'il y occupait précédemment.

Denys-Montfort, mort à Paris, en 1821, au milieu de travaux inachevés, eût vu sans cesse grandir sa réputation, si malheureusement il n'avait poussé trop loin la manie de créer toujours et constamment de nouveaux genres, et cela sur des données peu certaines, parfois inexactes, sur des apparences douteuses. Beaucoup de ses genres ont été rejetés. Deshayes, Chenu, qui n'en disent pas grand bien, en ont, néanmoins, dans leurs divers traités de conchyliologie, conservé plusieurs. Ils citent, comme les meilleurs, les genres scarabe et licorne. Ce dernier, des plus remarquables, confondu par Linné, Brugnière et autres parmi les pourpres, suffit à lui seul pour atténuer, sinon pour justifier cet excès de propension à séparer, à diviser ce que d'autres, et des plus savants, avaient jusque-là laissé réuni.

Un défaut sans excuse cependant, chez Denys-Montfort, c'est qu'écrivant sur une science positive, il a eu le tort bien grave de vouloir à toute force y introduire le merveilleux. Oubliant parfois qu'un naturaliste doit apporter dans ses descriptions la plus scrupuleuse exactitude; que chez lui point ne doivent exister ni fictions, ni suppositions, mais seulement la réalité, la vérité, il cherche à donner de l'intérêt à ses travaux par des histoires faites à plaisir. C'est ainsi qu'au sujet d'apparitions et de disparitions d'îles signalées, le siècle dernier, dans la mer du Nord, et qu'on attribuait au diable, il semble donner foi à ces phénomènes par la présence de *krakens* ou poulpes colossales, animaux aussi fabuleux que le grand serpent de mer, et les crabes géants quelque peu aussi de son invention. Voici au reste un échantillon de l'exagération dans laquelle il tombe malheureusement assez fréquemment :

« J'ai pu observer ce poulpe (le poulpe commun) sur les
» mêmes rivages du Havre qu'avait parcourus Dicquemare ;
» quoiqu'il n'y soit plus aussi commun que ce savant paraît
» l'avoir indiqué, j'ai cependant été assez heureux pour en
» rencontrer plusieurs sur les bords de la plage, et deux
» autres dans la mer, dont l'un faillit à me faire périr.
» En me livrant avec ardeur à leur recherche, je rencontrai
» le premier sur le sec, entre les rochers qui sont au sud
» de la citadelle du Havre ; dès que je l'aperçus, je courus
» à lui ; un chien, qui m'accompagnait, me précéda ; en le
» harcelant, il l'empêcha de fuir ou de se blottir, pour le
» moment, sous les rochers. Ce chien était un animal in-
» trépide et terrible ; il portait le nom de Tartare, nom
» sous lequel tous mes amis l'ont parfaitement connu ;
» inaccessible à la crainte, il ne reculait pas, quelque
» nombreux qu'eussent été les assaillants, et, quand il
» était en fureur, à peine me respectait-il moi-même. Ce
» dogue irlandais et d'une forte taille, tournait autour du
» poulpe, lorsque j'arrivai dessus et cherchai à le prendre
» au corps ; mais celui-ci, dont les bras avaient trois pieds
» de longueur, se défendait courageusement par leur
» moyen ; il les faisait siffler dans l'air en tous les sens,
» et lançait au chien de vigoureux coups de fouet ; dans sa
» fureur, il en frappait le rocher avec violence, et il ronflait
» avec force. Cependant mon arrivée parut le déconcerter,
» et je vis qu'il tâchait de battre en retraite. Je n'avais ni
» armes ni bâton ; mais décidé à me saisir de ce poulpe,
» je me mêlai dans la querelle, et prenant une pierre plus
» grosse que le poing, je la lui jetai au milieu des bras ;
» mon chien, profitant de l'instant, se lança après elle à
» corps perdu sur ce mollusque, en le saisissant des dents
» à la base des bras : dans un instant il fut enlacé. Rien
» ne peut dépeindre la fureur qui s'empara de lui quand

» il se sentit ainsi douloureusement lié; il remplit l'air de
» ses hurlements et de ses cris, mordant et déchirant son
» ennemi avec une rage que je ne lui avais pas encore vue,
» même dans un combat contre un loup dont il était sorti
» vainqueur. Le chien et le poulpe ne formaient plus qu'une
» seule masse. Ce mollusque changeait de couleur; dans
» la fureur qui devait aussi l'animer, sa peau prenait toutes
» les teintes, depuis le violet le plus foncé jusqu'au rouge
» le plus vif; et malgré les pierres dont je l'accablais,
» malgré les blessures nombreuses qu'il recevait, il parvin
» à entraîner dans un creux de rocher un chien que je
» pouvais comparer à Cerbère. Le danger qu'il courait ne
» me permit plus de balancer; je me jetai à mon tour sur
» ce poulpe, je saisis ses liens avec force, et, me raidissant
» des pieds contre les flancs du rocher, je parvins à arra-
» cher ses bras, dont enveloppant les miens, il essayait
» de me saisir aussi, quoique par les morsures du chien
» ils fussent déjà à demi détachés de son corps; par ce
» moyen, le dogue fut délivré; il put s'arracher de lui-
» même, en y laissant cependant du poil, du reste des bras
» qui l'avaient saisi, et je parvins à tirer ce poulpe en
» lambeau de ce trou, qui, s'il eût été plus profond, eût
» servi de tombeau à mon chien. Son corps était gros
» comme une citrouille; il avait un pied et demi de long,
» et ses bras étendus auraient pu offrir neuf pieds d'en-
» vergure. »

Quoi qu'il en soit, l'*Histoire naturelle des Mollusques*, la *Conchyliologie systématique*, ouvrages sérieux au fond, malgré la faiblesse de Denys-Montfort à l'endroit du surnaturel, le font citer par tous les auteurs qui, après lui, ont traité ces sujets. Son nom, qui figure dans les collections du Jardin des Plantes, près de tous les genres qu'il a créés, est désormais acquis à la science. Seulement, et ceci devrait tourner un peu à la confusion de Dunkerque, il est moins connu en notre ville qu'il ne l'est à Paris, dans le monde savant. Disons plus, il est ici pour ainsi dire ignoré par la génération actuelle, et ses rares contemporains, qui vivent encore, l'ont pour la plupart oublié. Son portrait existe à Dunkerque, il n'est point au musée, sa véritable place cependant. Ses ouvrages, nous regrettons de devoir le dire, ne se trouvent même pas à la bibliothèque. Ce dernier point surtout est-il un oubli involontaire, est-ce tout simplement de l'indifférence ? Nous ne voulons pas l'approfondir, nous nous bornons à le signaler n'ayant d'autre but, en écrivant ces lignes, que de faire sortir de l'oubli, où elle est plongée parmi nous, la mémoire d'un savant, d'un naturaliste distingué que Dunkerque peut, à juste titre, se glorifier d'avoir vu naître.

E. FORCADE.

TRADUCTION DU PSAUME CXXXV :

Super flumina Babylonis, illic sedimus et flevimus. (1)

1837.

Assis sur le rivage où Babylone étale
  Ses profanes grandeurs,
Le triste souvenir de la terre natale
  Venait saisir nos cœurs.

Aux saules de l'Euphrate attachant nos cythares,
  Nous pleurions sur nos fers,

---

(1) Le psaume *Super flumina Babylonis*, etc., a toujours été regardé comme l'expression la plus touchante et la plus vive des regrets de la patrie absente. Delille et d'autres poètes y font allusion. Il a été traduit par Malfilâtre. On a vu dans l'imprécation des deux derniers versets l'annonce de la prise de Babylone par Cyrus.

L'Israélite Bendemann, peintre de l'école allemande, est l'auteur d'un tableau, dont le sujet est emprunté au psaume CXXXV. Il est mélancolique et beau comme ce texte ; mais on n'y trouve pas les saules d'Orient, ni les cythares suspendues à leurs rameaux inclinés.

Nous pleurions en silence, et nos maîtres barbares
   Exigeaient des concerts.

« Chantez, nous disaient-ils, chantez-nous ces cantiques
   » Dont votre nation
» Jadis fit retentir les voûtes magnifiques
   » Du temple de Sion »

Eh ! comment pourrions-nous célébrer dans les chaînes
   Le nom de l'Éternel,
Redire avec bonheur dans ces terres lointaines
   Les hymnes d'Israël ?

Murs de Jérusalem, couchés dans la poussière
   Par nos persécuteurs,
Si votre souvenir ne mouille ma paupière
   D'intarissables pleurs,

Si je puis un instant, ô ma sainte patrie,
   Suspendre mes regrets,
Que ma main se dessèche, et que ma langue impie
   Se glace pour jamais

Rappelle-toi, Seigneur, rappelle en ta mémoire
   Cette heure où ton courroux,
Au gré des fils d'Edom nous ôtant la victoire,
   Éclata contre nous.

« Frappez, s'écriaient-ils, exterminez leur race,
   » Gardez-vous d'en sauver ;

» Que de leur ville en poudre on cherche un jour la trace
» Sans pouvoir la trouver. »

Cruelle Babylone, heureux qui de carnage
　　　　Sur toi va s'assouvir!
Heureux qui te rendra le pénible esclavage
　　　　Où tu nous fais languir!

Tombe avec ta splendeur sous les coups de la guerre,
　　　　Comme un frêle arbrisseau,
Et qu'un vainqueur sanglant écrase sur la pierre
　　　　Tes enfants au berceau.

　　　　　　　　　　　　C. PIETERS.

CHACTAS AU TOMBEAU D'ATALA.

1837

J'ai visité la tombe solitaire
Où d'Atala sont les restes sacrés,
Et là, les yeux en pleurs et fixés sur la terre,
J'ai répété l'hymne sincère
Que le regret inspire aux amants éplorés !

Après quatre printemps de plaintes et de larmes,
Empreintes quelquefois de mystérieux charmes,
O céleste beauté ! je m'approchai de toi,
Et dans l'asile où tu reposes,
Du calice embaumé des roses
J'ai cru sentir ton âme arriver jusqu'à moi !

Dans mon rêve, ô vierge divine !
Tu me pressais sur ta poitrine ;

Ma main serrait la tienne, et cette aimable erreur
De mon bonheur passé rappelait la douceur.

Hélas ! ce n'était donc qu'un songe
Dont le touchant et rapide mensonge,
  Tel qu'un nuage radieux
  Disparut trop tôt à mes yeux !...

Et sous le poids de ma tristesse amère
Je m'inclinai comme le saule en pleurs,
  Qui, symbôle de nos douleurs,
Couronne de son deuil une urne funéraire !

Et je n'aspire plus qu'au moment solennel
Où de son lourd fardeau mon âme délivrée
Ira jouir enfin du repos éternel
  Auprès d'une amante adorée.

Que ne puis-je en ce jour abandonner ces lieux
Qu'elle n'embellit plus de sa douce présence !
Quand pourrai-je quitter ce séjour de souffrance
  Pour te rejoindre dans les cieux !

  Car pour moi qu'est-ce que la vie ?
  Mon âme désormais flétrie
  Par des chagrins trop dévorants,
  Est comme la feuille jaunie
  Qui s'égare au souffle des vents !

Ainsi disait Chactas, sa plainte était semblable
Au torrent des déserts,
Et le gémissement des mers
Seul répondait au loin à sa voix lamentable.

La nuit dans le silence écoutait ses accents,
Et l'astre au front mélancolique,
Voilé d'un nuage mystique,
Semblait se conformer à ses maux déchirants !

H.-A. Gouttière.

LE PÈRE MOURANT.

CONTE.

1815

Un père avait deux fils bien différents entr'eux.
Autant qu'il m'en souvient, chez l'un qu'on nommait Pierre,
L'esprit et le savoir par un accord heureux,
S'efforçaient d'embellir un charmant caractère ;
La nature et l'étude avaient en le formant,
Su faire d'un brave homme un homme de talent.
L'autre était un butor et de plus une bête ;
On n'avait jamais pu rien fourrer dans sa tête ;
Quand il devait dire oui, souvent il disait non ;
C'est beaucoup s'il savait lire et tracer son nom.

Le père, cependant, voyant sa fin prochaine,
Un matin devant lui les fait tous deux venir.
— Mon cher Pierre, dit-il, je t'annonce avec peine
Que je vais te quitter, car je me sens mourir :

Mais par ce testament qu'à lire je te donne,
Tu verras qu'en entier à toi seul j'abandonne,
Aussitôt mon décès, la masse de mon bien.
— O ciel, y pensez-vous, mon trop généreux père !
Je ne vous comprends pas, quoi ! vous frustrez mon frère !...
Quoi ! vous me donnez tout et ne lui donnez rien ?
— Ecoute-moi, mon fils, et pèse ma justice :
Le mérite et l'esprit n'ont aucune valeur ;
Le talent meurt de faim s'il n'encense le vice ;
Pour parvenir ainsi je te crois trop de cœur ;
C'est pourquoi je désire assurer ta carrière,
Et te mettre à l'abri de l'affreuse misère ;
Avec tout ton savoir tu mendirais demain ;
Mais ton frère est un sot, il fera son chemin.

V. SIMON.

LA CLOCHE.

A M. DE LAMARTINE.

1827

Le printemps couronné de fleurs et de verdure,
Après de longs frimats, consolait la nature ;
Les doux chants de l'oiseau saluaient son retour
Et les feux du soleil éclairaient un beau jour.
Sous son beffroi gothique, en temps égaux lancée,
La cloche s'agitait dans les airs balancée ;
Troublant la douce paix des bois silencieux,
Les échos répétaient ses sons religieux.

J'aperçois un jeune homme... A son bras enlacée,
Marche timidement sa douce fiancée :
Sur son front qui du lis efface la blancheur,
Les roses de l'hymen étalent leur fraîcheur,

Ses beaux yeux sont baissés, mais son sein qui palpite,
Trahit la volupté du trouble qui l'agite.
Pour unir leurs destins par un nœud solennel,
Le pasteur du hameau les attend à l'autel.

Tableau délicieux ! Les filles du village,
Dont une simple fleur embellit le corsage,
Suivent d'un air pensif, la vierge qui, seize ans,
Partagea leurs plaisirs et leurs jeux innocents.
Quelquefois, cependant, un gracieux sourire,
Un regard où se peint le plus tendre délire,
Enivrent de bonheur plus d'un fidèle amant !

Non loin de cette foule... ô contraste touchant !
Assise sur le banc d'une pauvre chaumière,
Une fille pleurait, rêveuse et solitaire :
Son visage était pâle et, lentement, ses yeux
Semblaient accompagner le cortège joyeux.
Des couronnes de fleurs ne ceignaient point sa tête ;
Seule, elle paraissait étrangère à la fête.
Sa tristesse ajoutait un charme à sa beauté.

« Mon enfant, souffrez-vous ? » lui dis-je avec bonté.
Aux accents de ma voix elle parut émue ;
Son trouble respirait une grâce ingénue.
« Etranger, sur mon front tu lis donc la douleur ?...
Lorsque tout le hameau partage leur bonheur.
Seule j'ai dû rester... » Mais sa pâleur s'efface,
Le carmin de la rose en prend soudain la place :

Elle baisse les yeux, croyant que sa rougeur
Me faisait deviner le secret de son cœur.

Quand je lui dis: « Pourquoi fuyez-vous cette fête? »
Aussitôt, dans ses mains elle cacha sa tête;
De son sein j'entendis un soupir s'exhaler.
Elle n'osa répondre et je la vis pleurer.
« Dans mon âme, ô ma fille, épanche ta souffrance,
Tu vois mes cheveux blancs... parle sans défiance. »
Et la vierge reprit : « Paul a reçu le jour
Du plus riche fermier des hameaux d'alentour.
J'étais pauvre, j'entrais dans ma quinzième année,
Lorsqu'au printemps dernier, rosière couronnée,
Je reçus son hommage et lui donnai mon cœur.
Ses yeux peignaient l'amour et son front la candeur.
Pour me voir, dès l'aurore il quittait sa chaumière,
Et des plus tendres soins comblait ma pauvre mère.
Claire, me disait-il, quand nous serons unis,
Je lui prodiguerai tout l'amour d'un bon fils...

Ah! combien ses discours avaient pour moi de charmes !
Si quelquefois, alors, je répandais des larmes,
C'étaient... les connais-tu? les larmes du bonheur.
Tous mes jours s'écoulaient dans un rêve enchanteur!
J'étais alors de Paul l'heureuse fiancée
Et nos deux cœurs formaient une même pensée.

Il devint tout-à-coup inquiet et rêveur.
Ignorant le sujet qui causait sa douleur,
Un soir, je le plaignais : O Paul! je t'en supplie,

Quel noir chagrin, lui dis-je, empoisonne ta vie?... »
Il rougit... et soudain, s'échappant de mes bras,
Il détourna la tête et ne répondit pas.

Hélas! depuis deux jours, à l'heure accoutumée,
Il n'avait point encor revu sa bien-aimée !...
Ah! combien je pleurais attendant son retour !
Enfin, n'écoutant plus que la voix de l'amour,
Seule, je dirigeai mes pas vers sa chaumière.
Le sentier dominait le jardin de son père,
J'aperçus Paul... A Rose il offrait un bouquet.
Bientôt, il l'entraîna dans le fond d'un bosquet...
Je cessai de les voir... mais je pus les entendre...
Malheureuse, mon cœur sut trop bien les comprendre.
Rose est bien riche, et moi... je n'ai que mon amour !

Pour la première fois depuis ce triste jour,
De ce seuil qu'il a fui, j'ai revu le parjure.
J'ai pu le regarder, moi, mon âme était pure ;
Mais Paul, en rougissant, a détourné les yeux.
Je lui pardonne, hélas!... mais sera-t-il heureux ?

De l'église déjà le cortège s'approche...
Ils sont unis!... Rentrons... Le son de cette cloche
A glacé tous mes sens et vibre dans mon cœur.
Hélas! elle devait annoncer mon bonheur ! »

Son beau front se couvrit d'une pâleur mortelle.
« Bientôt, j'aurai cessé de souffrir, reprit-elle ;

Mon mal est là ! » Voulant m'exprimer sa douleur,
Elle se tait et pose une main sur son cœur.

L'automne finissait. Je revins au village,
Navré du souvenir de ce triste voyage ;
Je voulais la revoir... La cloche, lentement,
Plaintive, dans les airs sonnait lugubrement...
Douze vierges portant la robe d'innocence,
Vers l'église, en pleurant, s'avançaient en silence...
Claire ne souffrait plus !... et déjà dans les cieux,
Pour le bonheur de Paul elle faisait des vœux.

J. Fontemoing.

UN MOIS AU PRESBYTÈRE.

1854

Depuis bientôt un mois je vis au presbytère,
Comme un mondain pieux, comme un gai solitaire,
Désaltérant mon âme aux mystiques accords,
Aux travaux manuels assouplissant mon corps,
Et ramenant ainsi, comme une double palme,
Sur mon front rafraîchi la vigueur et le calme.

Fidèle à déserter Paris une fois l'an,
Je m'attarde aujourd'hui dans les plaines de Laon.
C'est un pays de cidre : en voyant tant de pommes,
On nierait que ce fruit ait pu perdre les hommes,
Si son âcre liqueur, où l'on goûte alléché,
Ne témoignait encor de leur premier péché.

C'est surtout le pays du froment et du seigle.
L'avide agriculteur semble avec une règle
Avoir tracé partout son monotone champ,

Dans le but d'enfoncer partout le soc tranchant,
Jaloux de transformer en terre qui rapporte
Les ruisseaux où l'on boit, le sentier qui nous porte,
Et méditant toujours de joindre à son terrain
Quelque reste de bois, où viendra mieux le grain.

Malgré le diable au corps qui pousse les poètes,
Des plus ardents les voix seraient ici muettes,
Puisque d'un sol sans fleurs, sans ombrage et sans eaux,
Doivent fuir à jamais les chants et les oiseaux.
Mais, si ces nobles blés m'inspirent de me taire,
(Braves fermiers, pardon!) parlons du presbytère.

Quand j'y vins, il était d'ouvriers encombré,
Pour y mieux recevoir la mère du curé,
Dame un peu maladive et de nerfs très-pourvue,
Qu'une poussière agace, et dont la prompte vue
Perce et découvre tout : d'un procureur du roi
La digne et noble veuve ; — Aussi jugez l'effroi
Des gens de la maison, surtout de Véronique,
Plus maladroite encore à force de panique.
Chacun perdait la tête, et même le pasteur
Avait peine à cacher une certaine peur.
J'arrivais fort à point pour raffermir les âmes :
« N'ayez donc pas ainsi de faibles cœurs de femmes,
M'écriai-je; aidez-vous et Dieu vous aidera ;
Qui veut peut ; à qui frappe on ouvre. » et cœtera.

Ces mots eurent bientôt relevé les courages.
L'herbe ainsi se redresse après les vents d'orages.

J'ajoutai : « Nous avons huit grands jours devant nous,
Et l'on irait en moins jusqu'à Liesse à genoux.
Vous, Véronique, allez, visitez chaque armoire ;
De son linge la mère aura surtout mémoire,
Sans oublier le reste. — Allez, cherchez, brossez,
Lavez, époussetez, reprisez, rapiécez ;
Le surplus nous regarde. » Et déjà l'inventaire
Commençait gravement par tout le presbytère
Du grenier à la cave avec soin exploré :
Hélas ! l'état des lieux était bien délabré !
Mais, honneur du curé prévoyant ou fort sage,
La cave avait encor le moins triste visage.
Quelques tas étalaient en embonpoint flamand,
Bien qu'ici sa grandeur eût passé récemment ;
Les draps, par plus d'un trou disaient avec grimace
Que l'orteil d'un confrère y vint marquer sa trace ;
Les soutanes aussi prouvaient en maint endroit
Que, le maître engraissant, l'habit devient étroit ;
Si, de plus, certains jours étoilaient les chemises,
L'habit cachant bien tout, ces choses sont permises.
Véronique pourtant se répétait tout bas
Que la mère à bon droit n'admettrait point le cas,
Et son visage alors, qui s'allongeait d'une aune,
Devenait tour à tour rouge ou bleu, vert ou jaune.
Ainsi la pauvre fille allait de choc en choc,
Et sa mine piteuse eût fait pleurer un roc.
Enfin, n'y tenant plus et la voix sanglotante :
« Je mourrai mille fois dans ces huit jours d'attente,
Murmura-t-elle ; hélas ! je n'aurais jamais cru
Que l'ouvrage arriéré pût s'être autant accru.
Cependant, bien qu'ici l'apparence m'accuse,
Les soins quotidiens me serviront d'excuse,
Si l'on veut être juste, — et monsieur le curé

Sait que j'ai fait toujours la cuisine à son gré.
Sans vouloir me vanter, ni mépriser personne,
J'ai plus à faire ici qu'on ne croit: dès que sonne
L'angélus du matin, l'hiver comme l'été,
Je saute en bas du lit, et tout est apprêté,
Ma chambre et les souliers — tant alors je m'empresse —
Lorsque l'enfant de chœur vient pour sonner la messe.
Quand la cloche a tinté, la première j'y cours,
Et monsieur le curé sait aussi que toujours
J'en reviens la dernière, et tout haut je m'en vante,
Ainsi que d'un curé doit faire la servante.
Puis, c'est le déjeûner de monsieur et de moi.
Bien que monsieur soit sobre, encor faut-il de quoi,
Et le bien apprêter ; j'y mets le soin et l'heure :
La soupe qui mitonne est toujours la meilleure.
Avant d'ôter la nappe il s'écoule du temps,
Car monsieur le curé n'a pas de bonnes dents.
J'en profite, et je songe à notre pauvre chatte
Qui vient en miaulant flairer près de ma jatte.
Il faut bien avoir soin des bêtes du bon Dieu ;
Le ciel s'en réjouit, et cela coûte peu.
A peine ai-je taillé sa soupe dans l'écuelle,
Que le bruit du couteau sur le verre m'appelle.
J'entre, pour desservir, près de monsieur qui lit,
Et, sauf votre respect, je fais alors son lit.
L'ouvrage avance ainsi, mais l'heure ainsi s'écoule.
Bientôt les mendiants nous arrivent en foule ;
Soixante au moins, monsieur, c'est le compte d'un jour ;
Il faut donner à tous, à chacun tour à tour :
Un liard par chaque tête, au soir la somme est forte ;
Comptez combien de fois je dois ouvrir la porte ;
Vous pourrez en juger par vous-même demain,
Ajoutez qu'entre temps je dois mettre la main

Au dîner (car monsieur, observant les coutumes,
Dîne à midi précis), nettoyer les légumes;
Si c'est gras, égorger et plumer un poulet;
Si c'est maigre, courir pour des œufs ou du lait.
La journée ainsi passe, et c'est toujours de même,
Sans compter les saluts de mai, ceux du carême,
Où, pour le bon exemple, on doit me remarquer,
Et que par zèle aussi je ne veux pas manquer.
Tout cela prend du temps aux dépens de l'aiguille,
S'il me tombe un loisir et que le soleil brille,
Il me faut au jardin aller cueillir, planter ;
Ou des prêtres, monsieur, nous viennent visiter,
Et (ne supposez pas que cela me déplaise)
Il me faut tout quitter, et rallumer la braise,
Et pour les voyageurs préparer quelques plats,
Car ils ont eu bien chaud, ont bien faim, sont bien las,
Si las, qu'après souper, couchant au presbytère,
Ils seront satisfaits d'un matelas par terre,
Faute de lits: de peu, certes, ils sont contents,
Et moi contente aussi; mais cela prend du temps. »

La pauvre fille ainsi d'une voix oppressée
Des soins de chaque jour déroulait l'odyssée,
Et nous, de ses soucis témoins compâtissants,
Nous prodiguions le baume et quelquefois l'encens.
Mais, craignant le retour des dangers de Capoue:
« C'est bien, allez en paix, Véronique, on vous loue,
Lui dis-je, et comme nous vos travaux vous loueront,
Et d'un zèle constant bien haut témoigneront.
Maintenant, croyez-moi, courez à vos armoires,
Et pour vous dérober à de futurs déboires,
Triez bien tout le linge afin que chaque lot

Contienne en bas le pire et le meilleur en haut.
D'autres conseils viendront avec d'autre besogne.
— A propos, reste-t-il encor de ce Bourgogne
Qui fut dernièrement vanté par monseigneur?
Cet éloge à coup sûr dut lui porter bonheur,
Et pour nous disposer à faire ici merveille,
Je serais bien d'avis d'en boire une bouteille? »

Pendant que Véronique au cellier descendait,
Nous tînmes un conseil sur ce que demandait
En réparation d'une urgence majeure,
La chambre qu'à la mère on fixait pour demeure;
Le salon, en deux mots: cette pièce, après tout,
N'était pas trop mal, mais en réclamait beaucoup.
Les quatre vents du ciel par la triple fenêtre
Pénétraient à l'envi, pour y régner en maître;
Le rouge carrelage, en maint endroit crevé,
De méandres terreux sillonnait le pavé;
Et des parois du mur en pierre spongieuse
Suintait goutte à goutte une eau pernicieuse
Qui, par son air de fièvre et de viscosité,
Aurait fait reculer la plus ferme santé.
La vaste cheminée était plutôt un antre
Capable d'engloutir un arbre dans son ventre;
Le dessus, en revanche, étroit comme la main,
A grand'peine aurait pu loger un flambeau-nain;
Et sous chaque fenêtre, où l'eau s'était complue,
Baillait une planchette humide et vermoulue.
Quant aux portes, vraiment il me paraissait clair
Qu'elles se trouvaient là pour mieux faire entrer l'air.
Quel spectacle navrant, quelle noble infortune!

Ah ! si j'avais tenu le conseil de commune !

— « L'évangile a raison, cher curé, tout est vain. »

Véronique à propos nous apporta le vin.

Qu'on a bien dit qu'au fond d'une coupe vidée,
L'homme le plus à court peut trouver une idée !
Un verre du nectar loué par sa grandeur
Suffit pour allumer l'éclair inspirateur :
— « Allons à Laon demain, c'est là qu'est le remède;
Si grand que soit le mal, il faudra bien qu'il cède ! »

Et dès le jour suivant, pieds légers, cœurs sereins,
Nous gravissions la côte en joyeux pélerins,
Egrenant tour à tour le chapelet d'emplettes
Que chacun avait dû noter sur ses tablettes.
Une heure nous suffit pour faire nos achats,
Puis, nous laissant glisser du mont, comme des chats,
(Nous étions cependant chargés comme des ânes)
De Laon bientôt au loin, dans les airs diaphanes,
Nous n'aperçûmes plus que les gothiques tours,
Sentinelles veillant sur tous les alentours.
Rentrés au presbytère avant la nuit, l'aurore
S'étonna de nous voir taillant, clouant encore,
Sur notre œuvre penchés du soir jusqu'au matin,
Pareils à des voleurs acharnés au butin.
On voyait sur le sol, théâtre de l'ouvrage,
Les nombreux aliments d'un si fervent courage ;
Outils de toute sorte, étranges bataillons
Disposés au hasard : clous moyens, courts et longs ;
Marteaux, vrilles, compas, rabots, planes, équerres ;

Limes, par qui reluit l'acier rouillé naguères ;
Pinces, sachant réduire un crampon aux abois,
Tous les tyrans du fer, de la pierre et du bois.

Je sais qu'un vieux soldat, fier de nobles entailles,
S'oublie à dérouler le fil de ses batailles;
Aussi, bien que criblé de blessures aux doigts,
Ne veux-je point ici dire tous nos exploits,
Imitant ces vainqueurs qui, d'une voix modeste,
Content leur Austerlitz, et négligent le reste.

Notre Austerlitz à nous, et ce n'est pas un jeu,
Nous tint près d'un grand jour à quelques doigts du feu,
Car ce qui signala cette grande journée,
Fut le siège en tout point de notre cheminée,
Laquelle, on s'en souvient, par son étroit rebord,
Au moins large flambeau refusait un support.
Pour y pouvoir poser la pendule et les vases,
Il fallait lui donner de suffisantes bases,
Et trouver un moyen qui, sans figurer mal,
N'altérat nullement l'immeuble communal,
Un volet, qui jadis servait au presbytère,
Du rebord rapproché, fit au mieux notre affaire:
Les deux bouts dépassaient de six pouces au moins
— Premier succès; — alors, apportant tous nos soins
A bien marquer, d'un doigt que l'entreprise effraie,
Nos diverses longueurs, avec un peu de craie,
Nous poussâmes la scie à travers ce chemin,
Suppliant St-Joseph de guider notre main.
Ballottés constamment de l'espérance au doute,
De nos fronts la sueur tombait à large goutte;

Plus approchait le but, plus notre corps tremblait ;
Et quand vint le moment d'essayer le volet,
Je vous laisse à juger l'angoisse non pareille!
Grace au ciel! le volet s'adaptait à merveille :
Désormais le rebord, enchassé dans ce bois,
Quelques bons clous aidant, défierait tous les poids.

Si d'une seule voix nous criâmes: Victoire!
Ce n'était pas encore assez pour notre gloire,
Le squelette était fait, mais d'affreuse pâleur.
Restait à lui donner la chair et la couleur.
La chair fut un coussin de fougère et d'étoupe,
Imitant les contours arrondis d'une croupe;
Et pour qu'un vêtement à la Rubens l'ornât,
Nous mîmes par dessus un beau velours grenat,
Etoilé de clous d'or sur toute la bordure,
Dont parlera la race actuelle et future.

A ce moment suprême il eût fallu nous voir
Nous mirer dans notre œuvre ainsi qu'en un miroir,
Et pour la contempler soit de flanc, soit de face,
Dans la chambre en tous sens courir de place en place :
Tel, son œuvre finie et n'y critiquant rien,
Jéhovah s'applaudit et s'écria : c'est bien!
Pour l'encenser alors le Seigneur eut les anges.
Depuis, tout grand artiste a besoin de louanges.
Nous en voulions aussi, que sert de le nier?
A ces fins fut mandé notre voisin Tellier,
Premier tailleur du lieu; de plus, deuxième chantre,
Dont la voix au lutrin semble sortir d'un antre;
De plus, bel écrivain, de maint placet l'auteur,
Sans rival pour la plume, après l'instituteur;

De plus, seul débitant de tabac, et j'ajoute
Que, s'il débite un conte, on fait cercle et l'écoute.
D'un tel homme, l'éloge est presque un diamant.
Enfin il arriva gravement, lentement,
Du pas d'un sacristain qui sait son importance,
Ou d'un juge qui va déposer sa sentence.
— « J'ai visité, dit-il, plus d'un pays lointain,
Sans rien voir d'aussi beau, pas même à Saint-Quentin! »
La louange était fine, et des âmes grossières
Ne l'eussent point sentie: « Il nous faut des lisières,
Et, vous nous en vendrez tout un assortiment, »
Répondis-je, touché d'un si beau compliment.
Ce bon Monsieur Tellier ne les fit pas attendre;
Il en vint par monceaux, et nous pûmes les tendre,
Et les clouer soudain sur chaque trou béant
Par où fenêtre et porte ouvraient passage au vent.

Notre génie ainsi se jouant des obstacles,
Avançait, entassant miracles sur miracles.
Le menuisier Gobert vint poser un parquet;
Le peintre, de couleurs vida plus d'un baquet,
Et le maçon Dubois, conseiller de fabrique,
D'un air très-solennel récrépit mainte brique;
Véronique à son tour, toujours l'aiguille en main,
Pour repriser les draps n'attendit plus demain.
Bref, avant les huit jours, lorsque la noble veuve
Surprit le presbytère, il avait fait peau neuve.

N'allez pas supposer que ce rude fardeau
Dut faire au bon pasteur négliger son troupeau:
Nous trouvions temps pour tout à force d'industrie,
Même pour élever un autel à Marie,

Dont le mois consacré, le mois charmant des fleurs,
Naissait au beau milieu de nos plus durs labeurs.
Aidés par les enfants de ce pieux village,
Nous fîmes notre autel de mousse et de feuillage,
Car celle qui du ciel sourit aux humbles chants,
Doit préférer à tout les simples fleurs des champs.
Au sommet de l'autel nous plaçâmes la vierge,
Un voile sur le front, aux deux côtés un cierge.
Des cantiques naïfs la louaient chaque soir,
Et les enfants de chœur balançaient l'encensoir.
A l'hommage des chants en succédait un autre :
Le pasteur, élevant sa douce voix d'apôtre,
Montrait quel est le but de l'homme en ce bas lieu,
Comment il faut agir pour être aimé de Dieu,
Comment Dieu vient en aide à l'âme qui le prie,
Et quelle mère enfin nous avons dans Marie.

Le pauvre, le malade, avaient aussi leur tour ;
Nous leur consacrions une heure chaque jour,
Prodiguant à propos la double et sainte aumône
De la voix qui console et de la main qui donne.

Le moment est venu de clore cet écrit
Où parlent tour à tour mon cœur et mon esprit,
Sans fard, sans s'opposer à la corde qui vibre,
Comme fera toujours la voix d'un homme libre.
Le moment est venu, mon cœur en est navré,
De vous dire au revoir, à vous mon cher curé,
A toi, loisir, à toi, paisible presbytère,
Où je vécus un mois comme un gai solitaire.

N. MARTIN.

TRADUCTION D'HORACE.

ODE: Non semper imbres nubibus hispidos. Lib. II.

1840.

La pluie en longs torrents du sein des noirs nuages
Descend-elle toujours sur nos champs désolés ?
O mon cher Valgius, par d'éternels orages
Des indomptables mers les flots sont-ils troublés ?

Dans toutes les saisons voit-on de l'Arménie
Les plages se couvrir de glaçons paresseux,
Les aquilons courber les chênes d'Apulie,
Et ravir leur feuillage aux frênes orgueilleux ?

Et toi toujours et toi de tes regrets funèbres
Tu poursuis ce Mysté disparu sans retour :
Tu gémis quand Vesper luit au sein des ténèbres,
Tu gémis quand Vesper pâlit devant le jour.

Mais du sage Nestor les pleurs intarissables

Sur l'aimable Antiloque ont cessé de couler ;
Valgius, des parents, des sœurs inconsolables,
De la mort de Troïle ont pu se consoler.

Mets, enfin, mets un terme à ta plainte, à tes larmes,
Chantons plutôt, chantons l'Araxe et le Médus
A cent fleuves soumis ajoutés par nos armes,
Et comme eux sous nos lois roulant des flots vaincus.

Oui, disons de César les conquêtes lointaines ;
A la voix d'un Romain le Gélon ravisseur,
De son coursier jadis roi de toutes les plaines,
Dans un domaine étroit emprisonnant l'ardeur.

C. PIETERS.

LE RETOUR AU VILLAGE.

ÉLÉGIE.

1850

Après avoir vingt ans passé des jours amers
Sur un sol inconnu, bien au-delà des mers,
Où l'enchaîna l'arrêt d'une rigueur fatale,
L'exilé devient libre, il voit tomber ses fers,
Il s'élance! il retourne à la terre natale!

Ce coin de l'univers qui lui sourit toujours,
Où tendent les efforts de son ardent voyage,
Ce n'est pas une ville au pompeux étalage,
Riche de hauts palais et de superbes tours;
C'est le petit clocher d'un modeste village.

Le jour était si beau!.. les cieux épanouis
De leur azur riant semblaient azurer l'âme;

Tout gazouillait dans l'air... et le soleil de flamme
Tombait en gerbes d'or sur les champs réjouis.

Soleil!... et cieux, et fleurs... grandes et douces choses,
Pour l'heureux exilé sont un charme nouveau;
Tout est joie et printemps : la nature et les roses,
Et le cœur de celui qui retourne au hameau !

Comme pour son retour le village est en fête !
Enfin de ceux qu'il aime il va tarir les pleurs,
Un jour effacera le siècle de douleurs !
Mais à l'heure suprême il palpite, il s'arrête :

Oui, ce sont bien encor les mêmes villageois,
Les mêmes airs joyeux qu'on chantait autrefois,
Et la même campagne, et la même colline;
Les mêmes tintements à l'église voisine,
Le même clocher noir avec sa blanche croix !

Un charmant souvenir que son bonheur recueille
Fuit de chaque sentier, vole de chaque feuille :
Là du vieux laboureur il guettait le retour ;
Là jouaient les enfan's ; là sa mère si bonne
Priait, humble et pieuse, auprès de la Madone;
Là son cœur bégaya les premiers mots d'amour.

Il approche... au détour de l'allée embaumée
Une femme apparait : la fleur de son printemps,

Celle qui fut pour lui si belle et tant aimée,
Et qui réjouissait sa jeunesse charmée ;
Mais sur ses jours amis le flot coula vingt ans !

Vingt ans ! ô ciel ! vingt ans !... tous ces hivers de glace
Ont soufflé leurs rigueurs sur la beauté qui passe,
Et l'éclat de la femme, hélas ! s'est envolé ;
Le temps sur cette amante a gravé son passage,
Il a pâli sa joue et ridé son visage,
Alors qu'il effeuillait le cœur de l'exilé.

En voyant le proscrit, son amante incertaine
Cherche en ses souvenirs une trace lointaine ;
Elle songe, rieuse, et ne se souvient pas...
Puis, comme repoussant une idée éphémère,
Bien vite elle s'éloigne... emmenant, bonne mère,
Les enfants grands et beaux qui suivent tous ses pas!

O proscrit ! la voilà ta belle fiancée !
Quoi ! toujours exilé, même de sa pensée ;
Un autre de sa vie est la joie et l'orgueil!
Mais secoue, ô proscrit, ta douleur importune,
L'oubli de ce doux rêve est toujours la fortune :
Un autre amour t'appelle et t'attend sur le seuil.

C'est le plus noble amour que Dieu mit sur la terre ;
Eclair de sa bonté, reflet de son mystère,
C'est un amour vivace entre tous les amours ;
Et ce génie aimant, et cet ange fidèle

Qui tous les jours te pleure et tous les jours t'appelle,
C'est ta mère, ô proscrit! qui se souvient toujours.

Sa mère!.. il veut la voir... et d'une marche fière,
Il franchit la prairie, il atteint sa chaumière ;
Mais, ô Dieu! sous le toit ce sont des inconnus,
Visages froids et doux, au sourire impassible,
Dont l'accueil glacial déchire un cœur sensible :
Sous le chaume natal pourquoi sont-ils venus ?

Il s'étonne, il se nomme... Avec un cri suprême
L'exilé de vingt ans appelle ceux qu'il aime !!..
Mais l'un des inconnus, toujours indifférent,
Le conduit sur le seuil, et de son geste lent,
Montre au bout du village une sombre verdure :
Les ifs, les peupliers, et le saule pleurant
Qui font au champ des morts leur funèbre ceinture.

Morts! quoi! morts tous les deux : ce père au cœur si fort
Et sa mère... tous deux sont couchés dans la mort.

Étranger! c'est bien là ton sinistre langage ;
Sur la croix funéraire on se heurte en chemin,
Et lorsqu'on croyait voir un si beau lendemain,
C'est un pâle soleil qui brille après l'orage :
Vingt ans!.. c'est l'horizon de notre ciel humain !..

L'infortuné, brisé par ce malheur rapide,

Sur le hameau natal promène un œil humide :
Dans son cœur désolé se glisse un froid subtil,
Et les airs du printemps dont les tièdes haleines
En chauds bouillonnements circulaient dans ses veines
Sont déjà plus glacés que les brises d'exil.

Ange de la douleur, espérance chérie,
O notre sœur fidèle aux heures de l'ennui,
Vainement l'exilé te rappelle aujourd'hui...
Il n'a plus rien sur terre !.. il n'a plus de patrie.

Pourtant ce sont encor les mêmes villageois,
Les mêmes airs joyeux qu'on chantait autrefois,
Et la même campagne, et la même colline,
Les mêmes tintements à l'église voisine,
Le même clocher noir avec sa blanche croix.

C'est aux plaines des morts, parmi les lits de pierre,
Que de ses purs amours il cherche la poussière ;
L'aride désespoir enchaîne encor ses pleurs :
Deux simples monuments forment la sépulture
Des deux morts endormis sans marbre et sans parure :
Leur fils n'était plus là pour leur donner des fleurs.

Deux tombeaux ! ô débris... Voilà ta destinée,
Pauvre famille humaine au néant condamnée ;
Voilà, marin lassé, ton asile et ton port :
Au lieu des chauds baisers, des touchantes ivresses,

Et du nid maternel, et des molles caresses,
Il saisit les longs bras décharnés de la mort !

Mais tandis qu'il gémit, son œil vague retombe
Sur l'image du Christ qui sourit à la tombe ;
C'est le sanglant Calvaire où Dieu grave ses pas,
C'est le plus doux martyr buvant l'amer calice,
C'est un roi qui pour nous descend jusqu'au supplice,
C'est l'Eternel donnant l'exemple du trépas !

Devant Jésus qui meurt, beau d'un pardon sublime,
Au sein du malheureux la foi vive s'anime,
Et le frisson de l'âme en lui s'est ravivé ;
Ainsi que du rocher Moïse tira l'onde,
Ses larmes ont jailli de leur source profonde ;
Il pleure ! il croit au ciel ! il prie... il est sauvé !..

Non, non, point de néant... le Dieu qui vivifie,
Des gouffres du tombeau fait le temple de vie ;
Leur nuit... c'est le soleil de notre humanité.
Et, déjà rafraîchi par ces rêves austères,
L'homme voit dans l'azur planer des ombres chères,
Et la cendre des morts crie : Immortalité !..

« Aux cieux ! ils sont aux cieux, c'est près d'eux qu'on m'appelle,
» Dit-il ; ils ont revu la patrie éternelle ;
» Le sol qui m'a vu naître est un exil encor ;
» Que ne puis-je avec vous fuir ces demeures sombres !..

» Chères âmes, priez que la ville des ombres
» Au fils que vous aimez ouvre ses portes d'or. »

Il crut ouïr alors dans l'air et les ombrages
Frémir de molles voix et voir de blancs visages,
Et long-temps sur le sol il demeura priant,
Jusqu'à ce que le soir, en déployant ses voiles,
Eut parsemé le ciel de son peuple d'étoiles
Qui pleurent leur blancheur sur l'arbre verdoyant.

Le fils pieux, quittant les funèbres vallées,
A ses deux morts chéris fit un dernier adieu,
Et, confiant ses jours aux grandes lois de Dieu,
De son village enfin regagna les allées.

Alors mouraient les chants des heureux villageois,
Les frêles tintements de l'église voisine ;
Le soir enveloppait la plaine et la colline,
Et dans l'ombre éloignée à peine se dessine
Le petit clocher noir avec sa blanche croix.

Benjamin Kien.

REGRETS SUR LA TOMBE D'UNE AMIE.

1812.

> L'espoir et la confiance en Dieu peuvent
> seuls calmer les douleurs de l'âme.

Elle n'est plus ! las ! que viens-je d'apprendre !
Mon cœur a tressailli, tous mes sens sont émus.
O toi, toi que j'aimais d'une amitié si tendre,
Toi, morte et loin de moi : je ne te verrai plus !

Quand déjà le printemps ranime la nature,
Que le soleil nous luit plus brillant et plus beau,
Que les champs, que les bois revêtent leur parure,
La tienne sera donc un linceuil, un tombeau !

Toi qui tant admirais les fleurs fraîches écloses,
Le saule, l'if sauvage et le triste cyprès
Orneront maintenant la couche où tu reposes ;
Une croix, quelques vers rediront nos regrets !

Et sur ces bords chéris, sur ce riant rivage,

Ensemble où nous allions respirer l'air du soir,
Sous les arbres touffus dont tu cherchais l'ombrage,
Pourrai-je désormais aller seule m'asseoir ?

Mon cœur t'y chercherait : de pénibles pensées
Reviendraient assaillir mon esprit affaibli ;
De trop longues douleurs, par le temps affacées,
S'élèveraient au sein du ténébreux oubli.

Quelquefois, pour calmer une tristesse amère,
J'irai revoir ces prés, ces gazons et ces fleurs ;
J'irai... mais, cette fois, avec ta bonne mère,
Exhaler nos soupirs, et confondre nos pleurs.

Et lors j'écouterai, je croirai même encore
Entendre tes accents, ta pénétrante voix ;
De ta bonté, Seigneur, une grâce j'implore,
Fais qu'en songe du moins je la voie une fois !

Las ! je la rencontrai sur le seuil de ma vie,
A cet âge où le cœur rêve un bel avenir ;
Tendres épanchements, aimable sympathie,
Vous ne vivrez donc plus que dans le souvenir !

Lorsque des passions sur nous grondait l'orage,
Plus fortes, nous marchions en nous donnant la main ;
Voyageurs exilés, le terme du voyage
Pour elle fut le jour ; moi, j'ai le lendemain.

Qu'ils reviennent les ans, les saisons et leurs fêtes,

Et les tièdes zéphirs, et les feux du midi ;
Contre de vains désirs, le souffle des tempêtes,
Son trop sensible cœur n'a plus besoin d'abri.

Oh ! que ne puis-je ainsi, que ne puis-je, à cette heure,
La revoir, lui parler, puis encor répéter
Nos peines, nos plaisirs... mais hélas ! je demeure,
Et pour elle mes vœux seuls au ciel vont monter.

Oui, je cesse, mon Dieu, ce triste et vain murmure :
Dans ta grande bonté je me plonge, j'ai foi ;
Que celle que je pleure, et qui de la nature
   Vient de subir l'impérieuse loi,
Ici-bas impuissante et faible créature,
Dans le sein du bonheur, dans un divin émoi,
D'une félicité toujours durable et pure,
Que son âme, à jamais, s'enivre auprès de toi.

Qu'un des anges des chœurs qui chantent ta puissance
L'accueille et la conduise en tes sacrés parvis,
Auprès de tes élus, des justes, des esprits ;
Qu'elle goûte céleste et pure jouissance !

Toi, qui sondes les cœurs, ah ! daigne la bénir !
Exauce, ô Dieu clément, ma fervente prière :
Inonde-la des flots de divine lumière,
Et permets que la mort puisse nous réunir.

PAULINE VERMERSCH.

LA FLEUR ET SON IMAGE.

ALLÉGORIE.

1853

Non loin d'un verdoyant côteau,
Au souffle du printemps mollement balancée,
Une fleur fraîche et nuancée
Etalait sa corolle aux rives d'un ruisseau.

Un orme aux longs rameaux lui prêtait son ombrage,
Et du soleil pur du matin,
Quelques rayons, glissant à travers le feuillage,
Venaient embellir son destin.

Simple et modeste alors, à la seule nature
Elle empruntait ses ornements,
Car les pleurs de l'Aurore étaient de sa parure
Les perles et les diamants.

Qu'elle était belle ainsi ! Mais hélas ! dans la vie

Rien, nous dit-on, ne peut durer;
Tout ce qui nous ravit doit toujours inspirer
    Ou l'amour ou la jalousie.

Un matin, se penchant, frivole en son désir,
Pour écouter le bruit de l'onde murmurante,
Elle vit à travers la glace transparente,
Une autre fleur comme elle.... et se sentit frémir.

Jamais rien d'aussi beau n'avait frappé sa vue ;
Elle en devint éprise ; et voulant, d'un baiser
    Qu'on ne pourrait lui refuser,
Savourer la douceur jusqu'alors inconnue,
    Elle s'incline doucement
    Vers cette image qui l'attire,
    L'admire avec enivrement....
Puis plonge au sein de l'onde où l'attend le délire...

    Mais.... livrée au cours du ruisseau,
    Une branche de sycomore
Heurte en passant sa tige frêle encore,
    Et la brise comme un roseau !

MORALITÉ.

Ainsi la jeune fille au matin de la vie,
Pour entr'ouvrir l'oreille aux doux propos d'amour,
Voit les brillants attraits dont elle est embellie
    Se faner souvent sans retour.

          PEROT,
Membre de l'Institut historique de France.

A Mme D***,

SUR LA MORT DE SON FILS.

1823

Il n'est donc plus, ce fils, ô malheureuse mère !
Tes larmes, ton amour, n'ont pu toucher les dieux :
    Son âme, abandonnant la terre,
    A pris son essor vers les cieux.
    En vain, guidés par l'habitude,
  Tes yeux en pleurs vont chercher son berceau,
Hélas ! il n'offre plus à ta sollicitude
      Que l'aspect d'un tombeau.
Ce visage, embelli des grâces de l'enfance,
    N'a plus son éclat, sa fraîcheur ;
Ce corps, jadis charmant, est privé d'existence ;
Ses membres délicats ont perdu leur vigueur :
    Ainsi périt, à peine à sa naissance,
      Une brillante fleur.
Le fruit de ton amour, que la mort inflexible
    Vient de frapper en son printemps,

N'est plus, hélas! qu'un objet insensible
Que tu couvres encor de tes embrassements.
Ce corps, ce corps glacé redoublant ta tristesse,
  On doit aussi te le ravir ;
Et ce fils, tendre objet de ta vive tendresse,
Qui, s'il avait joui d'un plus long avenir,
  Aurait un jour soutenu ta vieillesse,
Bientôt ne vivra plus que dans ton souvenir.

       A. DASENBERGH.

SIÈGE DE DUNKERQUE EN 1558. [1]

1850

Charles-Quint venait d'abdiquer le pouvoir à un âge où les autres hommes redoublent d'efforts pour l'acquérir. Il s'était retiré au couvent des Hiéronimites de Saint-Just, dans la province de l'Estramadure, à trois lieues de Palança. Son fils, Philippe II, jouissait et des vastes états de son père et du repos que celui-ci lui avait ménagé par une trêve de cinq ans avec la France. Mais l'Europe semblait alors destinée à être sans cesse divisée par la guerre, et les Pays-Bas à en être le théâtre.

La paix régnait à peine depuis un an. L'amiral de Coligny la troubla par des hostilités qu'il commit dans l'Artois.

---

[1] Presque à toutes les époques, l'histoire de Dunkerque, soit dans sa totalité soit dans l'une ou l'autre de ses parties, a exercé la plume des écrivains. Jean-François Sarrasin, poète français, né en 1604 à Hermanville près de Caen, et mort en 1651 à Pézenas, nous a laissé une *Histoire du siège de Dunkerque par Louis de Bourbon, prince de Condé*. Cette relation est faite d'un point de vue fort élevé, impartiale, bien écrite, intéressante et digne de l'auteur ingénieux auquel on doit le poème malicieux et gai de la *Défaite des bouts rimés*. Sarrasin a fait

Sur-le-champ Philippe II part de la Flandre et se dirige vers l'Angleterre pour y prendre des mesures contre la France. Il passe à Dunkerque, et le motif de son voyage, deviné par la peur ou divulgué par l'indiscrétion, y suspend le commerce, et y fait succéder l'inquiétude à la sécurité.

Des nouvelles fâcheuses redoublent encore les alarmes. On apprend que les Français ont déjà mis des vaisseaux en mer; que leurs troupes se sont avancées jusqu'à Bredenarde, et ont ravagé ce pays. Sur cet avis, des bâtiments légers et bons voiliers sont envoyés pour avertir de la rupture tous ceux qu'ils rencontreraient en mer, et leur recommander de ne pas s'approcher des côtes de la France. Cette précaution n'empêcha pas la prise de beaucoup de navires pêcheurs, qui furent menés dans les ports français. D'autres, prévenus du danger, vinrent promptement relâcher à Dunkerque et dans le voisinage. De Dunkerque et de son voisinage sortirent à leur tour des corsaires qui firent quelques prises importantes. On arma aussi des navires pour assurer la pêche des villes maritimes de la Flandre.

La flotte d'Espagne arriva à Dunkerque dans le mois de

---

encore une ode sur le même siége. Ses œuvres furent recueillies par Ménage, en 1656, Paris, 1 vol. in-4°, et 1685, 2 vol. in-12 ; le discours préliminaire est de Pélisson, académicien, ami et défenseur du malheureux Fouquet. Les *Œuvres choisies de Sarrasin* font partie de la collection des *Petits classiques français*, publiée en 1826 par Ch. Nodier.

Pélisson, passant par Pézenas quatre ans après la mort de Sarrasin, son ami, se transporta sur sa tombe, l'arrosa de ses larmes, lui fit faire un service, fonda un anniversaire, et célébra dans cette épitaphe les talents du défunt :

    Pour écrire en styles divers,
Ce rare esprit surpassa tous les autres.
    Je n'en dis pas plus, car ses vers
    Lui font plus d'honneur que les nôtres.

septembre 1557, et l'on s'attendit dès-lors à des événements décisifs. On espérait cependant que la ville ne serait pas menacée, lorsque le duc de Guise, qui commandait les troupes françaises, mit le siége devant Calais au commencement de l'année 1558. Calais était défendu, du côté du port, par un Risban ; du côté des marécages, par le fort de Nieurlet. Le duc de Guise prit le Risban et le fort de Nieurlet, et la ville fut obligée de capituler.

L'orage semblait alors se porter tout entier sur Dunkerque. Le gouverneur, le magistrat et les bourgeois notables s'assemblèrent pour délibérer sur les moyens de le conjurer. Le gouverneur était le sire de Halewyn, seigneur de Nieuwerlet et de Bambecque. Il remontra qu'il n'avait que cent soldats pour la défense de la ville ; qu'il lui était impossible de résister avec si peu de monde, et que, s'il ne venait du renfort, il désespérait des choses. Cette déclaration consterna le magistrat : il crut qu'il n'y avait pas de temps à perdre pour mettre en sûreté ce qu'on avait de plus précieux, et il fit transporter à Bruges les originaux des priviléges de Dunkerque, les registres, les documents, la vaisselle d'argent de la ville et de la garde-orpheline et les ornements les plus riches de l'église paroissiale.

Les habitants, réglant leurs craintes sur celles de leurs administrateurs, suivirent cet exemple, et les routes de Bruges, de l'Ecluse, d'Ypres et des autres villes de la Flandre, furent bientôt couvertes de chariots qui portaient en divers lieux le mobilier des Dunkerquois. On vit même, sous prétexte de l'accompagner, des bourgeois déserter leurs foyers. Le magistrat défendit alors, sous les peines les plus sévères, à qui que ce fût de sortir de la ville ; et, nonobstant cette défense, l'échevin Denis Nayman s'éloigna avec sa famille, ce qui excita une douleur et une indigna-

tion générale. « Comment, disait-on partout, il nous croit
» déjà tombés au pouvoir des ennemis ! Et lui, qui devait
» nous animer par sa présence, il ne balance pas à nous
» décourager par sa fuite ! »

Cependant, les troupes espagnoles restaient dans leurs
quartiers d'hiver, et nul changement n'annonçait que la
cour de Bruxelles prît des mesures pour s'opposer aux entreprises des Français. Seulement le sire de Halewyn fut rappelé de Dunkerque pour prendre le commandement de dix
compagnies allemandes, et l'on envoya à sa place, de
St-Omer, le sire de Stapele, avec un secours en hommes.
Mais quel secours ! c'était une compagnie de deux cents
Artésiens sans frein, sans discipline, qui, ne recevant pas
de paie, parce que la guerre avait ruiné le gouvernement,
pillaient les gens des villes et des campagnes, et maltraitaient
ceux-là mêmes qu'ils venaient défendre.

Aussitôt qu'ils furent arrivés à Dunkerque, ils se mirent
à faire des excursions jusque dans la châtellenie de Bergues,
rançonnant les villageois, emmenant leurs troupeaux, et
signalant en tous lieux leur passage par d'intolérables excès.
Le magistrat de cette ville en fit des plaintes à leurs officiers.
Ces officiers, qui étaient obligés de tout supporter de pareils
soldats, n'ayant donné que des réponses évasives, le magistrat résolut de se faire justice lui-même, et fit pendre trois
Artésiens qu'on avait surpris volant dans des fermes et
opprimant les fermiers.

La garnison de Dunkerque fut promptement instruite de
ce châtiment, et cinquante hommes de la compagnie des
Artésiens punis, allèrent droit à Coudekerque, à la maison
de campagne d'un bourgeois de Bergues, nommé Le Brune,
membre du magistrat. Ils enfoncent les portes, brisent les

armoires, emportent tout ce qu'ils trouvent, assomment les domestiques de Le Brune, et vengent ou croient venger ainsi la mort de leurs camarades. Ensuite, ils vont à la potence où leurs cadavres étaient encore attachés, et, n'ayant pu l'abattre pour les en décrocher, ils s'en reviennent le lendemain à Dunkerque, aussi fiers de cette expédition que s'ils avaient battu l'armée française.

Mais Bergues porta ses réclamations au roi d'Espagne à Bruxelles. Philippe envoya sur-le-champ à Dunkerque son prévôt, qui fit arrêter et pendre plusieurs des coupables ; le reste, craignant un sort pareil, déserta à l'ennemi et l'informa du mauvais état des fortifications et de la faiblesse de la garnison de la ville.

Ainsi, par l'abandon de quelques habitants et de l'un de ses échevins, par la trahison de ses propres soldats, la ville se voyait insensiblement amenée à la catastrophe qui devait couronner tant de funestes pronostics.

La série n'en était pas épuisée. Le sire de Stapele, le nouveau gouverneur, fut averti, par des espions qu'il avait dans l'armée française, des révélations qu'y avaient faites les déserteurs artésiens. Mais d'autres espions, peut-être corrompus par les Français, lui donnèrent avis que les ennemis, loin d'avoir ajouté foi à ces révélations, les avaient considérées comme une ruse pour les attirer devant une place sûrement pourvue de munitions et de troupes, et les y faire cerner par les Espagnols ; qu'ils se garderaient donc bien de venir à Dunkerque ; qu'ils se proposaient seulement de ravager les châtellenies de Bergues et de Bourbourg, de passer près de Cassel, et de prendre ensuite leur chemin entre Aire et St-Omer pour retourner en France. Ce dernier rapport donna quelque défiance au sire de Stapele ; il résolut de s'éclaircir par lui-même sur les intentions et les mouvements de l'armée française. Il alla à Gravelines, chez un de ses parents qui commandait la place en l'absence du gouverneur ; mais là, au lieu de prendre des informations, il s'amuse à boire avec des amis. Dans le feu de l'orgie, il se lève de table tout-à-coup, et veut revenir à Dunkerque. Ses amis, n'ayant pu l'en dissuader, persistent du moins à lui servir de gardes. Ils prennent tous le chemin de Dunkerque en longeant les dunes. Le cheval du sire de Stapele était fort ombrageux ; il prend l'épouvante et emporte son maître loin de l'escorte. La châtellenie de Bergues s'étendait alors jusqu'auprès de Dunkerque, et des patrouilles ne cessaient de la parcourir en tous sens. Un piquet aperçoit de loin un cavalier isolé avec un plumet blanc au chapeau, le prend pour un Français, et l'abat d'un coup de mousquet : c'était le sire de Stapele. Il avait reçu la balle dans la tête.

La ville avait perdu son gouverneur, et, ce qui aggravait l'état des choses, la garnison soupçonna le magistrat de s'être servi de la garnison de Bergues pour se défaire du sire de Stapele. Le jour suivant, lorsque le corps fut mené en cérémonie jusqu'au chariot qui devait le transporter à Spycker, dont le défunt était seigneur, les soldats qui accompagnaient le cercueil se jetèrent sur les membres du magistrat, et les forcèrent à la fuite après les avoir presque tous blessés.

Le lendemain, on apprit que l'armée française approchait. Le magistrat envoya un échevin au sire de Recourt, neveu du sire de Halewyn, pour le prier de succéder au sire de Stapele. Ce seigneur demeurait au château de Westcappel ; on eut beaucoup de peine à lui faire accepter cette offre : il ne vint qu'avec cinq ou six domestiques, et dès qu'il eut visité la place et apprécié l'esprit de la garnison, il voulut quitter un commandement où il était difficile de s'illustrer. Cependant, les prières des bourgeois lui arrachèrent la promesse de ne pas les abandonner. Leurs instances furent moins efficaces près des gentilshommes des environs: tous refusèrent de secourir la ville.

Elle n'avait pour défenseurs que deux cent cinquante soldats sans subordination, quatre cents bourgeois au plus en état de porter les armes, et un commandant qui ne s'intéressait guère à sa conservation; et c'était avec de telles ressources qu'elle allait avoir à lutter contre les assauts d'une armée de treize mille fantassins et de quatre mille cavaliers dont la discipline était admirable, la force morale doublée par un premier succès, et qui étaient commandés par un officier dévoué à son roi.

Cet officier était le maréchal de Termes; il avait sous lui les capitaines de Villebon, d'Annebaut, Sénarpon, et le comte de Chaulnes. Le 23 juin, il sortit de Calais avec ses troupes, et, après avoir fait courir le bruit qu'il allait attaquer Bourbourg, il vient camper entre les villages de Marck et d'Oie. La nuit du 1er juillet, il s'approcha à marée basse du nord de Gravelines, et campa une seconde fois à l'orient de cette ville.

Il y avait à Mardick mille à douze cents cavaliers du parti espagnol. Le maréchal les fit attaquer par un détachement de son armée; mais ce détachement fut repoussé avec quelque perte. Alors le maréchal vint le renforcer avec trois cents chevaux qu'il conduisait lui-même. Mardyck fut emporté, et ceux qui le défendaient furent tous pris ou tués. Le maréchal, délivré de cet obstacle, continua sa route vers Dunkerque, et marcha toute la nuit.

Le 2 juillet, au point du jour, les sentinelles de la ville aperçurent, du haut des murailles, quelques cavaliers qui poursuivaient des bestiaux dans la campagne. Bientôt l'avant-garde des Français parut entre Mardick et Petite-Synthe, et, l'armée s'approchant toujours, à dix heures du matin la ville fut entièrement investie.

D'abord, les assiégés accueillirent les Français à coups de canon et avec un feu de mousqueterie très-vif et très-animé. Les soldats les plus avancés de l'armée tombaient en foule sous les coups de cette artillerie. Le maréchal de Termes, irrité des pertes qu'il faisait, ordonna de dresser promptement une batterie de six pièces de canon sur une colline qui terminait les dunes du sud-ouest de la ville auprès de l'Écluse-Bleue, et à quatre heures du matin, il fit tirer avec tant de furie, que la muraille qui protégeait le couvent des Frères-Mineurs, aujourd'hui l'église de Saint-Jean-Baptiste, et la tour de Ste-Marguerite, qui surmontait la muraille, en éprouvèrent des dommages considérables. Il y avait déjà une grande brèche à la muraille, et les habitants se hâtaient de la remplir, les uns en y portant des lits, des tables, des chaises, les autres en y jetant des planches, des avirons et des pierres, et les pêcheurs en y tendant leurs filets pour embarrasser les pas des Français. Mais ces matériaux étaient insuffisants pour combler le vide, et quinze hommes pouvaient y passer de front.

Dans cette extrémité, et sur le point d'être pris d'assaut et d'éprouver toutes les horreurs d'une ville forcée, les habitants, ou plutôt ce qui restait de la population de Dunkerque (les autres étaient tués ou s'étaient réfugiés dans les villes voisines), proposa au sire de Recourt de capituler. Dans le premier moment, il rejeta avec colère

cette ouverture, disant que, s'il agissait ainsi, il se rendrait coupable de trahison envers son souverain, et qu'au surplus, c'était lui, et non les habitants, qui répondait de la ville. Ce sentiment fut partagé par des capitaines espagnols, qui s'y étaient jetés quelques jours auparavant. Mais le danger était imminent, et deux heures d'attente n'avaient fait que rendre la position des Dunkerquois plus mauvaise. Ils reviennent à la charge auprès du gouverneur. « Vous
» voyez, lui disent-ils, que la ville, dans un instant, est au
» pouvoir des Français. La brèche est si large, qu'elle ne
» peut plus être défendue. La garnison, loin de nous
» appuyer, nous désole par ses violences et ses brigan-
» dages, et nous sommes assiégés au-dedans et au-dehors.
» Vous prétendez que votre honneur s'oppose à la reddi-
» tion de la place ; mais le dernier gouverneur de la
» Flandre, le comte de Reux, nous a déclaré plusieurs fois
» qu'elle n'est pas assez forte pour résister à un siége
» régulier, et qu'elle ne peut qu'arrêter les courses des
» ennemis. Ce témoignage doit vous satisfaire, et S. M.
» Catholique vous saura moins de gré d'avoir fait inutilement
» de la ville un monceau de cendres, que de la préserver
» maintenant d'une ruine totale ; car la France pourra la lui
» restituer un jour, en vertu de quelque arrangement, et Phi-
» lippe sera charmé de recouvrer autre chose que des ruines. »

Le sire de Recourt se décida à traiter avec les ennemis. On fit un signal du haut d'une butte qui était près de la *West-Porte*, et les assiégeants y répondirent par un autre. On convint des deux côtés que l'on réglerait les articles de la capitulation dans un endroit peu éloigné de la porte de Nieuport, aujourd'hui celle du Rosendael, mais hors des murs. Les députés français et les députés flamands s'y rendent sur l'heure. Le Magistrat demande pour les habitants la permission de sortir de la ville avec ce qu'ils pourraient emporter sur eux; mais le sire de Recourt ne songe à stipuler que pour lui et la garnison; et tandis que le magistrat privé de l'appui du gouverneur, tâche en vain d'obtenir quelques conditions supportables pour les bourgeois, les cavaliers et les fantassins français franchissent le canal que la mer formait entre l'Ecluse-Bleue et la porte de Bergues, et qu'ils avaient comblé avec de la terre, des pierres et des arbres; ils passent par la brèche, et se répandent dans les rues en tuant ceux qui se trouvent sur leur passage. Tout fut perdu dès ce moment : les habitants, qui avaient cessé de se tenir sur la défensive à la première apparence d'un accord, surpris de voir dans leurs murs l'ennemi avec lequel le magistrat parlementait, se sauvent dans les églises, sur les toits, dans les caves; mais aucun asile ne peut les dérober à la rage du vainqueur. Ni l'âge ni le sexe ne furent épargnés. Les meurtres et le pillage durèrent sept jours, et pendant ce temps, des gardes placés aux portes arrêtaient ceux qui s'échappaient de la ville, ou, si ces malheureux trompaient la vigilance des ennemis, ils allaient tomber au milieu du reste de l'armée française campée autour des murailles.

Les cloches de la principale église furent mises en morceaux, et embarquées avec un butin considérable pour être transportées à Calais et à Boulogne. Bergues subit le même sort que Dunkerque, et toute la châtellenie fut mise à feu et à sang (¹). Les Français en amenèrent tant de

---

(¹) *Anno* 1558 *à Francis urbs Bergensis cum omnibus ecclesiis, nostrumque cœnobium, id est templum, dormitorium, abbatialis domus, refectorium, ambitus seu claustrum cum vicinis ædificiis planè vastata fuere.* (Antonii Sanderi Flandria illustrata, tomus tertius, pag. 305.)

Sanderus, après avoir constaté la dévastation de la ville de

bestiaux, qu'on donnait dans leur camp une vache pour deux ou trois sous. Les environs de Nieuport furent ravagés par le capitaine Villebon, qui mit ensuite le siège devant Gravelines, et qui s'en serait emparé, si les vigoureuses sorties de la garnison n'avaient mis un terme à ses exploits. Il sut alors qu'une armée se formait à Watten et à St-Omer pour combattre les Français. Il en informa promptement le maréchal de Termes, qu'un accès de goutte avait retenu à Dunkerque.

Celui-ci n'avait conservé près de lui que cinq ou six régiments, et avait laissé au capitaine Villebon le commandement de l'armée. Il se détermina à réunir au plus tôt tout son monde, et à abandonner une ville où il ne lui semblait pas prudent d'attendre l'ennemi. Il annonça donc son prochain départ, et prit auparavant ses mesures pour le rendre encore plus désastreux aux habitants que ne l'avait été son arrivée.

Et cependant, ils étaient parvenus à un extrême degré de misère. Il n'y avait pas de maison qui n'offrît des traces de la fureur des Français : des croisées arrachées, des portes brisées à coups de haches, des meubles mis en pièces, attestaient dans chaque rue la soif de destruction dont ils étaient animés contre cette malheureuse ville. Des cadavres entassés çà et là sur les places, dans les carrefours, ne déposaient pas moins de leurs cruautés envers les personnes, et ce qui mettait le comble à tant d'infortune, des enfants, dont les parents étaient morts ou fugitifs, mourants

---

Bergues et de son abbaye, dit que le désastre causa aussi la perte de reliques et même de corps entiers de saints, celle de manuscrits d'une grande valeur, et la dispersion temporaire des religieux de St-Winoc.

et presque nus, tendaient partout leurs mains suppliantes vers leurs vainqueurs pour en obtenir un morceau de pain.

Les Français étaient en bataille sur la place, attendant de leur chef le signal du départ. Les bourgeois comptaient les minutes qui devaient s'écouler jusqu'au moment de leur délivrance. Tout-à-coup, des nuages de fumée s'élèvent de différents quartiers de la ville; des flammes leur succèdent, et annoncent que la cité est livrée à un embrasement général. Quelques bourgeois s'apprêtent à en arrêter les progrès; les Français les en empêchent, ils les forcent à contempler tranquillement l'incendie qui va consumer ce que le fer n'a pu détruire; et lorsque la violence du feu ne laisse plus ni l'espérance ni le pouvoir de l'éteindre, ils traversent les rues et sortent par la porte de l'occident, éclairés dans leur chemin par les flammes qui dépassaient les édifices les plus élevés, et emportant avec eux les malédictions de ceux qu'ils laissaient sans abri et sans subsistance; car ils avaient eu soin de brûler aussi des barques pleines de vivres et de butin, que le vent contraire avait jusqu'alors retenues dans le port.

L'église paroissiale, une partie du couvent des Cordeliers, l'hôpital de St-Julien, l'abattoir et d'autres édifices furent réduits en cendres; la plupart des maisons des particuliers disparurent, ou bien l'on ne trouva, à la place où elles avaient existé, que des décombres noircis; et la ville, déjà grande et régulière, ne parut plus qu'une enceinte de ruines où l'on vit errer çà et là quelques spectres, naguère heureux habitants d'une cité florissante.

Mais on eût dit que le sort, ne trouvant plus chez nous d'objets sur lesquels il pût exercer sa rigueur, s'était tout-à-coup décidé à sévir contre les Français, et à compenser par la force de ses coups le retard qu'il avait mis à leur en porter. Peu de jours s'étaient écoulés depuis leur départ, lorsqu'on vit arriver aux portes une vingtaine de prisonniers de cette nation, escortés par une foule de paysans qui leur prodiguaient des outrages. C'était à peu près tout ce qui restait de l'armée du maréchal de Termes. Il s'était arrêté trop long-temps à incendier Dunkerque, et sa lenteur avait permis au comte d'Egmont, chef de l'armée rassemblée à Watten et à St-Omer, de s'emparer du passage de la rivière d'Aa. Forcé de livrer bataille à des troupes plus nombreuses que les siennes, le maréchal de Termes avait été complètement battu ; il avait été pris avec tous ses officiers, après avoir vu ses soldats massacrés ou noyés dans la rivière d'Aa. De quatre cents qui étaient tombés au pouvoir des Flamands, une moitié avait été envoyée en Angleterre, et l'autre, promenée dans les bourgs et dans les villages de la Flandre, servait d'aliment à la rage de ceux qui avaient des représailles à exercer. Les Français conduits à Dunkerque n'allèrent pas plus loin. Les femmes de l'escorte, leur montrant les débris fumants des maisons et les cadavres des filles violées, se jetèrent sur eux avec fureur. Elles en assommèrent à coups de pierres et de bâton, en hachèrent à coups de cognée, en déchirèrent plusieurs avec les dents et les ongles, humant avec une affreuse avidité le sang qui sortait des blessures.

Tel était le bon vieux temps. Un triomphe cruel appelait une cruelle vengeance. Les Français, entrés dans la ville par une sorte de surprise, avaient abusé de leur avantage ; les paysans dont ils avaient dévasté les champs, abusèrent à leur tour de la victoire du comte d'Egmont ; et ce sont ces boucheries nées de boucheries, ce sont des égorgements continuels sur presque tous les points du territoire, massacres méthodiques hors des villes, massacres désordonnés dans les villes, qui autorisent à dire de la Flandre, avec plus de vérité peut-être que de tout autre pays, que dans les cités il est peu de pierres qui n'aient été souillées d'immolations, et que dans les campagnes

Aucun épi n'est pur de sang humain.

Cependant, par les bienfaits de Philippe II, par le retour de la paix et la renaissance du commerce, Dunkerque se releva peu à peu de ses malheurs ; une nouvelle ville sortit des ruines de l'ancienne ; les habitants revinrent en foule pour la peupler, et l'échevin Denys Nayman, en punition de sa fuite, fut contraint de fournir une forte contribution pour aider à fermer la brèche, et d'avoir au coin de sa maison une lanterne allumée chaque nuit, indiquant à tous la demeure de celui qui avait abandonné sa patrie au jour du danger.

C. PIETERS.

LES DEUX ROQUETS.

FABLE.

1843

   Deux roquets voulurent un jour
   Devenir chiens de basse-cour;
   (L'amour-propre partout se glisse).
  Or donc, pleins d'un projet si beau,
Ils quittent de chez eux pour chercher du service.
L'un dit: « Entrons, ami, chez le voisin Thibault;
« Tu connaissais Dragon son chien de forte race,
« Il est mort: qu'un de nous aujourd'hui le remplace.
— « Bravo, dit l'autre, entrons, faisons-nous bien venir,
« Montrons à ce fermier jusqu'où va notre audace. »
A ces mots, les voilà tous les deux de courir
En cent lieux du logis, feignant d'être en colère,
   Jappant contre bœufs et taureaux,
Insultant, à vingt pas, les plus fougueux chevaux;
   Un rien eût pu les faire taire,
Mais s'inquiète-t-on de pareils animaux?

Enfin, plus fiers après cette équipée
Que n'étaient dans leur temps et César et Pompée,
Ils vont s'offrir pour succéder au mort.
« Feu mon chien, par ma foi, ne criait pas si fort,
« Dit le fermier fâché de ce désordre ;
« A coups de fouet je vais vous renvoyer ;
« Je veux un chien qui puisse mordre,
« Et vous ne savez qu'aboyer. »

La morale, au lecteur, reste facile à faire :
Le poltron fait du bruit, le brave sait se taire.

Victor Simon.

O TOI QUE J'AIME TANT !

A MADEMOISELLE ***.

1838

> Avez-vous quelquefois, quand l'étoile aux cieux brille,
> L'été, seul et pensif, au déclin d'un beau jour,
> Irrésolu, chagrin, sous la verte charmille
> Nourri votre avenir d'un nom de jeune fille,
> Être divin parlant d'amour ?
>
> A. E. Y.

Ange, vois arriver la saison de la rose,
Vois sa corolle pourpre, épanouie, éclose,
Étaler ses appas aux baisers des zéphirs ;
Les vergers sont fleuris et la plaine arrosée
Par les pleurs du matin, brillante de rosée,
Et disperse des flots de perles, de saphirs.

Palès de ses troupeaux dans la plaine fleurie
      Vient de mener l'essaim joyeux ;
La nature a besoin de délire et de vie ;

Le ciel est azuré; l'onde en flots d'harmonie
Exhale ses soupirs vers la voûte des cieux.
Une voix prie encor sur la rive lointaine :
C'est la voix de la mer autrefois si hautaine
Et si calme aujourd'hui. Le lion furieux
Ne brandit pas toujours sa crinière terrible :
Si le mal le tourmente alors il est horrible ;
Mais des ruisseaux d'azur les chants mélodieux,
La beauté des vallons, l'amour, la poésie
Exhalés par l'aurore et par la voix des eaux
Dans les replis dorés des timides roseaux,
Appaisent sa fureur et son âme ravie
Sent un besoin d'amour et de mélancolie.

Alors que tout jouit, que la joie et l'amour
Font pleurer les oiseaux, les plantes d'alentour,
Quand l'anthère des fleurs se penche avec délice
Sur le stigmate frais posé dans le calice,
Et fait frémir le lys d'un tel frémissement
Que celui d'une amante aux bras de son amant ;
Quand au jardin le soir la sombre stalactite
Se marie au contour de notre clématite ;
Quand l'abeille bourdonne et distille le miel
Aussi doux que les pleurs d'une vierge du ciel ;
Alors je suis heureux: alors dans mon délire,
Le sentiment du beau dans mon âme soupire,
Et mes sens et ma voix, ma tête et mon cerveau,
Tout ce qui vit en moi savoure et sent le beau ;
Et comme les concerts divins et séraphiques
Des anges dans les airs, en sublimes cantiques
Déroulent leur spirale aux cimes de l'éther,
Une émanation de mon âme s'élève,

Se succède en chantant, comme on voit sur la grève,
Le flot suivre le flot sur le dos de la mer.
Et quand la clarté fuit dans un lieu de mystère,
Quand la nuit en roulant son manteau sur la terre,
Fait succéder au jour les extases du soir ;
En un globe de feu le soleil qui tournoie
Se plonge dans les flots azurés et s'y noie.
La fumée en flocons s'élève du manoir ;
Et l'oiseau de la mer, l'âme pleine d'extase,
Et la plante des monts, et le ver qu'on écrase
Sentant un même amour animer leur amour,
Frémissent sous les feux abaissés par le jour.
Le bocage est sans voix, la nature est lassée,
Les bergers, les troupeaux avec leur voix cassée
Suivent le blond sentier qui conduit au repos ;
Et puis chaque pasteur, couché sous le platane
Dont les jeunes rameaux tapissent sa cabane,
Secoue au vent du soir ses larmes et ses maux
Et Pan pour le bercer fait chanter ses pipeaux.

  Mais il manque à mon âme,
  Pour guérir ses douleurs,
  Une fleur, un dictame,
  Un peu d'onde, une flamme,
  Un sourire de femme
  Qui s'épanche en doux pleurs !

  Comme l'eau qui ruisselle
  En bruyante étincelle
  Des nuages du ciel,
  Qui scintille en paillettes,

En perles, en facettes
Aux rayons du soleil

Mon âme qui s'épanche,
Comme un vase qui penche,
Verse des pleurs d'amour
Dans le sein de cet être
Qui m'aimera peut-être,
Qui doit m'aimer un jour!

Oh, combien il est beau cet ange de mon rêve,
Quand il s'élève au soir des vagues de la grève!
Il s'avance vers moi d'un pas majestueux
Et livre à mes baisers son sein affectueux;
Un flot de blonds cheveux sur ses blanches épaules
Ruisselle en pleurs dorés comme les pleurs des saules,
Et recouvre son flanc diapré de satin
D'un voile de pudeur plus épais que le lin;
Quand sa bouche de lys me sourit d'un sourire
Qui fait pleurer mon âme et qui la fait sourire;
Quand ses baisers de feu cautérisent mon sein,
Je tressaille et frémis comme l'onde qui passe
Sous les baisers du vent qui ride sa surface;
Nos bouches en délire et nos doigts sont liés,
Et nos cœurs ne font plus qu'un cœur, et puis notre âme
Se fond et se confond en une seule flamme,
Et le sol tournoyant semble fuir sous nos pieds.

. . . .
O toi que j'aime tant! aime-moi, je t'en prie!
Verse un peu de ton eau dans le lac de ma vie!
Mets ton front sous mon front, et ton cœur sous mon cœur;

Laisse épancher mon âme en des flots de bonheur;
Je serai ton esclave et baiserai la trace
De tes pas sur le sable où la brise l'efface;
Et je t'aimerai tant que les anges du ciel
Environt nos amours. — Tes paroles de miel,
Ton sein marbré, ta bouche où l'amour se repose
Comme l'insecte ailé sur la corolle éclose,
Seront mon univers, ma fortune et ma loi,
Et je n'aurai pas d'yeux pour ce qui n'est pas toi.

Benjamin Corenwinder.

MES REGRETS.

COUPLETS CHANTÉS A L'UN DES BANQUETS DE LA SOCIÉTÉ
LITTÉRAIRE DU PETIT COUVERT DE MOMUS.

1820.

La vie en regrets superflus
Et se consume et se termine.
Paul regrette de n'avoir plus
Ce que d'avoir Luc se chagrine.
L'homme sans cesse mécontent
Et jeune en fait d'expérience,
Estimerait plus le présent
S'il caressait moins l'espérance.

Que sont devenus ces beaux jours,
Ces doux plaisirs de ma jeunesse,
Où, trop heureux dans mes amours,
Je crus ingrate ma maîtresse?
Il m'en souvient, je la quittai
Dans mon dépit, dans ma colère,

Pour croire à la fidélité
D'une autre bien plus que légère.

Pour un cœur tendre il est si doux
De réussir auprès des belles;
Mais je fus, hélas! trop jaloux
D'être souvent distingué d'elles.
Rival des plus heureux amans
Et, comme aucun d'eux, intrépide,
J'eus, pour tant d'exploits, à vingt ans...
D'amour un brevet d'invalide.

Au lieu de viser à l'esprit,
Aujourd'hui chose si commune,
Que n'ai-je, me faisant petit,
Bassement flatté la fortune?
Dans le monde fait son chemin
Qui fronde la délicatesse:
Je regrette que ce moyen
Soit le seul bon, mais il me blesse.

Eh! que ne regretté-je pas
Si je réfléchis sur ma vie?
Quitté par des amis ingrats,
Je pense encore à qui m'oublie.
Je regrette de tout mon cœur,
Ecoutant mon humeur guerrière,
D'avoir cent fois vengé l'honneur
De femmes qui n'en avaient guère.

Mais loin de moi tous ces regrets;

Dans le temple de la folie
Gardons-nous de laisser jamais
Pénétrer la mélancolie.
Notre domaine est le plaisir ;
Ne rit pas qui veut en ce monde.
Laissons le passé, l'avenir,
Au présent buvons à la ronde.

P. Simon.

CLÉON ET DORVAL.

DIALOGUE HISTORIQUE.

1826

Dans tes projets, Dorval, je te vois réussir.
D'où vient que le succès couronne tes ouvrages ?
— Écoute-moi, Cléon. Tout oser sans rougir ;
Donner à la satire un grand nombre de pages ;
Imprimer, sans pudeur, les écrits les plus sots ;
Crier, trancher sur tout, narguer la modestie,
Prendre pour de l'esprit un accès de folie,
Ou des autres parfois emprunter les bons mots ;
Amuser ses lecteurs par des contes frivoles ;
Y mêler du jargon, des tours prétentieux,
Quelques aimables riens, d'obscures hyperboles,
Beaucoup de traits mordants, même calomnieux,
De fades madrigaux adressés à des dames
Que l'on ne connaît point ; puis des couplets sans sel,
D'éternels calembourgs, surtout force épigrammes
Où l'on ne trouve rien que la rime et le fiel...
Voilà tout le secret. — Cela n'est pas croyable,

— Un honnête homme, un sot pourra seul en douter.
— Mais, Dorval, ce public que l'on doit contenter,
A tes écrits comment le rends-tu favorable?
Les grands...—Je sais flatter,—Les méchans...—Avec eux
Je fais cause commune...—Et les sots...—Sans mérite,
Ils ont lieu d'espérer en me voyant heureux.
— Un ami...— S'il me fronde, aussitôt je le quitte:
J'aime peu les conseils. Cléon, fais comme moi.
— Jamais je ne pourrai : j'écris de bonne foi.
— Va, ce n'est point ainsi qu'on dirige le monde :
Il faut savoir mentir. Un de mes amis dit
Que je suis un prodige ; aussitôt à la ronde
J'entends dire partout : *Comme il a de l'esprit!*
Ne respecte aucun frein, parle de tout sans crainte;
Ne respecte personne, redoute peu les lois...
— Mais si la vérité fait entendre sa plainte?
— La vérité!... Cléon, pour étouffer sa voix,
Sois méchant. — La satire a mes yeux est un crime.
— Qu'importe le moyen, s'il nous fait applaudir?
— Quoi! par la calomnie oses-tu l'avilir?
— Mais je vise à l'esprit. — Moi, je tiens à l'estime.

BERNAERT AÎNÉ.

TRADUCTION D'HORACE.

ODE : Rectius vives, Licini, neque altum. Lib. II.

1840.

Crois-moi, Licinius, règle mieux ton voyage :
N'affronte pas toujours le large et les autans,
Et n'étreins pas non plus le perfide rivage
    Pour fuir les ouragans.

L'homme épris du trésor d'une aisance modeste,
A l'abri laisse au pauvre un chaume délabré,
Laisse au riche ébloui l'avantage funeste
    D'un portique abhorré.

L'aquilon plus souvent agite les grands chênes ;
La tour croule en semant le ravage et le deuil,
Et la foudre, épargnant l'humble gazon des plaines,
    Du roc brise l'orgueil.

Un cœur bien prémuni sait qu'une autre fortune

Peut finir son bonheur, peut finir ses revers :
Le même Dieu nous rend la froidure importune
    Et chasse les hivers.

Si pour nous s'est levé le jour de la détresse,
Bientôt il sera loin : Apollon quelquefois
Interroge sa lyre, et n'erre pas sans cesse
    Muni de son carquois.

Oppose à la tempête un courage indomptable ;
Mais sage au sein du calme et pilote craintif,
Modère aussi l'essor qu'un vent trop favorable
    Imprime à ton esquif.

                              C. PIETERS.

CHANT POUR L'ARMÉE D'AFRIQUE.

1850

Nous sommes les soldats de la France et du monde.
La pioche et le sabre en nos robustes mains
Sillonnent tour à tour, pour une œuvre féconde,
Ce sol qui garde encor la trace des Romains.

    Gloire à la France notre mère !
    Honneur à ses fils qui mourront !
    Du sang qui rougit cette terre
    Plus tard des épis jailliront.
    — Nobles épis, gerbe sacrée,
    Dont l'avenir fera son pain,
    Quand l'Afrique régénérée
    Comprendra, long-temps égarée,
Notre Dieu moins cruel, notre cœur plus humain.

    Jadis, de victoire en victoire,
    Nos pères marchaient triomphants;
    Nourris des récits de leur gloire,

Glanons aussi pour nos enfants.
Assis à leurs foyers prospères
Après les rustiques travaux,
Qu'ils disent un jour de leurs pères :
Ils furent de ces grandes guerres
Et les derniers soldats et les derniers héros.

Oui, nous sommes la grande armée !
Oui, nos fils auront d'heureux jours !
Oui, par nous sera désarmée
La guerre impie, et pour toujours !
Voici venir d'autres batailles
Que le sang ne doit plus ternir :
Ce fer plein de nobles entailles
Bientôt ornera nos murailles,
Ou creusera ta terre et se fera bénir.

Nous sommes les soldats de la France et du monde.
La pioche et le sabre en nos robustes mains
Sillonnent tour à tour, pour une œuvre féconde,
Ce sol qui garde encor la trace des Romains.

N. Martin.

A MON PÈRE.

1823

> « Hélas! non, il n'est point ici-bas de mortelle
> » Qui se puisse avouer plus heureuse que moi;
> » Mais, à certains moments, et sans savoir pourquoi,
> » Il me prend des accès de soupirs et de larmes,
> » Et plus autour de r... la vie étend ses charmes.
> . . . .
> . . . .
> » Plus aussi je me sens ce besoin de pleurer. »
> (SAINTE-BEUVE).

I

Bien souvent autrefois sur tes genoux, mon père,
Jeune enfant, j'accourais, turbulent et rieur;
Et, des maux d'ici-bas, mon âme encor légère
S'étonnait que ton front fût quelquefois rêveur.

Puis, lorsque j'entendais cette parole austère
Qui s'échappait, ainsi qu'un soupir, de ton cœur,
... Croyant t'avoir déplu, je fuyais vers ma mère,
Lui disant: « Est-ce moi qui cause sa douleur? »

... Mais lorsque je brisai l'écaille de l'enfance,

Et que je pus comprendre alors ce mot : souffrance !
Je lus dans ton passé plus d'un noir souvenir ;

Je compris que soumise au creuset de l'épreuve,
Ton âme, de sa joie, à son matin fut veuve,
Et se fit vieille, hélas ! pour apprendre à souffrir.

II

— Pourtant, puisqu'aujourd'hui l'automne de ta vie
Se lève calme et pur sous un ciel moins brumeux,
Et qu'à ton crépuscule une étoile s'allie
Pour diriger tes pas vers un port plus heureux ;

Pourquoi ne pas chasser cette mélancolie,
Soc qui creuse les plis de ton front soucieux,
Et tranche sans pitié cette rose fleurie,
Fleur d'espoir, pour nous tous, baume envoyé des cieux ?

O mon père ! le soir, quand ta tête lassée,
Se courbe sous le poids d'une triste pensée,
Reporte tes regards sur ta famille, et vois

Ce que ton cœur en nous peut puiser de tendresse !
Dis ! ne prenons-nous pas un peu de ta tristesse ?
Jésus-Christ était seul, lui, pour porter sa croix !

Edouard St-Amour.

AMOUR ORIENTAL.

ALLÉGORIE (IMITÉE DE SALOMON).

1853

> Fulcite me floribus
> Quia amore langueo.
> (CANTIQUE DES CANTIQUES.)

Vierges de mon pays aux longs regards de flamme,
Couvrez-moi de parfums, entourez-moi de fleurs,
Car j'appelle en mon cœur celle qu'aime mon âme;
Je me pâme d'amour, je languis et je meurs!...

Où donc est, dites-moi, ma belle fiancée?
Elle était parmi vous, et sa taille élancée
  S'élevait comme un lys des champs ;
Et son front, pour sourire à ses jeunes compagnes,
Se penchait comme un cèdre, au sommet des montagnes,
  S'incline aux caresses des vents.

Vous paraissiez l'aimer; n'auriez-vous plus pour elle

Le même attachement à l'heure solennelle
        Qui doit unir nos cœurs heureux?
Ou bien, sublime instinct de pudeur virginale,
Craindrait-elle, en voyant la couche nuptiale,
        De rougir et baisser les yeux?...

Dites-lui qu'elle a mis tous mes sens en délire,
Qu'en vain je la demande à l'écho qui soupire
        A la voix du gouffre écumeux ;
Aux sables du désert, à l'onde du rivage,
Aux tourbillons des vents, à la brise, à l'orage...
        Et tout reste sourd à mes vœux.

L'illusion des nuits, le prisme du mystère,
Seuls n'ont pas repoussé ma plaintive prière,
        En songe elle a charmé mes yeux.
O vierges des amours ! combien elle était belle !
C'était un rêve humain... C'était une immortelle,
        C'était une houri des cieux !

La myrrhe, l'aloës, la fleur de cinnamôme
N'avaient pas pour mon cœur de plus suave arôme
        Que le parfum de ses cheveux
Dont les boucles flottant, libres de toute chaîne,
Simulaient un collier de grappes de troëne
        Bercé par l'air voluptueux.

Du palmier du désert sa taille était l'image ;
Un voile de pudeur, jeté sur son visage,
        Semblait protéger ses attraits.

Sur sa tête on voyait avec grâce mêlées,
La clématite en fleurs, la rose des vallées,
   Et l'amaryllis des forêts.

Son voile, composé d'une gaze légère,
Semblait prêter encore un charme de mystère
   A sa ravissante beauté ;
Je sentis en suspens ma pensée et ma vie ;
Mon âme, en même temps, fut émue et ravie
   De respect et de volupté.

« Délices de mes yeux, dis-je, ô ma bien aimée !
» Les vins les plus exquis, les palmes d'Idumée,
   » Les riches tapis de Cédar
» Me sont moins précieux que ta grâce touchante,
» Que la source d'amour naïve et caressante
   » Qui s'épanche de ton regard.

» Viens sur les bords fleuris des ruisseaux d'eaux courantes ;
» Viens livrer ton image aux ondes transparentes ;
   » Viens doubler ma félicité !...
» Mais non... restons plutôt sur ces molles pelouses ;
» Permets-moi d'effleurer de mes lèvres jalouses
   » Ces attraits qui m'ont enchanté !...

» Ton front semble inspiré de célestes pensées ;
» Tes yeux noirs ont l'éclat de perles enchâssées
   » Réflétant un rayon d'amour ;
» Ta bouche est un calice, et tes lèvres de rose

» Ont un plus doux parfum que n'a la fleur éclose
» Aux premiers sourires du jour.

» Semblable au daim léger, sur les monts, dans la plaine,
» Partout j'irai cueillir des feuilles de verveine
» Qu'on recherche pour leur odeur,
» Et j'en composerai la couche aromatique
» Où tu t'endormiras, comme une reine antique,
» Au sein d'une molle langueur.

» Puis, ô ma bien-aimée ! idole que j'adore,
» De l'aurore au déclin, du déclin à l'aurore,
» Je vivrai pour t'aimer d'amour ;
» Et la nuit, près de toi, sur ta couche mouvante,
» De mon bras enlaçant ta taille frémissante,
» Ainsi nous attendrons le jour.

» Nous nous dirons alors les choses du mystère ;
» Nos âmes s'en iront par-delà de la terre
» Goûter l'extase des heureux...
» Et le matin du jour on nous verra sourire
» Comme tout ce qui vit et tout ce qui respire,
» Au lever de l'astre des cieux. »

Ainsi je me berçais au sein d'un doux mensonge,
Et touchais au bonheur... Mais ce n'était qu'un songe
Devant trop tôt s'évanouir !...
Je retrouve au réveil ma couche solitaire,

Et mes soupirs portés par la brise légère
        Vers les échos du mont Sénir !...

Vierges de mon pays aux longs regards de flamme,
Couvrez-moi de parfums, entourez-moi de fleurs,
Car j'appelle en mon cœur celle qu'aime mon âme ;
Je me pâme d'amour, je languis et je meurs !...

              Qu'est-ce donc que l'amour ?

L'amour est un *espoir* pour l'âme qui soupire ;
C'est une *volupté* pour le cœur en délire,
        Un *tourment* pour l'esprit jaloux.
C'est pour l'être inspiré comme une *rêverie*,
Comme un charme indicible, un mystère en la vie,
        Un mot qu'on prononce à genoux.

                    PEROT,
            Membre de l'Institut historique de France.

LA BALLADE DE LA GITANA.

1851

Sous les frais citronniers qui couronnaient la ville,
La Gitana dansait, chantait près de Séville,
   Elle chantait l'amour ;
Près d'elle arrondissant la foule émerveillée,
Elle mêlait sa voix aux voix de la feuillée
   Aux derniers chants du jour.

La gaze d'un beau soir couvrait le ciel d'Espagne,
Le soleil, en fuyant, versait sur la montagne
   Son or éblouissant ;
Et non loin s'élevait la vieille cathédrale
Qui dominait les airs, masse architecturale,
   Colosse au front puissant.

L'espace était rempli de lueurs radieuses,
De nuages, d'azur, de voix mélodieuses,

De parfums, d'arbres verts ;
Et parmi les splendeurs de ce divin mélange,
La Gitana chantait... comme gazouille un ange
Près des cieux entr'ouverts.

Elle avait dix-huit ans ; elle était souple et brune,
Vive comme une rose aux champs de Pampelune ;
Déployant sa beauté,
Ainsi qu'Esméralda, sa sœur de Notre-Dame,
Sans mère, elle avait su recueillir dans son âme
Fraîcheur et pureté.

Qu'elle était gràcieuse avec cette basquine,
Ces ruisseaux de cheveux coulant vers sa poitrine,
Et ces jupons soyeux ;
Comme elle tournoyait, la danseuse ingénue !
Comme elle roucoulait, Philomèle venue
Dans un pays joyeux !...

Elle chantait l'amour, et disait : « Venez vite :
» La brune Gitana, Messeigneurs, vous invite ;
» Gardez-vous de passer
» Sans jeter un peu d'or au fond de ma sébille ;
» Magnifique hidalgo, fils de grande famille,
» Venez me voir danser.

» J'aime un ciel andaloux, quoique née en Bohême :
» Mais pour moi la patrie est le pays que j'aime,
» Et Séville a mon cœur ;

» C'est là que j'aimerais parmi les promenades
» A venir aspirer les molles sérénades
  » Avec mon doux vainqueur.

» N'est-ce pas à l'amour que répond l'hirondelle,
» Lorsque ce fol oiseau voyage à tire d'aile
  » Et cherche son ami ?...
» Oh ! n'est-ce pas l'amour qui réveille l'aurore ?...
» Et, la nuit, n'est-ce pas l'amour qui plane encore
  » Sur le monde endormi ?

» L'oranger pâlirait sans un soleil de flamme ;
» Ainsi, sans être aimée on voit pâlir la femme,
  » Et mourir ses yeux noirs ;
» Il nous faut de l'amour comme il faut pour la terre
» Les baisers du printemps et l'onde salutaire
  » Que pleurent les beaux soirs.

» Je n'aime pas encor !... Moi, rose inanimée,
» Je n'ai jamais aimé... je ne fus pas aimée ;
  » Hélas ! et bien long-temps
» J'ai chez nous entendu dire par la Gypsie :
» — Si la femme à vingt ans n'est pas encore choisie,
  » Elle expire à vingt ans !!

» C'est que moi, jeune sœur du passereau volage,
» Je ne cueillerais pas un amour de passage
  » Qui fuit, rasant le sol ;

» Oui, quoique Gitana, cette humeur est la mienne:
» Je veux être chérie, ardente Bohémienne,
   » Par un cœur espagnol.

» Arrière ces baisers qui nous frôlent la bouche,
» Légers et murmurants comme un zéphir qui touche
   » Un calice nouveau !
» Moi... je veux de l'amour pendant toute la vie !
» Avec mon fiancé je veux, fière et ravie,
   » Echanger mon anneau.

» J'aurai pour mon époux le plus joli sourire,
» Il deviendra le roi de mon joyeux empire ;
   » Je mettrai mes bijoux
» Et ma neuve basquine, et ma jupe dorée,
» Pour lui paraître belle, enivrante, adorée,
   » Et pour qu'il soit jaloux !

» Ensemble nous irons parcourir les Espagnes
» Avec les tourtereaux qui peuplent les campagnes
   » Quand Vénus chantera :
» Sans qu'à notre avenir jamais le bonheur manque,
» Nous irons voir Madrid, la docte Salamanque,
   » La maure Alcantara.

» C'est là qu'en traversant la noble Andalousie,
» Nous verrons ces amants vivant de jalousie ;
   » C'est là-bas que je veux
» Aiguiser mon stylet d'amoureuse Espagnole ;

» Et malheur à l'époux infidèle ou frivole
» Qui trahirait mes vœux !

» Senors! en ce moment, venez, accourez vite ;
» C'est ma vague chanson dont l'appel vous invite,
» Je chante les amours.
» N'oubliez pas, senors, la Gitana qui danse,
» Et soyez généreux pour sa vive cadence
Et ses plus beaux atours ! »

Ainsi la Gitana chantait, svelte et rieuse,
Parfois folle de joie et parfois sérieuse ;
Faisant bonnes moissons
De piastres, ducats, lourds écus et pistoles ;
Elle changeait en or ses joyaux de paroles,
Couronnes des chansons.

Plus d'un seigneur passait près de la jeune fille,
Et lui disait tout bas : « Ma rose et ma gentille,
» La chanson est pour moi !... »
Puis il voulait saisir la taille gracieuse ;
Mais elle repoussait la main audacieuse
Avec un noble émoi.

Eh quoi! l'or qui pleuvait faisait pleuvoir ses larmes ?...
Quelle ombre, ô Gitana, se répand sur tes charmes !
Pourquoi pleurer encor ?
C'est que dans les regards qui s'allumaient près d'elle,

Elle n'avait pas vu l'amour, rayon fidèle,
  Qui brille mieux que l'or.

L'enfant se rappelait ce chant de la gypsie :
« La femme qui n'est pas avant vingt ans choisie,
  » Avant vingt ans mourra !... »
Et dans la riche foule en ces lieux égarée,
Foule de grands seigneurs, moqueuse et chamarrée,
  Quel seigneur l'aimera ?

Plus elle soupirait, plus cela faisait rire :
Elle, parler d'époux !... Gitana, quel délire
  Eblouit ta raison ?
En vain coulaient ses pleurs... la foule qui lui donne
Se moquait bruyamment de ses airs de madone
  Et raillait sa chanson.

Alors, fuyant des yeux le cercle qui l'enchaîne,
Elle vit un jeune homme adossé près d'un chêne
  D'ombrages couronné ;
Il était pâle et fier dans son mâle silence :
Pendant l'heure de joie et l'heure de la danse,
  Il n'avait rien donné.

Rien donné ! rien donné pour la danse brûlante,
Pour les claires chansons qu'une voix ruisselante
  Murmurait sans repos !
Hélas ! c'est qu'il était plus misérable encore,

Orphelin, n'ayant rien que la pauvre mandore
Attachée à son dos.

Juan d'Alcantara, c'est ainsi qu'on le nomme,
Etait barde et poète, et non pas gentilhomme ;
Sans prendre un air vainqueur,
Il plaignait l'orpheline à gémir occupée :
Lui, sans or ni blason, sans titre ou noble épée,
Il lui gardait son cœur.

Adorant sans espoir la perle de Bohême,
Bien des fois il allait dans l'extase suprême
S'enivrer de ses chants ;
En la voyant pleurer, la rage le soulève,
Il frissonne... et sa main vainement cherche un glaive
Pour punir les méchants !

Il était vraiment beau ce Juan qu'on méprise,
Livrant sa chevelure aux hasards de la brise,
Fier de sa liberté ;
Parmi ces grands seigneurs qui raillaient la danseuse,
Il apparaissait beau par sa tête rêveuse,
Beau par sa pauvreté !

Il prit sa mandoline, et chanta : « — Damoiselle,
» Je n'ai pas comme eux tous une lourde escarcelle
» A mettre à vos genoux ;
» Mais Dieu nous a donné l'eau des sources limpides,

» L'or du ciel, l'air des champs loin des hommes cupides...
    » Et le monde est à nous !

» Si vous daignez m'aimer, venez sur la montagne :
» Là, près d'un humble autel vous serez la compagne
    » Que je pourrai bénir ;
» Et vous ne mourrez pas, comme a dit la Gypsie;
» Car vous serez alors adorée et choisie
    » Pour tout votre avenir !... »

Or, quand la Gitana dans ses vives alarmes
Vit des regards amis se baigner dans ses larmes,
    Son regard s'enflamma ;
Et rejetant son or à la foule étonnée,
Vers le jeune poète elle vole entraînée...
    Ce fut lui qu'elle aima !

BENJ. KIEN.

NOTICE SUR VICTOR SIMON.

1839

Né à Paris, le 18 septembre 1789, Victor Simon fit ses études dans l'un des meilleurs collèges de la capitale. C'est sous les yeux de ses maîtres que se développa de bonne heure en lui cette originale gaîté, cette facilité de style, ce trait mordant et presque toujours spirituel qui forment le caractère de ses écrits et le cachet de son talent.

Destiné à la carrière administrative, il entra dans la douane à l'âge de vingt ans, mais son goût pour la littérature et les arts lui fit toujours négliger cette application aux devoirs de sa place, qui seuls pouvaient lui procurer de l'avancement et assurer son avenir. Dès l'année 1820, il fut chargé de la direction d'un journal littéraire de Paris; mais éloigné, l'année suivante, de ce centre des lettres, il vint à Dunkerque, où il remplit jusqu'à sa mort un emploi secondaire dans l'administration qui l'avait accueilli.

Transporté sur un théâtre étroit où la population, livrée entièrement au commerce, n'avait aucune littérature, le talent de Victor Simon ne put y prendre son essor comme dans la capitale. Il fut réduit à ses propres forces, et à donner lui-même l'impulsion au lieu de la recevoir du voisinage des célébrités de l'époque. Ce qu'il parvint à exécuter cependant, dans un pays peu familiarisé avec les idées novatrices, suffit pour constater la puissance de volonté et la fécondité d'esprit dont la nature lui avait départi le germe.

Dunkerque n'offrait alors aucun moyen généreux de publicité ; Victor Simon rallia ce que la ville possédait d'amis des lettres, et, en 1815, parut le *Petit Couvert de Momus*, recueil mensuel qui annonçait encore l'enfance de la poésie dunkerquoise, mais qui frayait la route et préparait au progrès. *L'Abeille du Nord* y succéda en 1818, et sa rédaction constatait déjà une amélioration sensible.

C'est en Mars 1823, que Victor Simon fonda la *Gazette de Dunkerque*, qu'il continua jusqu'en Juillet 1825, et dont il fut, pour ainsi dire l'unique rédacteur. C'est dans le feuilleton de ce journal, qu'il déposait ces anecdotes variées, ces allusions piquantes, ces traits malins qui déridaient le lecteur le plus sérieux. Peu de personnes possédèrent comme lui l'art de manier l'épigramme, de rire des ridicules et des travers de la société ; mais doué d'un caractère doux et inoffensif, il sut toujours respecter les convenances et resserrer la plaisanterie dans de justes limites.

Victor Simon réussissait surtout dans la poésie légère ; ses contes sont pleins de naturel et de naïveté. Le genre sérieux au contraire était son écueil ; sa verve, ordinairement si facile, devenait contrainte et embarrassée, dès qu'il voulait s'élever au-dessus du badinage ; il semblait faire violence à son talent. On a de lui une comédie intitulée *les Présents du Dey d'Alger*, non représentée.

Victor Simon succomba à une maladie longue et douloureuse, le 4 Juillet 1831, à l'âge de 42 ans, emportant les regrets de toute la population, qui le considérait comme un concitoyen. Il s'était marié à Dunkerque le 8 Juin 1813, à Mlle *Victoire Vanhée*, qui lui survit aujourd'hui, chargée d'une famille aussi nombreuse qu'intéressante.

A. DASENBERGH.

LE PARISIEN A DUNKERQUE.

1894

Hier, j'ai rencontré dans la rue du Moulin un jeune homme dont la physionomie ne m'était pas étrangère. Sa mise recherchée et de bon goût, son teint pâle, sa maigreur, sa tournure, me l'ont fait juger Parisien. Je ne me trompais pas. Après que je l'eus examiné long-temps, ce jeune homme m'a reconnu à travers ses lunettes, et m'a sauté au cou en faisant mille contorsions, qui contrastaient avec mes démonstrations phlegmatiques. « Comment! c'est vous? s'écriait-il à tue-tête; que j'ai de plaisir à vous voir. Ah! que je suis content! que je suis enchanté! c'est heureux, ma parole d'honneur; c'est heureux! — Plus bas, lui disais-je, parlez plus bas, vous n'êtes pas ici à Paris; le bruit des voitures vous habitue à crier dans les rues, mais ici ne voyez-vous pas qu'on nous regarde ; tenez, voilà déjà deux dames qui se mettent à leur croisée pour savoir qui se dispute. Il faut, mon cher Armand (c'est le nom de ce jeune homme), modérer votre enthousiasme et baisser l'éclat de votre voix. Venez chez moi, nous jaserons plus à notre aise. »

J'entraînai Armand qui fut déconcerté de mon accueil

tout opposé au sien. Je crois que s'il avait pu trouver un prétexte pour se retirer, il l'aurait saisi volontiers. Chemin faisant je lui demandai depuis quand il était à Dunkerque. « Depuis huit jours, me dit-il ; je viens voir la mer. Le diorama de Brest m'a donné le désir de visiter un port naturel. Une très-jolie actrice que j'ai connue à Paris se rendait à Lille ; cela m'a déterminé à prendre cette route de préférence à toute autre. La mer est partout la mer, et c'est à Dunkerque que j'ai satisfait ma curiosité. Je m'étais fait une bien autre idée de cette masse d'eau. Dans les livres que j'ai lus, on disait que les vagues s'élevaient comme des montagnes ; pas du tout, j'ai trouvé l'eau plus calme que celle de la Seine ; je m'attendais à me voir enlever par le vent, il en faisait moins que sur Montmartre. Comme les écrivains sont menteurs ! Il n'est rien tel que de voyager en personne... Aussi à mon retour je vais bien rabattre le caquet de certains mirliflors qui parlent de tout sans avoir rien vu. Ce qui m'a fait plaisir, ce sont vos *vaisseaux* ; ils sont superbes. Il n'y a pas de danger à voyager avec des masses aussi imposantes. Je m'embarquerais bien volontiers, si l'occasion se présentait ; il y a toujours au moins 12 pieds au-dessus du niveau de la mer. Oh ! c'est décidé, je m'embarquerai par partie de plaisir, je vous en donne ma parole d'honneur. »

Tout en riant sous cape de la naïveté de mon jeune homme, je le conduisis chez moi. « Oh ! oh ! votre maison est très-bien, dit-il, combien êtes-vous de locataires ? — Je suis seul avec ma famille ; chacun, dans ce pays, a sa maison à soi ; on est plus indépendant. Ce n'est pas comme dans la capitale où trente particuliers habitent le même hôtel, ne se connaissant pas, et ne se parlant que lorsque le feu prend chez le voisin. — Cette maison est-elle à vous ?

— Oui, sans doute, je l'ai payée comptant. — Vous avez là une bien belle propriété, c'est immense, caves, magasin, grande cour, c'est charmant; vous avez dû la payer bien cher. — Devinez. — 80 mille francs au moins. — Vous vous trompez mon cher, de beaucoup. Elle me revient, tous frais compris, à 14,500 francs — Ce n'est pas possible ! — C'est malheureusement la vérité : je dis malheureusement, parce que ce n'est pas ce qui réjouit les propriétaires. Tel, en 1815, a spéculé sur les maisons qui a dû compter sur le commerce et sur la situation de notre port. Mais le commerce demande tant de soins, tant de protections ! Avez-vous lu Raynal ? — Raynal ? vous voulez dire, en français, Rinaldo Rinaldini, c'est un très-bon roman. — Non, mon cher, c'est l'abbé Raynal. N'importe, il y a un passage où ce grand écrivain fait sentir que le pays où le commerce est puissant, le monde entier ne le subjuguera pas, et qu'un pays sans commerce, sera l'esclave du plus petit souverain. Voyez l'Angleterre qui n'a pas de population, comme elle a tenu tête aux phalanges de Bonaparte. Son or est encore capable de bouleverser l'Europe ; les Anglais sont négociants, les Hollandais sont négociants, les Français ne le sont pas. Quand un négociant chez nous a gagné dix mille francs de rentes, il ferme son comptoir et liquide ses affaires. Il n'en est pas de même chez nos voisins ; ce sont les riches négociants qui font les grandes entreprises, et ils manquent à Dunkerque. Voilà pourquoi des maisons qui valaient 60 mille francs avant la révolution, n'en valent plus que 15 mille. On est ici logé comme un seigneur pour 800 fr. à 1000 francs de loyer, et dans un beau quartier. Tenez, venez avec moi, je vais vous montrer mon domicile en détail. »

Le jeune Armand me suivit. « Comme vos caves sont

propres, me disait-il, et bien sablées ! comme il y fait clair ! on pourrait y lire le journal le moins bien imprimé. Vous ne devez pas vous tromper souvent de bouteilles. » Armand n'en revenait pas. « Venez, lui dis-je, à la cuisine. Comment la trouvez-vous ? — Oh ! qu'elle est bien tenue ! est-ce que vos casseroles sont dorées ? — Non pas, mais chaque semaine elles sont nettoyées à neuf ; les tables en bois de sapin sont frottées avec de l'eau et de la brique pilée très-fin, par une petite brosse en bois de bouleau, qu'on nomme *écrapette*, pour *écouvette* qui est le vrai terme. Les planchers sont nettoyés de même, et si proprement qu'un jour, dînant chez un de mes amis, le bouilli vint à s'échapper du plat que tenait une servante étourdie, et roula plus de six pas en avant, escorté de quelques carottes et d'une forêt de persil. La servante réunit le bouilli sur le plat, et nous le mangeâmes comme s'il fût tombé sur la nappe, et de très-bon appétit. Pourrait-on faire cela à Paris ? — Non, certes. Voyons votre salle à manger ? »

Je conduisis successivement Armand dans toutes les pièces dont il admirait l'éblouissante simplicité. Les meubles les plus communs étaient charmants pour lui. Il se mirait dans l'acajou d'un secrétaire, il n'osait rien toucher ; il s'extasiait sur le poli des pincettes, qui lui semblaient d'acier, et sur le brillant des têtes de chenet de pur cuivre jaune. Mais son extase fut à sa dernière période, lorsque je lui ouvris la porte du grenier : « Ah ! quel beau grenier ! s'écria-t-il, c'est une salle de danse. — Trouvez-moi, lui dis-je en souriant, une toile d'araignée, vous me rendrez service. Croyez-vous qu'une famille y serait bien logée ? — Mon Dieu ! dit Armand, il ne manque que des rideaux aux fenêtres, et tel se plaint à Paris de coucher dans un grenier, qui serait fort heureux d'avoir un logement semblable. »

Nous descendîmes, lui regardant le luisant de la rampe de l'escalier ; moi, riant de la singulière figure qu'il faisait. Je l'ai invité à dîner, mais il était engagé : il m'a promis de venir le lendemain.

Il est venu, en effet. Je fais toujours ce repas à une heure, selon l'usage du pays. Je l'avais dit à mon jeune ami, parce que je n'aime pas à changer des habitudes dont ma santé s'accommode ; mais il n'a pas tenu compte de ma recommandation. Je l'avais envoyé chercher plusieurs fois à l'*Hôtel de Flandre* ; il répondait sans cesse au domestique : « Dans un instant, je suis prêt, je n'ai plus que ma cravate à mettre. » Et le malheureux n'arrivait pas. J'eusse mieux aimé qu'il répondît : « Je viendrai ce soir » (comme effectivement il est venu), plutôt que de me faire dîner et souper en même temps.

Enfin, c'est vers les cinq heures que j'ai eu la satisfaction de recevoir Armand, habillé de la façon la plus recherchée. J'aurais pris sa taille dans mes dix doigts ; il était raide, et sa poitrine avançait prodigieusement. Un jabot en forme d'éventail mi-fermé, venait se perdre sous une cravate de mousseline sans nœud, mais arrêtée par une épingle en topaze, montée au milieu d'un cadre d'or à jour. Son habit, confectionné dans le dernier genre, se présentait beaucoup avant lui, et lorsqu'il est entré dans le salon, c'est le collet que j'ai aperçu le premier. J'ai remarqué que pour une seule montre, il avait trois cachets et quatre clefs, et qu'avec un habit bleu foncé il avait des gants jaune serin. Mais ce qui m'a le plus surpris, c'est de le voir le front chauve, moi qui, la veille, l'avais trouvé trop chevelu. Cette méthamorphose et ses lunettes lui donnaient au moins dix ans de plus.

Il fit mille excuses à ma femme et aux dames invitées,

de s'être fait attendre: il se tira de ce mauvais pas, avec des raisons inadmissibles, mais dites avec tant de grâce et une aisance si séduisante, qu'il fut absous sur le champ.

Armand, en voyant Mesdemoiselles Van Uxem, resta un instant en admiration, sans savoir ce qu'il disait. Elles s'aperçurent de son trouble et leur mère aussi. Caroline et Aglaé baissèrent les yeux et rougirent en même temps, ce qui démontrait suffisamment qu'elles étaient satisfaites de ces hommages qui bien que muets n'en étaient pas moins éloquents. Je vis par ce prélude que Madame Van Uxem, qui avait trouvé fort indécent qu'un jeune homme se fît attendre, allait se radoucir, et que mon repas serait moins maussade que je ne l'avais craint.

On servit enfin: le père Van Uxem était dans mon petit jardin, assis au soleil à fumer sa pipe. Dès qu'il m'entendit prononcer ces mots: *Van Uxem, la soupe est servie*, il ne se le fit pas dire une seconde fois, et il vint prendre place à côté de moi. Armand était entre Caroline et Aglaé. Cet arrangement convenait infiniment à leur mère et ne paraissait pas déplaire à ces demoiselles.

« Quelle est cette soupe ? me dit-il. — C'est du tapioca. Comment, vous ne connaissez pas le tapioca ? — Non, chez les restaurateurs de Paris on n'en mange pas. Je ne connais que le riz à la turque, la julienne et la purée aux croûtons; je suis blasé sur le vermicelle. Goûtons cette soupe ! elle ressemble à de la gelée. Mais en vérité c'est délicieux, c'est excellent. Oh! je vais, à mon retour, recommander à Véry de mettre cette soupe sur sa carte; il m'en saura gré, car il est si rare aujourd'hui de faire du neuf en cuisine!... »

Je servis ensuite du *prinseel* à la sauce blanche; et le

jeune parisien, qui ne connaissait pas ce mets hollandais, le trouva fort bon. Mais mon jeune homme mangeait comme un oiseau et faisait le galant avec ses voisines qui étaient enchantées de ses attentions.

« Buvez-vous de la bière ? dit le père Van Uxem, d'une voix qui annonçait un superbe estomac. — De la bière ? reprit Armand, je ne conçois même pas qu'on puisse en faire usage en dînant. — Que buvez-vous donc ? — De l'eau très-légèrement rougie, et pas autre chose. — C'est donc cela que vous avez le teint si pâle. Morbleu ! voilà vingt ans que je bois ma bière et mon vin pur, et je m'en trouve fort bien. Vous allez voir comme j'officie à table. »

Armand avait cessé de manger dès le premier service. Quand, au second, il vit paraître un énorme aloyau : « O ciel ! s'écria-t-il, quelle pièce de bœuf ! qui va goûter de ce rôti ? — Nous tous, lui dis-je, et vous aussi. — Oh ! certes, non. — Que voulez-vous donc ? — Quelques asperges. » Je lui en servis, et il n'y toucha pas parce qu'elles étaient blanches et qu'il n'aimait que les vertes.

Pendant le dîner, je m'aperçus qu'Armand conversait plus avec Caroline qu'avec Aglaé. Celle-ci n'en était pas très-satisfaite. Madame Van Uxem parlait bas à ma femme, et le père Van Uxem disait un mot à l'aloyau, sans s'inquiéter de ce qui se passait.

Le dessert arriva. Armand fut fort étonné de voir le beurre figurer à ce service ; mais ce qui lui parut charmant et de bon genre, ce fut un fromage glacé par *Albanesi*. Il convint qu'on ne faisait pas de meilleures glaces à Paris, et il fut surpris qu'elles fussent si bonnes à Dunkerque, lorsqu'à son passage à Lille il en avait mangé de si mauvaises.

Enfin, après des discussions et des observations sur les spectacles de Paris, et dans lesquelles Armand soutenait que rien n'était plus ennuyeux que le grand Opéra ; qu'il n'y avait jamais personne au théâtre Français lorsqu'on jouait du Molière ou du Racine, et que les Variétés était le seul bon spectacle de la capitale, ma femme vit que le père Van Uxem, selon la louable coutume, s'endormait sur sa chaise et faisait une sieste très-bruyante; elle donna le signal, et nous passâmes dans le salon pour prendre le café. Armand donna la main à Caroline qui lui sourit fort agréablement, et Aglaé se mordit les lèvres.

Je m'assis sur le canapé avec Madame Van Uxem ; elle commença par me demander si Armand avait de la fortune. Je lui dis qu'il était fils unique, et que son père avait au moins vingt mille francs de rentes. « C'est très-beau, reprit-elle vivement. Ah ! ça, mon cher ami, il faut que vous aidiez au mariage d'une de mes filles ; voilà un parti qui me conviendrait fort, rendez-moi ce service ; Caroline a déjà vingt-sept ans, il faut y songer. — Doucement, dis-je à cette tendre mère ; à peine avez-vous vu ce jeune homme, que l'idée d'un mariage vous passe par la tête ; laissez-nous le temps de faire connaissance ; étudions son caractère, ses qualités et ses défauts ; ensuite il est beaucoup trop jeune.—Il est très-bien, très-bien, il me convient parfaitement, secondez-moi et je le marie à ma fille ; malgré tout, je veux qu'il soit mon gendre, et il le sera : vous savez qu'à Dunkerque les maris sont si rares ! il n'y a que les étrangers qui nous sauvent. A propos, pour mieux m'aider dans cette opération, ne parlez de rien à Madame Deroubaix, elle viendrait me contrecarrer avec son éternelle fille qu'elle ne placera jamais. Oh ! je m'y entends mieux qu'elle, et si j'ai manqué l'avocat de Bruxelles, je ne man-

querai pas ce Parisien. — Mais, Madame, l'inclination de
votre fille?... — Il s'agit bien d'inclination! Caroline a
vingt-sept ans, et son inclination est de ne pas rester fille ;
et puis il faut que ma fille fasse ma volonté, nous ne
sommes pas dans un siècle à mariages d'inclination. »

Ces mots me fermèrent la bouche, je ne savais que répondre. Madame Van Uxem s'approcha d'Armand et l'invita à un bal qu'elle donnait le dimanche suivant: Armand
accepta en disant qu'il était fou de la danse. Il était près de
neuf heures, ces dames voulurent se retirer. Le père Van
Uxem s'était éclipsé pour retourner à sa pipe. Le galant
Parisien offrit son bras qui ne fut pas refusé ; Armand me
dit au revoir, et j'entendis Madame Van Uxem lui glisser ces
mots à l'oreille: « Je compte sur vous pour me conduire demain à *ma campagne* au *Rosendael*. »

Fidèle à sa promesse, Armand est allé offrir ses respects
à la mère et ses hommages aux demoiselles. Quelques
accidents avaient apporté du retard dans l'heure du rendez-vous : c'était samedi, jour où la police exige que les rues
soient lavées, et où toutes les servantes armées de balais
concourent, non sans se dire réciproquement quelques injures, à la salubrité de la ville. Armand passait justement
devant une allée au moment où, d'un bras vigoureux, l'une
d'elles lançait un seau d'eau ; il n'en perdit pas une goutte;
un pantalon mille-raies blanc qu'il mettait pour la première fois fut, en un instant, un mille-raies moucheté.
Fort contrarié de ce contre-temps, il retourna à son hôtel
pour changer. En passant par la rue de Bourgogne, une
femme qui lavait ses vitres, l'aspergea par le haut presqu'autant qu'il l'avait été par le bas, de sorte qu'il fut
obligé de se r'habiller des pieds à la tête. Enfin, il se méfia

des immersions et parvint à se rendre chez Madame Van Uxem, avec une toilette nouvelle et sans le plus léger accident.

Ces dames le reçurent avec une prévenance qui l'enchanta; la mère surtout lui dit des choses si flatteuses qu'elles eussent déconcerté tout autre qu'Armand. Charmé de tant d'attentions, il riposta par ces expressions galantes qui font toujours plaisir aux femmes ; de sa pleine autorité il rajeunit Madame Van Uxem de vingt ans, et il n'hésita pas un seul instant à la comparer à la déesse Flore, du moment où elle plaça sur sa tête un chapeau coquet surmonté d'un bouquet dans lequel on comptait trois roses épanouies, neuf boutons, deux renoncules, une branche de jasmin, une tubéreuse, quatre œillets, une grappe de raisin et quelques barbeaux. « En vérité, disait, en se pâmant, Madame Van Uxem à ses filles, il est charmant, il est charmant ! quelle différence avec nos jeunes gens qui n'ont pas l'habitude du monde, on voit bien que Monsieur a fait son apprentissage à bonne école. Ah! ça, mon cher, donnez-moi le bras, et conduisez-moi *à ma campagne.* »

Aussitôt dit, aussitôt fait : Armand ne se fit pas prier, et curieux de voir la campagne de madame Van Uxem, il se hâta de se rendre à ses désirs. Chemin faisant, il demandait, pour son instruction particulière, le nom de quelques édifices : « Ah! ah! dit-il, voici une belle caserne. — Vous vous trompez, Monsieur, lisez plutôt au-dessus de la porte d'entrée, c'est la salle de spectacle. — On ne s'en douterait pas, la façade n'est pas en harmonie avec le reste de la ville qui est charmante : comment ne met-on pas des colonnes et un péristyle ? — L'intérieur n'en vaut pas la peine, et d'ailleurs le bâtiment n'est pas d'une architecture qui puisse recevoir des colonnes et un péristyle. — Ma foi, Madame, tout aussi bien que l'hôtel-de-ville, qui maintenant est grec et gothique tout à la fois. — Monsieur, l'utile doit passer avant l'agréable, et puis pour les acteurs que M. Dupré-Nyon nous envoie, c'est toujours assez bon ; la ville a beaucoup de dépenses à faire avant celle-ci. J'ai mon fils que je suis obligée d'envoyer à Vendôme ; si nous avions un collége, je l'aurais près de moi! » Ici une larme roula dans les yeux de Madame Van Uxem, Armand s'en aperçut et se hâta de changer la conversation. « Mais, Madame, où nous conduisez-vous donc ? — *A ma campagne*, Monsieur. — Mais, Madame, c'est horriblement loin, je suis harassé de fatigue; nous aurions dû prendre une voiture. — Une voiture, Monsieur, une voiture ! nous nous serions fait trop remarquer : beaucoup de simplicité, c'est ma devise. — Allons, Madame, je vais faire tout mon possible pour me traîner jusqu'à votre campagne. Voilà une route fort agréable. — Monsieur, c'est le Rosendael. — Quoi ! c'est là le Rosendael ? Je vous avoue que je m'en étais fait une toute autre idée — Mais il est charmant, Monsieur, c'est une délicieuse promenade ; savez-vous que c'est une conquête faite sur les Dunes; il y a quarante ans, tout ceci n'était que sables, et sans le siége de la révolution, quand le duc d'Yorck est venu faire de l'eau claire devant Dunkerque, le Rosendael, qu'on a été forcé d'abattre pour la sûreté de la place, serait aujourd'hui magnifique. Il faut encore cinquante ans pour le rendre une des plus belles promenades du département. — Nous verrons ça. — Ah ! Monsieur, vous verrez ça ! mais moi, je n'existerai plus. — Vous, Madame, vous vivrez toujours ; les grâces sont immortelles. — Ah ! charmant ! ô délicieux ! on voit bien que vous êtes né à Paris. — Oui, Madame, rue de la Huchette, n° 66; mon père n'a rien négligé pour mon éducation ; j'ai étudié huit mois au collége de Pantin, et je voyage pour m'achever. — C'est fort bien pensé, il n'y a rien qui forme plus un jeune homme que les voyages. Mais nous voici à *ma campagne*. Comment trouvez-vous l'entrée? — Fort agréable, Madame. — J'aperçois déjà du monde. A propos, n'allez pas faire le petit volage; n'allez pas courir après cette demoiselle en rose et celle qui a cette robe gaze; elles sont assez gentilles, mais ça n'a pas le sou, et c'est d'une élégance, d'une élégance!...N'écoutez pas leurs mères, elles vont vous jeter leurs filles à la tête; ce sont deux bavardes insupportables, deux mauvaises langues, je ne puis pas les souffrir. Mais chut...les voici qui s'avancent. Eh, bonjour, mes chères voisines! que j'ai de plaisir à vous voir! je vous croyais à la karmesse de Bergues. »

Armand, stupéfait d'une transition aussi brusque, vit bien qu'en province on savait dissimuler tout autant qu'à l'Ambigu-Comique ou à la porte Saint-Martin; bientôt il s'aperçut qu'il n'était pas chez Madame Van Uxem, et que *ma campagne* n'était autre que l'enseigne d'un jardin public. Honteux, en secret, de la méprise, il dissimula à son tour, et c'est ainsi que dans la vie nous jouons tous, les uns les autres, au plus fin.

Armand qui s'était annoncé comme un second Vestris, brûlait de se distinguer; l'orchestre faisait un tapage infernal, et personne ne bougeait de sa place. La première contredanse avait une peine infinie à s'entamer, et déjà la nuit s'avançait à grands pas. Enfin, Armand n'y pouvant plus tenir, et désirant avoir un moment d'entretien avec Caroline, lui présenta la main: elle accepta; ce signal fut pour tous les jeunes gens un coup de foudre; en un instant les places furent occupées et le bal commença. « On voit bien que vous êtes étranger, dit Caroline avec un rire malin ; sans vous, la danse eût été remise à huitaine. »

Le temps du plaisir s'écoule rapidement. Madame Van Uxem vint arracher ses filles des mains de leurs cavaliers. « Allons, Caroline, allons, Aglaé, il est temps de partir ; c'est à neuf heures la clôture des portes de la ville, et je ne veux pas être *enfermée dehors.* » Cette expression fit sourire Armand. Un jeune cousin de quinze à seize ans offrit son bras à Aglaé dont il fallut bien qu'elle se contentât. Madame Van Uxem donna le sien à un ancien officier retraité qui fait souvent sa partie de manille avec elle, et Armand marcha devant avec Caroline. La conversation, quoique faite à voix basse, n'en fut pas moins animée, et la route, cette fois, parut si courte au Parisien, qu'il s'écria devant la porte de ces dames : « Quoi ! déjà nous sommes arrivés ! »

Il fallut, malgré une narration non terminée, se séparer. Dix heures sonnaient à la Tour, quoiqu'il ne fût pas neuf heures et demie. Armand eut beau proposer une promenade de ville à ces dames, l'horloge eut raison, et Madame Van Uxem invita Armand à une soirée qu'elle donnait le lendemain ; il accepta sans hésiter, et après les salutations d'usage, il reprit assez tristement le chemin de son hôtel.

En traversant la grande place, un jeune homme qui avait fait route avec lui, de Calais à Dunkerque, le rencontra. « Vous êtes encore dans notre ville, Monsieur ? — Oui, reprit Armand, et je m'y plais beaucoup. Ce qui me contrarie le plus, c'est de rentrer pour me coucher à neuf heures et demie, moi qui ne me mets au lit, à Paris, jamais avant une heure du matin. — Oh ! Monsieur, ce sont les vieilles gens qui se couchent à cette heure, mais *les bons enfants,* après avoir fait accroire à leurs parents qu'ils montent à leur chambre, gagnent adroitement la porte et sortent pour ne rentrer qu'à une heure convenable. Moi qui vous parle, j'ai déjà soupé à la maison, légèrement à la vérité, mais *tandis que tout sommeille*, je vais rejoindre mes amis qui m'attendent à *l'Hôtel d'Angleterre* où nous avons ce soir un pique-nique. Voulez-vous en être? — Très-volontiers, dit Armand; mais je ne connais pas ces messieurs. — Oh! vous aurez bientôt fait connaissance; ce sont de charmants garçons. — Soit, dit Armand, aussi bien je meurs de faim; je n'ai pas l'habitude de dîner à une heure, et je sens que dans votre pays, le souper est d'obligation. — Ma foi, Monsieur, c'est un repas agréable, c'est l'instant où l'on rit, où l'on boit, où l'on chante; vive le souper! — Vive le souper, dit Armand. » Et tous les deux s'acheminèrent vers *l'Hôtel d'Angleterre*.

Quand Armand et son compagnon de route passèrent vis-à-vis du *Café du Bon Goût:* « Ah! dit le Parisien, voilà le café le mieux éclairé de votre ville; entrons-y. Voulez-vous faire une partie de billard, en attendant le souper? — Je vous remercie, je ne suis pas très-amateur de ce jeu. — Venez toujours, je vous montrerai comme on joue dans mon pays. Je rends six points au premier venu. — Je n'en doute pas, mais ce sera pour un autre jour; d'ailleurs, je vois d'ici que le billard est occupé. — Est-ce qu'il n'y en a pas deux? — Un seul suffit. — Il me semble, cependant, qu'on joue au premier étage. — C'est une société particulière, c'est le *Salon Littéraire*. — Ah! vous avez une société littéraire? — Oui certainement, et dont M. Dupin, membre de l'Institut, a fait long-temps partie. — M. Dupin! ah diable! c'est du haut numéro. On s'occupe donc beaucoup de littérature à Dunkerque? — Bien peu. — C'est très-fâcheux; et d'où vient cela? — Je ne puis vous le dire. —

Mais encore. — Ce serait trop long. — Je vous en prie ; je suis extrêmement curieux de mon naturel. — Sachez donc que dans le temps il était question de créer une *Société d'Emulation* comme à Cambrai, comme à Douai ; mais ces sortes d'innovations égaient toujours les oisifs et les mauvais plaisants ; aux premiers traits lancés par la critique, tout le *corps d'hommes lettrés* s'est débandé. — Comment, vos concitoyens, dont l'esprit est calme et réfléchi, se sont épouvantés si vite ? — Oui, et je ne les conçois pas. Certes l'Académie française, la société des Bonnes Lettres, l'Athénée, sont l'objet des critiques les plus mordantes, et tel fulmine contre, avec acharnement, qui se met sur les rangs dès qu'un des immortels meurt ; pourtant ces sociétés n'en jettent pas moins des *torrents de lumières sur leurs obscurs blasphémateurs*. — Ne comparez donc pas, mon cher Monsieur, Paris à la province. Paris est le centre des arts. Que sont vos sociétés de province ? — Tout est relatif. Faudrait-il renoncer à écrire parce qu'on n'écrirait pas comme la plupart de ces académiciens ? Qu'une société prenne un titre modeste et sans prétention, et qu'elle serve à donner le goût des lettres. D'ailleurs que sait-on : un sujet distingué peut en sortir, un nouveau Voltaire peut s'y former. Savez-vous que malgré votre Paris, centre des arts et des lumières, et vos académies entassées les unes sur les autres, nous sommes courts d'hommes de la taille d'un de ceux du siècle de Louis XIV. Il est vrai que les poètes et les écrivains de ce temps-là allaient toujours droit au but, et n'employaient pas leurs veilles à barbouiller des journaux politiques et leurs journées à courir après des voix électorales. — Tout ce que vous dites est incontestable, mais ce qui l'est encore plus, c'est que les sociétés de province ne feront jamais que de l'eau claire. — Ce n'est pas une raison pour qu'elles n'existent pas. Ah ! sans quelques plaisanteries qu'on devrait écouter sans se fâcher, nous aurions une véritable réunion littéraire; mais la folie l'a emporté sur la raison, et l'édifice qu'on élevait aux Muses n'a pas dépassé le niveau du sol. — Où me conduisez-vous donc? dit Armand; entendez-vous ces cris, ces vociférations? On se dispute? — Non pas, ce sont les amis, les bons vivants; nous voilà à l'*Hôtel d'Angleterre*, où nous serons très-bien servis, je vous en réponds. Ces cris sont des cris de joie; la gaîté, mon cher, nous ne connaissons que cela. »

Voilà Armand présenté à quinze ou vingt jeunes gens réunis, qui parlaient tous à la fois; un d'eux l'aperçoit et vient à lui : « Eh pardieu! oui, je ne me trompe pas, c'est Armand. — Comment, c'est toi, Ulrique? — Moi-même. — Comme tu es engraissé! — C'est la bière, mon ami; ce sont les bifsteacks, les rotsbiffs, le Bordeaux et la sagesse. Mais toi, tu es encore plus maigre que l'année dernière; que viens-tu faire à Dunkerque? — Me promener, voir la mer et m'en retourner à Paris. A ton tour, que fais-tu dans ce pays? — Je travaille dans une maison de commerce, jusqu'à ce que j'en crée une moi-même. Je finirai par me marier ici. En attendant, je fais mes farces de loin en loin, pour me rappeler le temps où nous bambochions à Paris trois fois la semaine. Vois-tu toujours les deux Grandpré, qui faisaient de mauvaises pièces au Vaudeville et aux Variétés, et qui t'accrochaient des petits écus que tu avais la sottise de leur prêter? — Non. — Et Norbert? — Il s'est brûlé la cervelle dimanche dernier; mon père me l'a écrit. J'en suis désolé. — Vous étiez très-liés? — Sans doute, et puis il me devait cinquante louis. — C'est différent. A propos, es-tu toujours dans les coulisses de l'Ambigu-Comique? — Je n'y vais plus du tout. — Tu es devenu bien rangé, à ce qu'il me paraît? — Excessivement: je me lève de onze heures à midi, je vais déjeûner au Café Anglais ou chez Tortini, de là je parcours les salons de lecture, je vais à la salle d'armes, je dîne au café de Chartres. — Et le soir tu vas au spectacle? — Non pas, je vais jouer à l'écarté ou au trente et quarante dans une maison où l'on me reçoit tous les soirs et où souvent il y a des bals délicieux. — Ici, mon cher, ma vie est bien différente de la tienne : je me lève à six heures du matin, je déjeûne à sept heures chez Albanési, je vais à mon bureau à huit heures; à midi, je vais chez Lenoir ou chez Bronner, libraires, lire les papiers ; je dîne à une heure ; à deux je retourne au bureau jusqu'à sept heures du soir, quelquefois huit; je vais à l'estaminet jusqu'à neuf heures, je soupe, me couche, et voilà ma journée. — Oh ! que c'est monotone, que tu dois t'ennuyer ! — Moins que toi ; je suis tellement fait au travail, que je plains les *flâneurs* qui ignorent les douceurs qu'il procure ; celui qui s'occupe ne s'ennuie jamais. Quand une occasion de rire se présente, je la saisis avec empressement, et tu vas voir si, quand nous nous y mettons, nous faisons ici les choses à demi: tu sera entraîné comme les autres et tu boiras sec. Tiens, mets-toi à côté de moi, je te *soignerai*.

Armand fut très-content de trouver un ancien camarade auquel il pût parler. A sa gauche, il avait un aspirant de marine bon vivant et dont la franchise allait jusqu'à la rudesse. Un silence, occasionné par un appétit dévorant, permit d'entendre pendant un quart-d'heure un charmant cliquetis de fourchettes et de couteaux interrompu par quelques chocs de verres et de bouteilles. Les morceaux se succédaient sous la dent avec une rapidité admirable ; des pièces de bœuf et de mouton de la plus belle dimension, disparaissaient comme par enchantement. Le Parisien s'était borné à sucer une aile de poulet ; aussi, ne voyait-il pas sans une surprise mêlée d'une sorte de chagrin, les jouissances prolongées que des estomacs robustes procuraient aux autres convives. Indigné de se voir pris au dépourvu, il voulut du moins tenir tête au marin qui lui versait assez souvent à boire. Cette imprudence lui coûta cher.

Cependant, on servit le dessert: le vin ne fut pas épargné; les têtes s'échauffèrent et les discussions s'entamèrent. Chacun fit un demi-tour vers son voisin, et les langues qui s'étaient reposées réparèrent le temps perdu.

Armand entreprit le marin qui faisait un excellent usage des bouteilles qu'on mettait à sa portée. On vint à parler de Madame Van Uxem; l'aspirant dit nettement: C'est une vieille folle. Armand réplique aussitôt: Vous êtes un impertinent. A ce mot, le marin saisit le Parisien par la ceinture de la culotte, l'enlève de sa chaise et le tient suspendu en l'air, au-dessus d'un plat de crème. Armand se débat et tombe sur la table. Tous se lèvent spontanément et se jettent sur l'aspirant. Armand en fureur et leste comme un oiseau, se redresse, s'empare d'un verre et le lance au marin; celui-ci détourne la tête et évite le coup qui va porter sur une glace de cent écus; le verre frappe à plat la glace, tombe sur la cheminée de marbre et de là sur le plancher, sans se briser et sans que la glace ait la moindre fêlure. Ce miracle, que chacun veut constater, fait diversion à la dispute. On s'explique, on se raccommode, et le punch arrive. Un convive propose de chanter. Armand, après s'être fait long-temps prier, roucoule une romance qu'on n'écoute pas; le commis-négociant entame: *Francs buveurs que Bacchus attire*, et quand le tour du marin arrive, d'une voix sonore et d'un accent très-prononcé, il chante un refrain breton capable d'effaroucher les oreilles les moins pudiques. Ce signal est celui de la grosse gaîté, le punch se verse à pleins verres, les cigares s'allument. Armand fait comme tout le monde, sa tête s'embrouille, il ne dit plus deux mots qui aient la moindre concordance, mais on n'y fait pas attention.

Enfin les rangs s'éclaircissent; les plus sages ou plutôt les moins fous se sont éclipsés sans être aperçus. Armand veut faire de même; il a déjà pris son chapeau pour sortir; le marin le retient si rudement par un pan de son habit, qu'il le déchire jusqu'au collet. « Ce n'est rien; venez ici, avec une épingle, cela ne paraîtra pas. — Reconduisez-moi, dit Armand, je ne connais pas la ville, je puis me perdre. — Volontiers, dit l'aspirant, je m'en charge, sortons; aussi bien, il est deux heures, il faut que je sois levé à quatre pour profiter de la marée; je crois qu'il est temps de se retirer. » Ils sortent et le vent d'Est qui souffle avec force achève d'étourdir Armand qui à peine peut indiquer le nom de son hôtel.

Le lendemain, après s'être rasé, parfumé, habillé, Armand, honteux de sa conduite, voulut se réconcilier avec lui-même. Il sortit dans l'intention de faire une visite à Madame Van Uxem. En traversant la grande place, il fut accosté par deux convives de la veille, qui, pour suivre cet adage: *Il n'y a pas de bonne fête sans lendemain*, s'étaient retrempé l'estomac de quelques verres de liqueur. Cette rencontre plaça le Parisien dans une fâcheuse position. Se trouver bien mis entre deux jeunes gens à l'œil enflammé, les vêtements en désordre, chancelant à chaque pas; tout cela n'était pas de son goût: il eût donné beaucoup pour être hors de leurs griffes; un refus opiniâtre n'eût fait que les irriter; il fallut suivre le torrent. Une circonstance fort heureuse le débarrassa d'eux. Ils aperçurent de loin des officiers qui leur avaient cherché querelle dans un café; cette vue les ranima tellement, qu'ils se mirent à courir pour avoir des explications. Armand profita de cet événement pour s'éloigner en toute hâte, et bientôt il arriva chez Madame Van Uxem. Aglaé chantait à son fortepiano, elle avait une voix charmante et peu de méthode. Armand, néanmoins, lui donna beaucoup d'éloges, parce qu'il savait par expérience que les femmes comme les hommes n'aiment pas qu'on leur dise la vérité. Elle les reçut de bonne foi, et le suffrage d'un habitué du théâtre Italien, la flatta ainsi que sa mère. Madame Van Uxem pria le Parisien de lui chanter une romance; il s'excusa sur ce qu'il était enrhumé et qu'il avait mal à la poitrine. « Effectivement, dit Madame Van Uxem, vous avez l'air fatigué; on croirait que vous avez passé la nuit au bal. — Non, répondit-il, en rentrant je me suis rappelé que je devais réponse à cinq lettres de mon père, et j'ai voulu lui donner une relation fort exacte de mon voyage; j'ai écrit aussi une lettre de six pages à ma bonne mère, qui aime tant à recevoir de mes nouvelles. Tout cela m'a mené fort loin, je ne me suis couché qu'à trois heures du matin. — Pauvre jeune homme ! s'écria Madame Van Uxem; prendre sur son sommeil pour écrire à ses parents ! c'est bien louable; tenez, buvez ce verre de malaga, et chantez-nous une romance. » Armand ne se fit pas prier davantage, d'autant plus qu'il avait quelque prétention à la roulade. Un motif heureux modulé avec art, malgré des moyens très-faibles, ravit, enthousiasma ces dames. A ce refrain:

> Premiers instants de nos amours,
> Las ! que ne durez-vous toujours,

Madame Van Uxem, qui dans son temps avait été d'une

très-grande sensibilité, et qui, victime des illusions d'une passion malheureuse, n'avait épousé Monsieur Van Uxem que par obligeance, prit son mouchoir, s'essuya les yeux déjà mouillés de larmes, et, à l'aide d'une couple de fortes prises de tabac, réveilla ses esprits abattus. « Ah ! le petit coquin, s'écria-t-elle, comme il chante avec âme ! quelle expression ! Je veux que ce soir vous charmiez ma société ; j'aurai du monde, ne manquez pas de venir à six heures ; je compte sur vous. — Je ferai, reprit Armand, tout ce qui pourra vous être agréable. »

Après une heure de conversation, le Parisien se retira en laissant la mère dans l'espoir d'avoir une romance touchante, et sa fille un mari fidèle. L'un était plus sûr que l'autre.

Contre son ordinaire, Armand fut exact au rendez-vous, à une heure près. Il se présenta très-gracieusement, et de suite on entendit chuchoter toutes les demoiselles. « Vous avez bien perdu, Monsieur, lui dit Madame Van Uxem ; cette petite que vous voyez a exécuté une sonate de piano avec un aplomb surprenant : elle aura un jour beaucoup de talent. — En vérité, Madame, il m'a été impossible de venir plus tôt. — Avez-vous fait raccommoder votre habit ? dit un jeune homme en lui frappant rudement sur l'épaule (c'était le marin). — Comment ! reprit Madame Van Uxem, vous connaissez mon mauvais sujet de cousin ? — Mauvais sujet ! ma cousine ; ah ! si vous aviez vu le camarade *louvoyer* et aller de *tribord* à *babord*, vous ne diriez pas.... » Armand s'empressa de faire signe au marin de se taire, et s'offrit de suite à chanter, afin de rompre une conversation qui pouvait beaucoup lui nuire dans l'esprit de la maîtresse de la maison. Il demanda le grand air de *Gulistan*. Une demoiselle fut désignée par Madame Van Uxem, pour accompagner le virtuose. Cette pauvre fille, quoique très-forte pianiste, se laissa tellement intimider par la réputation colossale qui avait précédé le Parisien, qu'elle se troubla au point de ne pas pouvoir faire dix notes de suite sans se tromper. Le Parisien, avec une assurance d'artiste consommé, frappait la mesure sur l'épaule de son accompagnatrice, et de temps en temps y appuyait fortement le doigt, lorsqu'il désirait qu'elle retardât le mouvement, ce qu'elle souffrit avec beaucoup de patience. Une salve d'applaudissements qui avait quelque chose d'outré et de passionné, donna à Madame Van Uxem l'occasion de répéter ce qu'elle avait avancé : « Je vous avais bien dit que c'était un petit Elleviou ; on voit qu'il a été au Conservatoire de Paris : il n'y a que là où l'on puisse acquérir cette sûreté d'exécution et cette méthode. »

Le Parisien, flatté, sourit agréablement aux compliments que chacun s'empressait de lui faire, et comme l'amour-propre aveugle les hommes, il se crut dès ce moment un chanteur. Le marin n'y connaissait rien, mais en bon camarade, il fut du parti des admirateurs, et y mit un zèle dont ses violents battements de mains prouvèrent la force. Un vieux Monsieur aux ailes de pigeon, de l'espèce de ceux que les jeunes gens, en général, appellent ganaches, s'était abstenu de signes approbateurs. Le marin, assez querelleur de son naturel, lui chercha noise. « Vous ne dites rien, papa? est-ce qu'avant la révolution on chantait mieux que ça ? — Ma foi, dit l'ancien, on ne faisait pas une série de gargouillades ridicules qui gâtent la simplicité du chant et en détruisent l'expression ; un jeune homme avec une voix flexible, croit, en roucoulant, ressembler à Martin ; en chevrotant sur deux notes, faire une cadence, et en répétant de souvenir un morceau d'opéra, être un musicien.

— Allons, papa, vous n'y entendez rien, vous êtes le seul de votre avis. »

Le malin vieillard, qui savait à quoi s'en tenir, et d'ailleurs fâché de cette mesure battue sur les belles épaules de l'accompagnatrice, demanda le difficile trio de *Jeannot et Colin*, qui, dans une réunion précédente, avait été très-bien rendu par un amateur qui se trouvait absent et deux demoiselles justement présentes. Cette proposition fut très-bien accueillie par la société, mais le Parisien se défendit vivement en disant qu'il y avait très-long-temps qu'il ne l'avait chanté. « N'importe, disait-on, chantez toujours. — Je ne me le rappelle qu'imparfaitement. — On vous donnera la partie gravée séparément. — Si on me le fredonnait deux ou trois fois seulement, comme j'ai une excellente mémoire, je pourrais… — Mais la musique vous l'indiquera bien mieux. — La musique? il n'y a qu'un petit inconvénient, c'est que je ne connais pas une note de musique.» A ces mots, le vieillard partit d'un si grand éclat de rire et regarda le marin tout stupéfait, avec un air tellement moqueur, que celui-ci, déconcerté, n'eut d'autre moyen de se débarrasser des sarcasmes de son spirituel adversaire, qu'en demandant à grands cris une partie d'écarté. Néanmoins, tout en s'éloignant, il jurait entre ses dents et répéta tout bas : « ô l'imbécile ! chanter comme un rossignol, et ne pas savoir la musique ! »

En un moment le piano fut remplacé par des tables à jeu. Des Bostons, des Wisks s'entamèrent ; on accoupla les femmes les plus jolies et les plus aimables avec des hommes d'un âge plus que mûr. Les demoiselles abandonnées se rassemblèrent pour parler toilette, et les jeunes gens envahirent la table d'écarté, où bientôt les paris furent ouverts. Le Parisien, favorisé par le hasard, fit une rafle complète.

Un peu persiffleur de son naturel, il plaisanta très-mal à propos le marin qui perdait son argent ; celui-ci qui ne cherchait pas ses mots dans le dictionnaire de l'Académie, lui répondit par une expression qui ne s'y trouve pas. Armand se souvint que le marin avait le poignet et la tête dures, il raccommoda sa plaisanterie du mieux qu'il put, et offrit aux blessés leur revanche. Il tint généreusement tout ; hélas ! la fortune si difficile à fixer, lui tourna le dos. En un instant il perdit bien au-delà de ce qu'il avait gagné. Le marin s'était refait, il ne s'exposa plus à perdre en une heure un mois de solde, et préféra se retirer sagement. Armand, assez mécontent de se voir engagé dans la perte, mit, pour combler le déficit, cent écus sur la table. C'était au vieux amateur à lutter contre lui. Il s'assit gravement et fouilla lentement à sa poche pour en tirer une longue bourse de soie verte. « Allons, disait Armand, les moments sont précieux, il manque beaucoup d'argent contre moi, à moins que Monsieur… — Lorsque vous chantiez, Monsieur, un jeune homme de vos amis, mécontent de ce que j'avais préjugé que vous n'étiez pas musicien, m'a dit qu'on voyait bien que j'étais d'avant la révolution. J'en suis convenu et j'en conviens encore. Or, avant la révolution, un homme qui avait trente mille livres de revenu, jouait gros jeu en jouant un petit écu ; je les avais bien comptés ; mais le bienheureux tiers consolidé a fait que je n'en ai plus que dix mille, souffrez donc que l'homme d'avant la révolution ne joue que vingt sols. » Cet argument ne plut pas au Parisien ; c'était de l'argent qu'il lui fallait et non pas des raisons. Les joueurs avaient disparu ; quelques misérables pièces blanches figuraient contre son or, il ne restait pas d'espoir de se rattraper. Fort mécontent, il brusqua la partie et oublia de marquer le roi, puis après se donna six cartes, ce qui lui fit deux points de perte. Le vieux amateur, enchanté d'avoir en main un jeu de volte, s'écria : « Vous êtes flambé ! » et en disant ces mots, il approcha la tête si près de la bougie que son aile droite prit feu. En un instant sa coiffure fut inégale. Sans de prompts secours, la flamme aurait gagné la queue. En arrêtant d'une claque les progrès de l'incendie, Armand s'était légèrement brûlé les doigts. Ces dames s'empressèrent de verser sur sa main de l'encre comme souverain remède, et Aglaé sacrifia un très-beau mouchoir de batiste pour l'envelopper. Le nestor se confondit en remerciements tout en déplorant son antique coiffure. Le Parisien, qu'une piqûre d'épingle mettait huit jours au lit, se retira en disant qu'il souffrait horriblement, et en demandant la demeure du meilleur chirurgien de la ville, afin de l'envoyer chercher le soir même. Madame Van Uxem, désolée d'un aussi terrible accident, avait parfaitement simulé une attaque de nerfs, en ayant soin toutefois d'ôter ses gants demi-longs, afin de faire voir que malgré l'âge, son bras était encore très-bien conservé. Armand, qui ne pensait qu'à lui, la laissa pâmée sur un fauteuil, et s'en fut précipitamment à son hôtel. Un chirurgien appelé et voyant à quel homme il avait affaire, ordonna des compresses, des onguents et une diète sévère. Le Parisien exigea qu'un domestique le veillât, et recommanda en se couchant que si on venait le lendemain matin pour le voir, de dire qu'il n'était pas visible pour cause de maladie grave.

Armand est décidément malade, non de la légère brûlure qu'il s'est faite, mais pour avoir bu la potion suivant l'ordonnance du médecin. Il a le corps dérangé et s'est levé quarante fois pendant la nuit. Sa position l'inquiète, parce que, quoique brave dans les disputes, il a grand peur de mourir : et s'il a le caractère français dans les affaires

d'honneur, c'est une poule mouillée dans les plus petites indispositions. Fatale nuit: oh! qu'il a été insupportable envers son gardien. « Mon ami, lui disait-il, je suis victime de
» mon courage, je me suis sacrifié pour un vieillard qui
» s'est moqué de moi; faites donc le bien pour le mal?
» Ecoutez, écoutez, comme mes entrailles font du bruit.
» C'en est fait, l'apothicaire se sera trompé de médica-
» ment, je suis empoisonné, c'est fini de mes jours. Je ne
» reverrai plus mon père ni ma mère. Je n'ai qu'à recom-
» mander mon âme à Dieu ! » C'est ainsi qu'Armand exhalait ses plaintes, et quoiqu'esprit fort, et s'en vantant même en bonne santé, sa position, qu'il croyait désespérée, le rendit tout-à-coup dévot; il se mit à genoux, fit le signe de la croix, et comme il ne savait ses prières ni en latin, ni en français, il en improvisa une analogue à la circonstance. Il promettait à Dieu une vie aussi exemplaire que celle de Saint-Bruno, dans le cas où il en réchapperait, et le brave homme qu'on lui avait donné pour gardien, touché de son repentir et de sa piété, priait de son côté pour ce bon jeune homme, non sans lui faire des exhortations touchantes qu'Armand écoutait avec un intérêt particulier. Cependant, il sommeilla vers le matin assez tranquillement et ne s'éveilla qu'à l'arrivée du donneur de drogue. «Ah! vous voilà, docteur, dit-il, d'une voix faible, mais qu'il affaiblissait encore afin de rendre sa situation plus intéressante; vous m'avez empoisonné ! — Empoisonné ! empoisonné ! veuillez bien, Monsieur, ne pas vous servir de termes semblables. Avez-vous pris la potion que je vous ai donnée hier soir? — Hélas! oui, et je voudrais bien l'avoir jetée par la fenêtre.— Quel blasphème! — Savez-vous que j'ai l'enfer dans le ventre? — Tant mieux ! un malade est bien malade quand les remèdes ne font pas effet. — Morbleu! il est plus qu'efficace ; si vous vouliez vous donner la peine de passer dans

le cabinet voisin. — Je m'en rapporte à vous. Combien vous êtes-vous levé de fois? — Quarante environ. — Ce n'est qu'un prélude. — Vous m'effrayez. — Bast! vous n'avez pris que du numéro *deux*; quand vous prendrez du numéro *quatre*, je veux que vous ne puissiez pas, en vingt-quatre heures, rester dix minutes sur votre chaise. — Miséricorde, vous voulez donc me tuer? — Non, Monsieur, je veux au contraire que vous soyez d'une santé inaltérable, je veux que vous n'ayez aucune humeur peccante. — Mais songez, docteur, combien vous allez m'affaiblir, et voyez comme je suis maigre. — Cette maigreur vient de ce qu'ayant trop d'humeurs, la chair ne peut pas se développer sur les os. — Votre drogue ne convient alors qu'aux gens maigres? — Pardon, elle est excellente pour les gens replets, parce que les humeurs, très-abondantes chez les personnes grasses, empêchent le sang de circuler librement, et font gonfler la chair sur les os. — C'est donc un remède universel? — Oui, Monsieur, c'est une selle à tous chevaux. — Ah! oui, et une fameuse selle. Mais dites-moi, pour une brûlure dont je ne ressens déjà plus rien, qu'avais-je besoin de votre drogue? — Monsieur, c'est comme si vous me demandiez pourquoi, lorsque vous faites une chûte, le chirurgien vous saigne. — Dites-moi, s'il vous plaît, de quoi est composé votre médicament? — Ma foi, je ne le sais pas plus que vous. — Voilà qui est fort. — C'est un secret; au surplus, ce remède a fait des cures extraordinaires. J'en ai vendu l'an passé à feu Madame de Tressec, qui s'en est bien trouvée. Feu le marquis Desquartiers était une de mes meilleures pratiques; aussi avait-il le teint on ne peut plus clair. Feu l'huissier Du Rocher, feu Monsieur Beuglaert, avocat, et cœtera et cœtera, ont été, jusqu'à leur dernier soupir, les plus chauds partisans de ce remède impayable. Je voudrais pouvoir vous représenter debout un de ces malades dont le dévouement a été très-louable ; ils ont si bien prêché d'exemple, que dans ce moment j'exploite, non-seulement Dunkerque, mais encore Bergues, Bourbourg, Gravelines et les villages des environs ; partout on s'empresse de me demander des fioles dont j'ai un très-bel assortiment Il faut essayer du numéro *trois* pendant quinze jours de suite, et alors, si je suis content de vous, je vous mettrai au numéro *quatre*.

— Non, de par tous les diables, je n'ai pas envie de ressembler à feu M. Beuglaert, feu Madame de Tressec, et autres *feu* et *feue* dont vous êtes l'interprète, attendu qu'ils ne peuvent plus s'expliquer eux-mêmes ; c'est bien assez des quarante expériences que vous avez faites cette nuit sur mon chétif individu. Je n'ai plus besoin de médecin de votre espèce. — Médecin ? monsieur, médecin ? vous me faites injure, je ne suis pas médecin. — Vous êtes donc apothicaire ? — Apothicaire ? Monsieur, vous m'insultez, je ne suis pas apothicaire. — Qu'êtes vous donc ? — Je suis commis-voyageur en quincaillerie ; je vends tout ce qui concerne mon état, et je suis logé dans cet hôtel jusqu'à demain matin. — Et vous vendez des médecines ? — C'est ce qui va le mieux ; ça va tout seul, et les malades aussi. — J'en sais quelque chose. Dites-moi ce que je vous dois. — Je n'en suis pas embarrassé. C'est six francs, et c'est bon marché. — Elles seraient livrées gratis que je n'en voudrais plus. — C'est vous qui le dites, vous avez bien tort de ne pas continuer. — Vous êtes payé, laissez-moi en repos. — Je vous les passerai à vingt sols de moins que les autres voyageurs — Retirez-vous, s'il vous plaît. — Il m'en reste encore une demi-pièce que je vais tirer en bouteilles cet après-midi. — Retirez-vous, vous dis-je, ou je vous fais mettre à la porte. — Puisque je vois que vous êtes un entêté et que vous persistez dans votre funeste résolution, je vous abandonne à vos mauvaises humeurs. Je vais de ce pas chez Monsieur *Hof*, Hollandais de ma connaissance, qui veut en essayer pendant six mois seulement. — Six mois ! ah ! je réponds que Monsieur *Hof*, puisque *Hof* il y a, ne sera pas long-temps vivant s'il en fait un pareil usage. — Eh bien ! nous verrons. — Ah ! oui, nous le verrons, car il ne pourra pas le voir. Bon voyage. »

Armand fut enchanté d'être délivré de ce médecin quincaillier, et connaissant la cause de son mal, il s'empressa de réparer ses forces par un excellent consommé et deux verres de vin de Malvoisie fait à Cette. En moins d'un quart-d'heure il s'aperçut que sa maladie serait bientôt terminée, et dans sa joie il se mit à chanter, en se regardant dans son miroir, une chanson de Béranger qui scandalisa le père gardien. Celui-ci allait rappeler à Armand ses promesses de la nuit et lui faire de la morale, quand un domestique apporta une lettre de Madame Van Uxem. Armand voulut rester seul et lut la lettre suivante, dont le style lui parut singulier :

« Monsieur,

» J'ai envoyé, à l'hôtel, ma servante pour savoir de vos
» nouvelles ; elle m'a dit que vous aviez été malade toute
» la nuit, ce qui a fait beaucoup de peine à ma fille et à
» moi. Ménagez-vous ; parce que je crois qu'en général vous
» *jouissez* d'une mauvaise santé. Vous auriez bien pu cou-
» cher à la maison sur un *baudet*, et vous auriez été infini-
» ment mieux soigné, mais vous êtes *couru en voie* comme
» un fou, sans nous rien dire. Nous espérons que votre
» indisposition ne sera pas longue et que vous viendrez
» chez nous aussitôt que *vous aurez des jambes*,

» J'ai eu la visite de votre ami, je *l'ai parlé* et j'ai dit
» *contre* lui tout ce qui se passait concernant ma fille. Je
» me suis avancée jusqu'à lui raconter que vous alliez *la*
» *marier*, que du moins vous aviez écrit à vos chers pa-
» rents pour obtenir leur consentement. Il a paru satisfait
» de cette nouvelle et en a félicité ma fille qui n'a pas
» voulu recevoir son compliment, tant elle craint d'être
» *plantée-là* pour la septième fois.

» Je sais très-bien que votre père a une fortune *consé-*
» *quente*, mais si je ne puis donner à ma fille qu'une *pièce*
» de cinq à six cents francs de rentes, du reste elle est
» riche en *économie*. Elle a de l'ordre et ne *brade* rien. J'ai
» refusé pour elle dans le *principe* trois bons partis ; à la
» vérité si *j'aurais* su que les maris deviendraient aussi
» rares, je me serais arrangée de façon à ne pas les tenir
» *suspendus* si long-temps. L'un était un militaire *gradé*,
» mais je n'ai pas voulu exposer ma fille à manger un jour
» du pain *d'amonition*; l'autre était un vieux qui marchait
» *tout à travers*, je n'ai pas cru devoir sacrifier Aglaé ; le
» troisième était un jeune homme qui travaillait *sur un*
» *bureau ;* ma fille n'était pas faite pour un petit commis.
» Ce n'est pas pour la flatter, Monsieur, mais c'est une
» perle qui ne doit appartenir qu'à un homme bien *éduqué*
» comme vous.

» Je vous attends que nous allions louer ensemble une
» maison que j'ai retenue pour vous ; les peintres y sont
» déjà, et il n'y a plus qu'à signer le bail. J'ai arrrêté chez
» mon tapissier un beau lit d'acajou, des glaces, des rideaux
» et un meuble en drap amaranthe que vous trouverez
» magnifique. Je veux que vous soyez bien logés et bien
» meublés. Il faut écrire à votre père et à votre mère de
» venir passer quelque temps à Dunkerque, pour assister

» à votre mariage. Je serai charmée de faire leur connais-
» sance.

» Soyez sans inquiétude, je vais précipiter les choses, j'ai
» hâte de vous voir marié et de vous appeler mon gendre,
» quoique je vous regarde déjà comme tel.

» Tout à vous.
» Cunégonde-Ursule Van Uxem. »

A la lecture de cette lettre, qui pour ainsi dire lui mettait le marché à la main et l'empêchait de reculer, Armand se recueillit et prit du papier pour y répondre ; mais il commença et recommença vingt fois son épître sans être content de sa réponse. Dans son embarras extrême, il crut ne pouvoir mieux faire que de s'habiller et d'envoyer chercher une voiture pour se rendre chez Madame Van Uxem, qui venait de lui porter une première botte difficile à parer. « Comme on arrête un mariage et comme on accroche un mari dans ce pays-ci ! disait Armand, en lui-même. A Paris on file le parfait amour plusieurs années, c'est charmant ; mais à Dunkerque c'est détestable ; on n'a pas le temps de se reconnaître et l'on doit souvent demander à sa femme, le jour de ses noces : à propos, ma chère amie, comment t'appelles-tu ? »

Armand monta en voiture, et le laquais cria au cocher : « En route. — Chez qui ? — Chez Van Uxem. »
. . . .

Victor Simon.

TRADUCTION D'HORACE.

ODE: O Venus, regina Cnidi Paphique. Lib. I.

1840.

O reine de Paphos, indulgente immortelle,
Fuis de Chypre un instant les bocages aimés,
  Et viens dans les lieux parfumés
Où par des flots d'encens ma Glycère t'appelle.
  Viens, ô Vénus, ne tarde pas,
  Et que les Grâces sans ceinture,
La Jeunesse à toi seule empruntant ses appas,
Le brûlant Cupidon, les Nymphes et Mercure,
  Essaim fidèle, accourent sur tes pas.

C. PIETERS.

TABLE

DES PIÈCES CONTENUES DANS CE VOLUME.

ALISSE (Adolphe).   Page
   Sonnet.   304
   Août 1834.   312

ANGEBERT (Caroline).
   Le vieil Egoïste.   97
   Un Legs.   260

ALZIEU.
   Jean-Bart. Dithyrambe.   28

BECK (Frédéric).
   A ma sœur Hortense.   170
   Un Mourant encore jeune.   200

BERNAERT Aîné.
   A Théonie.   47
   Hymne à la Divinité.   238
   La Tulipe et la Violette. Fable.   317
   Peu et beaucoup. Chanson.   351
   Cléon et Dorval. Dialogue historique.   425

BOULON (Pierre).
    Stances à Pauline.   91

BRASSEUR (Ch.)
    Elégie.   111

CARLIER Aîné.
    A mon ancien Camarade du Petit Couvert de Momus à Dunkerque en 1815, Bernaert aîné, à Bruxelles.   15

CORENWINDER (Benjamin).
    Souvenir.   120
    O toi que j'aime tant !   417

DASENBERGH (A.)
    Le Mont de sable. Apologue.   26
    Le Naufrage du Colombus.   70
    Hymne à Jean-Bart, à l'occasion de l'inauguration de sa statue, le 7 septembre 1845.   257
    Lettres à Louise, sur l'histoire de Dunkerque. Lettre première.   289
    Siége de Dunkerque par le duc d'Yorck, en 1793.   321
    A Mme D***, sur la mort de son fils.   399
    Notice sur Victor Simon.   446

DE DONCQUER T'SERROELOFFS (H^{te}.)
    Monologue d'Abraham, au moment où il vient de recevoir l'ordre d'immoler son fils Isaac.   93

DE MEYER (C.)
    L'Amour désarmé.   88
    Le Solliciteur.   285

DUFLO (A.).

    Amintas et l'Ormeau. Fable imitée de Gessner.   86
    Le Rossignol et les Grenouilles. Fable.   303

FAULCONNIER (P.-L.)

    Epitaphe de Royer.   313

FONTEMOING (J.)

    La Vierge de Missolonghi.   1
    A Millevoye. Elégie.   33
    L'Espérance et le Souvenir. Romance.   139
    Le Soleil des Sachems.   305
    La Cloche.   369

FORCADE (E.)

    Denys-Montfort.   353

GOUCHON.

    Réponse à quelqu'un qui m'engageait à m'essayer dans la poésie.   10
    Le Mendiant et le Chien. Fable.   45
    Vaïna, Imitation d'une romance madécasse.   127

GOUTTIÈRE (H.-A.)

    Ode sur l'Impiété.   49
    L'Immortalité de l'Ame.   153
    Puissance de la Poésie. Ode.   209
    Chactas au tombeau d'Atala.   364

KIEN (Benjamin).

    Ode placée en tête d'une traduction des Odes d'Horace.   42
    L'Ame s'humilie. Méditation.   60

Dieu protége la France! Ode nationale.	133
La jeune Malade. Elégie.	182
L'Hymen de la Veuve.	193
En pleine mer!... Chant d'amour.	216
L'Homme et la Nature. Méditation.	247
Virginia, Episode de l'Histoire romaine.	310
Le Retour au Village. Elégie.	387
La Ballade de la Gitana.	438

LAMBERT.

Inscription latine pour Jean-Bart.	16

MARTIN (N.)

Sagesse.	96
A la Patrie. Hymne.	206
Un mois au Presbytère.	374
Chant pour l'armée d'Afrique.	429

PAESCHIERS (A.)

Malvina. Stances imitées d'Ossian.	81

PEROT.

L'Iris et le Papillon. Allégorie.	31
Le Cygne et l'Hirondelle. Allégorie.	67
La Parabole des deux Mendiants. Allégorie sur la Charité.	163
La Plume et le Cygne. Allégorie sur les honneurs.	191
La jeune Fille et l'Honneur. Allégorie.	202
Amour pur.	281
La Fleur et son Image. Allégorie.	397
Amour oriental. Allégorie (imitée de Salomon).	433

PETIT-GENET.

Couplets chantés au banquet annuel de la Société du Salon littéraire de Dunkerque, le 15 janvier 1818.   78

PHILIPPE (Auguste).

Couplets chantés par l'auteur, le jour de sa réception au Petit Couvert de Momus.   83

PIETERS (C.)

Inscription pour Jean-Bart.   16
La Garde Nationale de Cythère. Poème héroïque (forme ancienne).   35
Les Tombeaux aériens. (Génie du Christianisme.)   150
Le Chant de l'Exil. (Atala.)   166
L'Orage. (Atala.)   188
Vers à une dame qui avait défendu à l'auteur l'usage du tabac comme inutile.   204
Ode au Printemps. Traduite de Clémence Isaure, maîtresse en gaie science, fondatrice des Jeux Floraux. (15ᵉ siècle.)   214
Maupertuis à Dunkerque.   225
Observations sur le Théâtre. Molière. — *Tartufe*.   241
Observations sur le Théâtre. Casimir Delavigne. — *L'Ecole des Vieillards*.   293
Traduction du Psaume II, *Quarè fremuerunt gentes, et populi meditati sunt inania?*   314
Traduction d'Horace. Ode : *Donec gratus eram tibi*, Lib. III.   337
Traduction du Psaume CXXXV. *Super flumina Babylonis, illic sedimus et flevimus*.   361
Traduction d'Horace. Ode : *Non semper imbres nubibus hispidos*, Lib. II.   385

Siége de Dunkerque en 1658. 401
Traduction d'Horace. Ode : *Rectius vives, Licini, neque altum.* Lib. II. 427
Traduction d'Horace. Ode : *O Venus, regina Cnidi Paphique.* Lib. I. 480

PUMPERNEEL.
Une Mère au berceau de son enfant. 125
Les Amours du Marin. 168

QUIQUET (G.).
Aux Mânes de ma Sœur. 145

SAINT-AMOUR (Édouard).
L'Amour piqué par une Abeille. (Imité du grec.) 48
Le premier Bal. 174
Sonnet. 208
La dernière heure d'un enfant. Imité de l'Italien. 319
A mon Père. 431

SIMON (Victor).
Le Mari pacifique. Fable. 22
Les Sangsues. 30
Le Dîner du Prince. 53
Le bon Mari. 69
Gasconnade. 93
Les Gages d'amour. 223
Élégie sur un Serin mort en répétant un air de sa jeune maîtresse. 254
Le Père mourant. Conte. 367
Les deux Roquets. Fable. 415
Le Parisien à Dunkerque. 419

SIMON (Pierre).

    Epigramme.   27
    Stances.   320
    Mes Regrets. Couplets chantés à l'un des banquets de la Société littéraire du Petit Couvert de Momus.   422

TRYSTRAM (J.-B.)

    Sur une Goutte de Rosée.   147

VAISSIER.

    Notice sur J.-J. Rousseau.   17

VANWORMHOUDT (A.)

    Le Papillon.   85

VERMERSCH (Pauline).

    Ode à M. Possoz.   110
    A M. l'abbé Pernot.   177
    Regrets sur la tombe d'une amie.   394

ERRATA.

Page 184, 7ᵉ vers. Au lieu de :
On dirait, n'est-ce pas? que les lyres du ciel
    Sur la terre se sont *parlées*.
Lisez :
On dirait, n'est-ce pas? que les lyres du ciel
    Sur la terre se sont *frôlées*.

Page 217, 1ᵉʳ vers. Au lieu de :
Après la douce nuit qui brille *sous* nos têtes.
Lisez :
Après la douce nuit qui brille *sur* nos têtes.

Page 208. Au lieu de :
Car une malédiction arrachée à une juste indignation et une malédiction lancée par une humeur déraisonnable, doivent être également hors du mépris des enfants, parce que s'ils étaient appelés à *exposer* les motifs pour décider s'ils doivent s'en affliger ou s'ils peuvent s'en moquer, ils ne manqueraient pas de trouver chaque fois qu'elle est injuste, etc.
Lisez : Car une malédiction arrachée à une juste indignation et une malédiction lancée par une humeur déraisonnable, doivent être également hors du mépris des enfants, parce que s'ils étaient appelés à en *peser* les motifs pour décider s'ils doivent s'en affliger ou s'ils peuvent s'en moquer, ils ne manqueraient pas de trouver qu'elle est injuste, etc.

Dunkerque, Imp. de B. Drouillard, éditeur de la *Dunkerquoise*,
rue des Pierres, 7.

Pagination incorrecte — date incorrecte
NF Z 43-120-12

Contraste insuffisant
NF Z 43-120-14

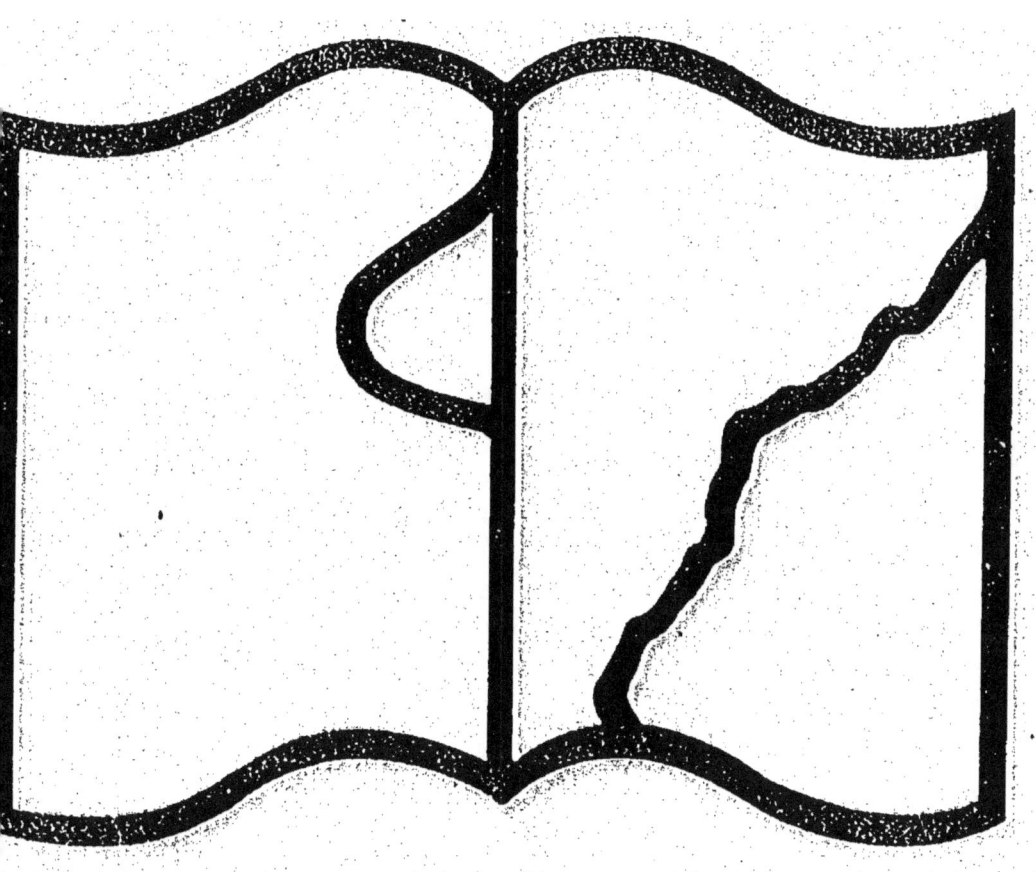

Texte détérioré — reliure défectueuse
NF Z 43-120-11

www.ingramcontent.com/pod-product-compliance
Lightning Source LLC
Chambersburg PA
CBHW070544230426
43665CB00014B/1808